本书获得河北师范大学历史文化学院"双一流文库"学科建设经费资助出版

河北师范大学历史文化学院
双一流文库

# 中国古代家庭经济研究
## 户等制度·家产继承

邢铁 著

The Study of the Family Economy in Ancient China
——The Grades of Families & Family Property Inheritance

中国社会科学出版社

## 图书在版编目(CIP)数据

中国古代家庭经济研究：户等制度·家产继承/邢铁著.—北京：中国社会科学出版社，2021.6（2021.12重印）
（河北师范大学历史文化学院双一流文库）
ISBN 978-7-5203-8303-5

Ⅰ.①中⋯　Ⅱ.①邢⋯　Ⅲ.①家庭经济学—研究—中国—古代②户籍制度—研究—中国—古代③继承法—法制史—中国—古代　Ⅳ.①F063.4②D691.6③D923.52

中国版本图书馆 CIP 数据核字(2021)第 069051 号

| | |
|---|---|
| 出 版 人 | 赵剑英 |
| 责任编辑 | 宋燕鹏 |
| 责任校对 | 闫　萃 |
| 责任印制 | 李寡寡 |

| | |
|---|---|
| 出　　版 | 中国社会科学出版社 |
| 社　　址 | 北京鼓楼西大街甲 158 号 |
| 邮　　编 | 100720 |
| 网　　址 | http://www.csspw.cn |
| 发 行 部 | 010-84083685 |
| 门 市 部 | 010-84029450 |
| 经　　销 | 新华书店及其他书店 |
| 印　　刷 | 北京明恒达印务有限公司 |
| 装　　订 | 廊坊市广阳区广增装订厂 |
| 版　　次 | 2021 年 6 月第 1 版 |
| 印　　次 | 2021 年 12 月第 2 次印刷 |
| 开　　本 | 710×1000　1/16 |
| 印　　张 | 17.75 |
| 字　　数 | 289 千字 |
| 定　　价 | 98.00 元 |

凡购买中国社会科学出版社图书，如有质量问题请与本社营销中心联系调换
电话：010-84083683
**版权所有　侵权必究**

# 《河北师范大学历史文化学院双一流文库》编辑委员会

**主　任**　贾丽英　杨　峰
**副主任**　王　坚　王向鹏　贺军妙
**委　员**（以姓氏笔画为序）
　　　　　王文涛　邢　铁　汤惠生　武吉庆　陈　丽
　　　　　张怀通　张翠莲　吴宝晓　杨晓敏　赵克仁
　　　　　徐建平　倪世光　崔红芬　康金莉　董文武

# 《河北师范大学历史文化学院双一流文库》
# 序　　言

　　河北师范大学历史学科学脉源远流长，底蕴深厚，1952年独立建系。1996年由原河北师范学院历史系、原河北师范大学历史系合并组建成河北师范大学历史文化学院。

　　在长期的演进中，张恒寿、王树民、胡如雷、黄德禄等曾在此弘文励教，苑书义、沈长云等仍耕耘在教学科研第一线，这些史学名家为学科发展奠定了坚实基础。多年来，几代学人筚路蓝缕，以启山林，学院一直呈现良好的发展态势。

　　目前，学院拥有中国史、考古学两个一级学科博士学位授权点、世界史一级学科硕士学位授权点，设有中国史博士后科研流动站。本科开设历史学、考古学、外国语言与外国历史三个专业。历史学专业是河北省强势特色学科、教育部第三批品牌特色专业。钱币学二级学科博士学位授权点为国内独家。考古学专业拥有河北省唯一涵盖本、硕、博的考古人才培养完整体系。2016年，我院中国史入选河北省"国家一流学科建设项目"，考古学入选河北省"世界一流学科建设项目"。2019年，历史学入选国家一流本科专业。

　　河北师范大学历史文化学院作为学校的重点学科，秉承"怀天下，求真知"校训，坚持学术立院、学术兴院的基本精神，瞄准国际和学科前沿领域，做真学问、大学问。以"双一流"建设之契机，本院决定编辑《河北师范大学历史文化学院双一流文库》，出版我院学者的学术论著，集中展示河北师范大学历史文化学院的整体学术面貌，从而更好地传承先辈学者的治学精神，光大学术传统，进一步推动学科和学术的发展。

《河北师范大学历史文化学院双一流文库》编辑委员会

# 前　言

　　本书收录的是我早年写的两个专题研究小册子。1982—1985 年我师从李埏先生读研究生，学习唐宋经济史，硕士论文做的宋代乡村五等户制度，1988 年以此为基础写成了《户等制度史纲》。家庭经济是我的自选题目，1995 年写成了《家产继承史论》。两个小册子都收在李先生主持的"中国经济史研究丛书"中，2002 年和 2000 年先后由云南大学出版社出版。

　　开始做户等制度的时候，我沿着古代经济史专业的传统路子，选了一个与土地赋税有关的户籍制度方面的问题；做家产继承方式的时候，我已经把考察问题的视角由"国计"转向了"民生"，转向了社会经济史。其实，这两个题目殊途同归，考察的都是家庭经济，因为"户"和"家"是一回事，前者是官府的纳赋服役单位，后者是民间的生产生活组织。户等制度当时是官府征派赋税徭役的工具，过后看则是记录的家庭经济状况；家产继承是家庭门户的传继过程，也是家庭经济运行过程中的重要环节。换句话说，这是古代家庭经济史的两个子题目，可以收录在一起。

　　两个小册子都是以唐宋为中心，前伸后延通下来的，唐宋以前写得比较详细，明清时期相对简略概括。不同的是，《户等制度史纲》属于考述，罗列资料多；《家产继承史论》属于论述，解读分析多了一些。心比书高是我的老毛病，总觉得还有该写的东西没有写出来，现在明白了，我也只能写到这个程度。

　　撰写这两个小册子期间我随写随发了几篇论文，主要有《宋代里正不曾雇募》刊于《光明日报》1985 年 1 月 30 日、《宋代的耕牛出租与客户地位》刊于《中国史研究》1985 年第 3 期、《明朝的户等制度及其变化》刊于《中国史研究》1989 年第 2 期、《隋唐五代户等制度研究》

刊于《文史》1994年第40辑；《宋代的家产遗嘱继承问题》刊于《历史研究》1992年第6期、《我国古代的诸子平均析产问题》刊于《中国史研究》1995年第4期、《明清时期孔府的继承制度》刊于《历史研究》1995年第6期、《孔府的继承制度》刊于《中国社会科学》（英文版）1998年第1期。素不相识的编辑先生给了我自信，让我意识到这是两个原创性的题目，值得做，我也能做，就一直做下来了。

这一做就是三四十年，做完家产继承的延伸课题家学传承，我已经花白了头发。人老怀旧，近来我经常翻阅自己年轻时候写的东西，回想当年伏案点读、抄卡片、爬格子的情景，怀念那个可以静下心来读书做学问的纯真年代。附录的回忆文章就包括这段渐渐远去的岁月，姑且作为这两个小册子的"写作背景"吧。

邢铁记于2020年6月16日

# 目　　录

## 专题一　户等制度史纲

**第一章　户等制度的产生和确立** ………………………………………（3）
　　第一节　户等制度的形成 ………………………………………（3）
　　第二节　东汉魏晋的九品户 ……………………………………（5）
　　第三节　南北朝的九（品）等户 ………………………………（10）

**第二章　户等制度的发展时期** …………………………………………（17）
　　第一节　隋唐（租庸调下）的九等户 …………………………（17）
　　第二节　唐五代（两税法下）的九等户 ………………………（37）

**第三章　户等制度的高潮时期** …………………………………………（44）
　　第一节　宋代的乡村五等户 ……………………………………（44）
　　第二节　宋代的坊郭十等户 ……………………………………（68）

**第四章　户等制度的混乱阶段** …………………………………………（77）
　　第一节　辽朝的三等户 …………………………………………（77）
　　第二节　金朝的"推排"户等制 …………………………………（79）
　　第三节　元朝的九等户 …………………………………………（84）

**第五章　户等制度的持续和衰落** ………………………………………（97）
　　第一节　明朝前中期的九等户 …………………………………（97）
　　第二节　一条鞭法后户等制度的衰落 …………………………（112）

结　语 …………………………………………………………（123）

主要参考文献 …………………………………………………（127）

## 专题二　家产继承史论

**第一章　家产继承方式的形成和维系** ………………………（131）
　　第一节　商鞅变法与继承方式的定型 ………………………（131）
　　第二节　传统家庭规模与继承方式 …………………………（136）

**第二章　诸子平均析产** ………………………………………（141）
　　第一节　多次性析分方式 ……………………………………（141）
　　第二节　一次性继承方式 ……………………………………（148）
　　第三节　庶生子的继承权 ……………………………………（154）
　　第四节　析产的规则和习惯 …………………………………（164）
　　第五节　分家文书概说 ………………………………………（172）

**第三章　妇女的家产继承权** …………………………………（178）
　　第一节　在娘家的间接继承 …………………………………（178）
　　第二节　在婆家的"继管" …………………………………（192）

**第四章　立嗣继承** ……………………………………………（205）
　　第一节　被立嗣人的选择 ……………………………………（205）
　　第二节　立嗣手续和文书 ……………………………………（215）
　　第三节　立嗣与继产 …………………………………………（221）

**第五章　遗嘱继承** ……………………………………………（228）
　　第一节　律令的规定 …………………………………………（228）
　　第二节　遗嘱的方式和手续 …………………………………（231）
　　第三节　遗嘱的履行 …………………………………………（241）
　　第四节　遗嘱继承的实质 ……………………………………（247）

结　语 …………………………………………………（251）

主要参考文献 …………………………………………（255）

附录　一路走来四十年 ………………………………（258）

专题一

# 户等制度史纲

# 第一章　户等制度的产生和确立

户等制度是以田产多少和人丁多寡为依据，以征派税役为目的，将民户划分为若干级别的制度，是户籍制度的分支。这个制度至迟在东汉时期已经出现，经过魏晋南北朝到隋唐的发展，在宋朝达到高峰，尔后经过辽金元的混乱，到明朝实行一条鞭法以后才衰落下去；此外，东汉以前有户等制度的前身"地等"、明末清初还有户等制度的余波"丁等"。这虽然不是一个十分重要的制度，也有必要系统地考察一下。

## 第一节　户等制度的形成

作为制度的户等需要具备三个要素：官府专门规定、以资产和人丁为依据、以征派税役为目的。只有具备了这三个要素才能认定为户等制度。同时，户等制度的形成是一个过程，只要初步具备这三个要素，就应当认定为户等制度。

对户等制度的确立时间，一般以《隋书·食货志》记载的北齐文宣帝时的"始立九等之户"为标志，但这只是就北齐一朝而言始，不能视为中国古代户等制度之始。因为此前的魏晋时期有"九品混通"征租调之法，证明已经有九品户制；而且在魏晋之前就有与后来的户等制度相似而且有密切联系的级别划分方式，其中首先应该注意的，是先秦时期以征税为目的的土地级别的九等划分。

史称大禹做司空时，平（评）水土，定赋税，依据土地肥瘠分成三等九级。据《尚书·禹贡》记载，天下九州每个州被划为一个级别：雍州为上上等黄壤，徐州为上中等赤植坟，青州为上下等白坟，豫州为中上等坟垆，冀州为中中等白壤，兖州为中下等黑坟，梁州为下上等青黎，荆州为下中等涂泥，扬州为下下等涂泥。这虽然是直接划分的土地级别而不是户等划分，却与后来的户等划分有着直接的联系，因为先秦时期土地和民户是融为一体的。

先秦时代是农业经济初始阶段，地广人稀，无论官府或私家豪富，首要的问题是控制人手，有了人手才能开垦土地，这与后来土地集中和兼并时期的情况不同。那么，为什么在地广人稀的时代划分土地级别，在土地问题突出的时代却划分民户级别呢？这涉及先秦时期户籍与田制合一的问题。简而言之，先秦井田制度下户籍不是独立的，而是与土地制度合并在一起，并以户籍为主。所谓井田的"井"与"经"相通，指规划土地；规划的依据是最基层的户籍编制单位"井"。汉代以降合称为"井田"，才将井字名词动用，意即以井（户口）规划田土，而不全是像《周礼》郑注所讲的是因为像井字而取名。① 在田制和户籍合一的情况下，一夫百亩、百亩为夫已成惯例，"一夫"与"百亩"成了同义语，从制度方面看已经没有了数量差别；这样，区分税率的标准便只能是"百亩"土地的质量，于是就直接划分土地为九等了。虽然是直接划分土地，实际已含人口在内。到农业生产进一步发展，土地问题突出并超过人口的重要性之后，便不再直接划分土地级别，而是划分民户等级了。虽然是划分户等，实际也含土地在内。地等与户等的连接点就在于，都是着眼于家庭中的资产和人丁，都是以征派税役为目的。因此，应该把地等划分看作户等划分的初始阶段。如果认为归入户等制度的范畴显得勉强，至少应注意到，井田制时代已经存在的地等划分是后来户等制度产生的直接渊源之一。

这种渊源关系还可在《周礼·地官》郑注中觅见其踪迹：《小司徒》讲大比即三年一换土易居时，郑注曰"大比，谓使天下更简阅民数及其财物也"；讲均土地，稽其人民而周知其数时，郑注曰"正以七人、六人、五人为率者，有夫有妇然后为家，自二人至于十人为九等，七六五者为其中"。《大司徒》讲土地等级与赋役级别的关系是"以土均之法辨五物九等，制天下之地，征以作民职，以令地贡，以敛财赋，以均齐天下之政"，郑注曰"均，平也；五物，五地之物也；九等，骍刚赤缇之属；征，税也"……显然，郑玄已把土地级别、人口多少与征派税役的主要依据联系起来了，已经有了后来户等制度的要素。史学界

---

① 邢铁：《井田制度与户籍管理》，《河北师院学报》1988 年第 4 期。

对《周礼》一书的成书时间有争议，一般认为是汉代托古改制的作品，仅以此书的几处记载而断定周代已有户等制度显得武断；退一步说，即使《周礼》所记确为汉制，郑玄为东汉人，所注也反映东汉时期的情况，那么，将上述记载作为东汉户等制的依据则是客观可信的。

《周礼》及郑注所反映的土地、人丁级别划分与税役征派挂钩的事实，在汉代文献中也可找到证据，容后再述。而且，在汉代史籍中还有比较明确的户等划分的记载，例如：

  《汉书·成帝纪》：河平四年三月有因水灾破产者，官府"财赈贷"，师古注曰"财与裁同，谓量其等差而赈贷之"。
  《后汉书·孝安帝纪》：元初四年七月讲"案比"，注引《东观记》曰"方今八月案比之时，谓案比户口，次比之也"。

所谓等差、次比，都是将民户划分级别的意思。还有唐人徐坚《初学记》卷27引《晋故事》所说，西晋征租调"九品混通，皆输入官，自如旧制"，究系何时旧制虽未明说，但对西晋而言应包括曹魏无疑，似也应考虑包括汉代。如果确实如此，则与前述《周礼》《汉书》所反映的情况相同。

近年已有不少论著揆及并具体论证过汉代户等问题，如朱绍侯先生、黄今言先生都认定汉代已有户等制度。[①] 依据上面的考察，保守地说，户等制度至迟在东汉已经产生。

## 第二节　东汉魏晋的九品户

完整地考察户等制度，应当以具体制度为中心、政策为外延以及细节的调整进行全面考察，包括制定户等的具体方法（手续、时限、凭依）和作用（范围、方式）等方面。由于户等制度初创时期史书记载少而不系统，难以全面考述其具体内容和实行情况，只能就所见资料散述其几个方面。

---

[①] 朱绍侯：《秦汉土地制度与阶级关系》，中州古籍出版社1985年版；黄今言：《秦汉赋役制度研究》，江西教育出版社1988年版。

汉代划分户等的手续，由《后汉书·安帝纪》注称"方今八月案比之时，谓案验户口，次比之也"，知划户等与整饬户籍是同时进行的。同书《郑弘传》和《职官五》记载乡三老、县啬夫"皆主知民善恶，为役先后；知民贫富，为赋多少，平（评）其差品也"，是乡三老与县啬夫一同评定。傅举有先生认为，汉代都是乡有秩或啬夫主管民赀登记（即划户等），具体办理的是乡佐。① 再据该书《江革传》所说"每至岁时，县当案比，革以母老，不欲摇动，自在辕中挽车，不用牛马"，可知还要由县司统一审定，如同后来隋朝的"貌阅"。结合《周礼》所述三年一大比，上述"八月案比之时"以及《后汉书·皇后纪序》所记载的"汉法常以八月算人"，知每隔三年的秋八月为整编户籍和户等的时间。

划分户等的主要依据是资产。办法是将各类物产折价总计，在各户之间比较高下。资产的范围为主要生产生活资料，《后汉书·和帝纪》永元五年正月丁未诏说郡国核赀时不仅计田亩，而且"衣履釜䰞为赀"而计之。《居延汉简》中的"赀合文书"反映核赀时先分列田亩、房舍、牛马、车辆和奴婢之价，最后标明总折价。这虽然不是划分户等，但反映的核赀方法应当与划分户等的方法相同。《三国志·魏志》记载曹操为司空时"每岁发调，使本县平赀"，曹操为司空的时间是建安元年至十三年，所反映的是东汉末之制，一个平（评）字透露出汉末划分户等的信息。

与后来不同的是，汉代划分户等时对人丁这一因素考虑较少，甚至完全以资产为主，汉简中所记的奴婢是作为"会说话的工具"来与其他物产一同折价计算，不是当作人丁。关于各等户资产标准，可由一些零散资料推论如下：

    上户——亦称大家、豪民。以徙豪富实边远郡县为例，《汉书·武帝纪》所划定标准为三百万以上，《宣帝纪》为百万以上，《伍被传》为五十万以上。《郭解传》索隐曰"赀不满三百万为上中"，即不在迁徙的豪富之列。由此可知上户的资产一般在百万以上，至少在五十万以上。

---

① 傅举有：《论汉代民赀的登记及有关问题》，《中国史研究》1988年第3期。

中户——亦称中家、中人、中民。《史记·孝文本纪》记载当时"百金,中人十家之产",万钱为一金,《汉书·成帝纪》记载绥和二年令水灾郡县"民赀不满十万,皆无出今年租赋";《平帝纪》记载元始二年全国"被灾郡不满十万勿租税"。中户以十万钱为多。

下户——亦称小家。《汉书·武帝纪》记载"天下赀不满五千,徙置苑中养鹿"以维持生计,《元帝纪》规定"赀不满千钱者赋贷种食",《成帝纪》曾令"天下民赀不满三万勿出租赋"。下户资产在三万钱以下,多不满万钱。

以上只是大致分野,是约定俗成的,至于细划为九品时的标准则尚难知晓。可以肯定的是,汉代的大家、中家、小家诸称谓虽然主要仍是社会生活中的习惯用语,但已有了明显的制度因素,已开始向制度演变了。《后汉书·桓谭传》注曰"中家,犹言中等也";清人周寿昌《汉书注校补》释曰"中家,犹文帝所云中人产也,今俗亦称上户、中户、下户"。只是在很多场合下这些仍是社会生活中的习惯用语。考虑到中户概念逐渐运用到财政制度上的趋势,尽管汉简中尚未看到明确的户等记载,也不能因此认为汉代不存在户等制度。

汉代税役分田租、人头税(口赋、算赋)和力役。田租直接按亩计征(十五或三十税一),力役直接按人丁数目征派。只有人头税中的一些内容与户等高下有关,其中主要是"赀算"之法按户等高下征课。《后汉书·刘平传》记载刘平为全椒长时"有恩惠,百姓怀感,人或增赀就赋",即指赀算之法。黄今言先生《秦汉赋役制度研究》一书计算出当时上户岁课12000钱,中户1200钱,小家600钱,并认为赀算征课与"九品混通"有关,这是很有见地的。

赀算并非一开始就是资产税,其含义有一个演化过程,由《汉书》所说"以赀为郎"看,最初的"赀算"之法主要是以财取仕任官,还不是税目。在此,我们自然想到东汉以后"九品中正"的选官制度,户等在当时也称作"九品"户制,且二者都与资产有关,似不能简单地将二者的名称相同看作偶然的巧合,而应该考虑二者是同一制度或同出一源的可能性。据记载万钱为"赀",出百二十七钱为"算",似与选官之法并行。据此可以作这样的推测:因为十万赀以上即中户以上才可任官为吏,所以评定赀算之制对于上户是为了选官取仕,对于下户是为了征课,对中户则有双重作用,即赀算法在当时是一个有着双重意义的制度,后来又由此演化出九品户制和九品中正制两个制度。① 资料缺乏,尚难进一步论证。如果这个推论有一定道理,则可进一步印证,评赀在汉代不仅仅是资产项目和价值的核计,而是在以"赀"或"算"为单位统计时已经顺便划分民户等级了。

三国分立时期,户分若干种类如兵户、杂户,史书上不见户等的具体记载。唯前引徐坚所记西晋"九品混通"征户调之法是"旧制",当包括魏制。九品混通,即以资产数目将民户划为九个级别,按高下有差别地进行征收。曹魏规定"田租亩四升,户出绢二匹,绵二斤",田租以亩计征,或按地等区别数量,但与户等无涉;户调以户计,户有高下,系按户等高下征收。调统一规定数额,唐长孺先生解释说:"这一个定额只是交给地方官统计户口征收的标准,其间贫富多少由地方官斟酌,但使每户平均数合于这个定额而已。"② 这个解释符合当时战争环境中的户等与户调搭配的特点:中央政权没有条件普遍管辖各地征调的详情,只掌握平均数和总额,具体由地方官以一州一县为单位,根据统一标准自行征收。高敏先生通过考察孙吴时期的简帛文书,认为在孙权统辖下的长沙郡与临湘侯国境内已经确立了三等九级的户等制度,这是从西汉三等户到南北朝九品户之间的过渡环节③,使汉晋时期户等制度的发展变化过程明朗化了。

晋代沿用了汉代评赀收赀算钱之法。据《晋书·刘超传》记载,刘超做句容县令时见此前县司"常四出结评百姓家赀",往往扰民,刘超改其法,"但作大函,村别付之,使各自书家产"。证明晋代一直存在评赀之制。可能与汉代一样,晋代在评赀的同时也就划分了民户等级。资产所包含的内容虽未明载,与汉代不会有多大差别,即以田亩为主,兼及牲畜、宅园、日用杂物,将家中所有的生产生活资料一并折价,总计起来划等。

---

① 在1988年烟台"周秦汉唐国有土地制度学术讨论会"上,笔者就这个问题请教张泽咸先生,张先生肯定"九品户制"与"九品中正"是同源关系,并说他曾写过一篇相关文稿,可惜丢失了。
② 唐长孺:《魏晋南北朝史论丛》,生活·读书·新知三联书店1978年版,第67页。
③ 高敏:《吴简中所见孙权时期户等制度的探讨》,《史学月刊》2006年第5期。

晋朝征收租调制，不仅户调按户等高下征收，连同田租也因占田课田制下事实上的贫富不均而按户等征收。徐坚《初学记》卷27引《晋故事》记租调令文曰：

> 凡民丁课田，夫五十亩，收租四斛，绢三匹，绵三斤。凡属诸侯，皆减租谷一斗，计所减以益诸侯；绢一匹，以其绢为诸侯秩；又分民租二斛（按：似脱漏绢二户一匹），以为侯俸。其余租及旧调绢二户三匹，绵三斤，书为公赋，九品相通，皆输入于官，自如旧制。

这段令文分三个部分，先讲租调总额，再讲归诸侯的部分，最后讲归官府的部分。前两者不涉及户等，最后归官府的部分才按"九品相通"的办法征收。九品即九等民户，所谓"旧制"，当系汉魏之制。曹魏时田租计亩而征（亩纳四升），户调才按户等高下征收，与魏制不同的是，西晋田租户调都要"九品相通"了，不过，就具体方法而言则与魏制没有区别。据《隋书·食货志》记载，东晋税制为调布绢二丈，禄绢八尺；租米五石，禄米二石。值得注意的是该令文的末尾说"盖大率如此"，揣其意是指按此前的"九品相通"之法，即此数为中央征收的各民户的平均数额，各县要据此按民户等级高下有差别地摊派，总平均数必须合乎此规定数。

关于晋代租调中哪一部分按户等征收，史学界有不同看法。有学者认为租与调都按户等高下征收，也有学者认为只有户调与户等有关，不涉及田租。据一些记载来看，晋代户调沿用魏制，按户等征税当属无疑。同时，占田课田作为一种制度，虽然着眼于均，却不可能真正做到平均，土地兼并和贫富分化依然存在；各民户虽然有了名义上的等额土地，实际占有数量却并不相同，甚至相差甚悬。岑仲勉先生认为，在这种情况下只能在"不足五十亩应减除多少，由地方征收官斟酌核定。……如果不问实情，一律课以谷四斛绢三匹，是难以行得通的"[①]。这样，在扣除了相同的侯俸侯秩之后，余下"书为公赋"的田租也不

---

① 岑仲勉：《西晋占田课田制之综合说明》，《中学历史教学》1957年第8期；郑欣：《魏晋南北朝时期的户籍制度》，《郑州大学学报》1987年第1期。

可避免地与调绢一样"九品相通"，按户等高下有差别地征收。较之汉魏时期，户等制度的作用范围已经扩大到整个租调中去了。

晋代的徭役兵役征发直接以丁数为据，与资产的关系不大。晋武帝伐吴时征发士家兵卒，二三丁者取一人，四丁者取二人，六丁以上取三人，与《周礼》征发徭役兵役之法相同，与资产关系不大，亦与户等高下关系不大。

尽管以上的考述很粗略，也可以看出这个时期户等制度的基本特征，户等制度无疑在这个时期已经产生和存在。传统观点认为户等制度始于北齐文宣帝时期，甚至认为唐以前没有正式户等制度，是不符合实际的。

## 第三节　南北朝的九（品）等户

南朝各代与两晋一样，都有评赀之法。《宋书·后废帝纪》记载，刘宋废帝元徽三年曾经"检括民户，穷老尤贫者蠲除租调，丁壮犹有生业，随宜宽申；赀财足以充限者，督令洗毕"；《南齐书·萧子良传》记载，南齐时"围桑品屋，以准赀课，致令斩树发屋，以充重赋"，由于用制太严酷，间或发令减缓。同书《武帝纪》记载，永明三年令丹阳属县对此前所逋田租，"其中非赀者悉可原停"；《明帝纪》记载，建武四年"诏所在结课，屋宅田桑，可评减旧价"；《南史·罗研传》记载，南梁时曾"围桑度田"以定课税；《陈书·宣帝纪》太建四年诏中亦有"五年迄七年逋赀绢皆悉原之"之语，都是沿用的魏晋之法。

与魏晋一样，南朝的评赀不能一概视为划分户等；但这时户等制已经形成，划分户等时首先要评定资产，所以又不能说评赀与户等无关。南朝的户等划分方法史载不明，由前述评赀法可知，应该也是把田产家业合并作价。如《宋书·索虏传》记载，扬州等地募集军需，"令富有之民家赀满五十万，僧尼满二十万者并四分换一。过此率者，事息即还"，知富民（上户）赀产在50万以上；又据《南齐书·陆慧晓传》记载，山阴县"其民资不满三千者殆将居半，刻又刻之，犹且三分余一"，有3000家赀者为一般中等民户，在此标准之下的即此间史书所说的贫下、尤贫者。

南朝户等制的作用范围较晋制有所不同，又恢复了曹魏之制，即只与户调有关而不及于田租了。《宋书·王玄谟传》记载，传主为雍州刺史时，曾"令九品以上租使贫富相通，境内莫不嗟怨"，证明此时按常制田租不该按"九品相通"法征收，王玄谟独出心裁，故招致怨愤。究其变化原因，在于田租按户等高下征收须有固定租额，这个固定租额的规定又以每户有一块名义上相同的土地为前提，西晋占田制的实行正提供了这样一个前提，故田租也与户调一样有总额，分等征收了；南朝与曹魏时的情况一样，没有类似占田课田那样的制度，无法制定田租平均额，只能按亩计征，不必与户等挂钩，只有户调依据"户"而征，各户的资产数目不同，需要制定一个平均额，然后按"九品相通"原则分别征收。

户调按户高下征收，也须有一个前提，即调绢以户为单位征收。因为户是含有人丁和资产双项内容的综合体，特别是包括资产，资产有多少，户等有高下，户调相应地也分等级。自曹魏到南朝，调绢一直按户计征，《梁书·良吏传序》记载，南朝梁武帝天监元年规定"始去人赀，计丁为布"，去人赀，即不考虑民户的资产高下，只按丁口而征，这样就无法继续按户等高下征收了。高敏先生指出："自曹魏以来其所以重视计算家赀的多少，为的是评定户等高低，然后按户等高低实行'九品相通'的户调征收办法。自梁初废除了计赀输调制之后，户调变成了丁调，自然根本用不着在不同的户等之间实行'九品相通'的征收办法了，也无法再实行这种办法了。这是因为，一户之内丁有多少之分，因而输调也有多少之别，无法确定一个标准量，因此，'九品相通'的征调办法也就随之取消了。"[①] 这段论述可谓是对魏晋南朝户等制作用变化的精辟总结。需要补充的是，评赀之法不仅存在于曹魏以来，自汉代既已有之，户调一直按户等高下征收，晋代田租也与户等制发生了关系，已如前述。南朝萧梁改户调计赀划等为按丁而纳，导致了"九品相通"法废除的同时，可能也一度导致了户等制度的废除。

与东晋相对峙的五胡十六国制度不一，尚不见有户等制度的记载。就出土文书看，现存西凉建初十二年敦煌西岩乡高昌里户籍所记民户分丁男、次男、小男，如池田温《中国古代籍帐研究》第二章第二节指出的，"公课之事，完全看不到，与北朝以降的籍帐之差异甚明"，没

---

① 高敏：《魏晋南北朝社会经济史探讨》，人民出版社1987年版，第154页。

有户等制度存在。对此有待进一步查证。

北魏建立之初即有九品户制，《魏书·食货志》讲均田制之前的百官俸禄时说的"先是，天下以九品混通"，即为其证。同书《世祖纪》记载评定户等的具体办法，是"县宰集乡邑三老计赀定课，哀多益寡，九品混通"，并规定征"租税之时，虽有大式，至于斟酌贫富，差次先后，皆事起于正长，而系之于守令"，原则是"不得纵富督贫，避强侵弱"。太和七年始立三长之制，由三长具体负责审定户等，并由郡县守令监督三长执行。划分户等的凭依是计赀，"量民资产"划等，资产范围包括田亩、房舍、牲畜及桑蚕等生产生活资料。

《魏书·世祖纪》记载北魏初延和三年曾经"令州郡县隐括贫富，以为三级，其富者租赋如常，中者复二年，下穷者复三年"，是划上中下三等以蠲租税；《魏书·食货志》说献文帝时因山东之民征戍转运劳苦异常，"遂因民贫富，为租输三等九品之制。……上三品户入京师，中三品户入他州要仓，下三品户入本州"。这只是在蠲免租税和输运租米时提及户等，不能认为户等制的作用仅限于此，前述租税征收时要"斟酌贫富，差次先后"，证明租税征收首先与户等高下有关，具体分析其作用，应该分均田制前后两个阶段而言之。《魏书·食货志》记载北魏颁行租调法和均田制之前的情况时说：

> 先是，天下以九品混通，户调帛二匹，絮二斤，（租）粟二十石。又入帛一匹二丈，委之州府，以供调外之费。

这显然是沿用晋制，租粟调绢都按"九品混通"法征收，与曹魏及南朝单以户等征户调不同。魏孝文帝太和九年颁行均田制，但由于均田制的实行范围和实际效果有限，贫富差别仍然存在，所以均田制下的租调征收不可能完全放弃传统的按户等区别高下之法，道理与占田课田制下的情况相同。

在均田制和租调制令文中没有提及租调与户等的关系，在围绕租调制、均田制及三长制的争论中却透露出一些信息。如《魏书·食货志》在讲述"先是，天下以九品混通"征租调之后，紧接着说"至是（按：太和八年），户增帛三匹，粟二石九斗，以为官司之禄"，到太和十年规定"其民调，一夫一妇帛一匹，粟二石"，继而在讲三长制问题的时候解释道：

> 自昔以来，诸州户口，籍贯不实，包藏隐漏，废公周私。富强者并兼有余，贫弱者糊口不足。赋税齐等，无轻重之殊；力役同科，无众寡之别。虽建九品之格，而丰埆之土未融；虽立均输之楷，而蚕绩之乡无异。致使淳化未树，民情偷薄。……今革旧从新，为里党之法，所在牧守，宜以喻民，使知去烦即简之要。

这里主要是讲三长制兴立的原因，即改变以前宗主督护制下户口不实的情况，同时也有助于改变民户负担不均（即不按贫富差别而征）的问题。由所说的此前"赋税齐等，无轻重之殊"，"虽建九品之格，而丰埆之土未融"来看，是指推行三长制后能更好地区分开赋税负担等级，更好地执行"九品之格"。易言之，实行三长制、均田制之后，赋税征收时不仅没有取消"九品混通"之法，反而使此法更加完善了。

据《魏书·李冲传》记载，当李冲刚提出均田制主张时曾遭到一些大臣的反对，著作郎傅思益反对的理由之一，便是"九品差调，历时已久；一旦改法，恐成扰乱"；似李冲创均田制时要改变九品差调之法。对此详情如何，因史文简略，难以考证。据此可推想，傅思益所说的"九品差调"，是泛指均田制以前的租调制，而非单指"九品混通"之法。因为时人崇习骈体文，为与"一旦改法"相对仗，故将租调法写成了"九品差调"，其实三长制和均田制与"九品差调"并不矛盾。

西魏的户等划分规定不详，因其由北魏分裂而来，大概当沿用北魏之制。西魏租调征收情况，幸有敦煌出土的大统十三年 S.0613 号户籍残卷提供了直接证据。将该残卷所记丁数相同、户等不同的刘文成、叩延天富、王皮乱等诸户比较一下便可看出，他们的人均调额相同，而租额不同。王仲荦先生据此考证出西魏租调征收与户等的对应关系为：租粟上等户每丁二石，中等户每丁一石七斗五升，下等户每丁一石；而调则全是每丁布二丈、麻一斤。[①] 证明租粟按户等高下计征，而户调按丁平均征收，与户等高下无关。但是，自魏晋以来一直是户调征收按户等高下，而到北朝时租尚与户等高下有关，为何调却脱离开了户等？揣其

---

① 王仲荦：《魏晋南北朝史》上册，上海人民出版社1979年版，第七章第五节。

原因，当是核算单位由户转成了丁的缘故。均田制下授田按成丁、半成丁而计，相应地租调的征收也以丁（北朝尚计妇人，隋炀帝时计男丁）而不以户计，由上引户籍残卷可证。这样，租出于所受之田，均田下的民户实际占有土地的数量，特别是均田制规划外的私有土地的数量不同，故不能平均征收而必须分开等次，从而就与户等发生了关系；调绢则与之不同，原来按户而征时，因为"户"是资产和人丁的综合体，须按户的级别高下而征，现在调按丁计征，且与均田制下的土地没有直接对应关系，所以就没必要依据户等，只按丁平均征收就可以了。其道理与南朝梁的情况相同。

这虽然是就西魏而言，揣北魏之制也是如此。不过，对北魏调绢不按户等而征的问题有一个虽不算直接但也应该提一下的反证，即张丘建《算经》中的一道试题：

> 今有率户出绢三匹，依贫富欲以九品出之，令户各差除二丈。今有上上三十九户，上中二十四户，上下五十七户，中上三十一户，中中七十八户，中下四十三户，下上二十五户，下中七十六户，下下一十三户。问九等户，户各出绢几何？

计算结果为：上上户出绢五匹，上中户四匹二丈，上下户四匹，中上户三匹二丈，中中户三匹，中下户二匹二丈，下上户二匹，下中户一匹二丈，下下户一匹。史学界对张丘建《算经》成书的时间有争议，有人认为成于北齐或唐初，多数人认为是北魏时所作。我们对此不作具体考证，指出两点，可知其不是北魏的作品：一是虽然算题开头说"欲以九品出之"，但末尾却说"问九等户，户各出绢几何"，北魏时只讲"品"而尚未称"等"，特别是"九等"；二是前述北魏调绢按丁征收，而该题却以户计，标准不一。加之这毕竟是虚拟算题而非信史记录，所以不能据此证明北魏调绢已经按户等征收。

关于北魏西魏之制，上述只是就课户户等的划分及负担而言。另外不课户也有户等，如前引西魏大统十三年残卷中以无丁男丁妻之户为"不课户"，租额负担也不同，如"四石五斗课户上税"和"一石不课户下税租"。不课户分为上下两种，是课户上中下三等划分的另一标准，上述数字是五户不课户上户和两户不课户下户应交的总额，具体到各户,则不课户上户每户负担九斗,下户每户五斗,较课户相应的上、下户等低些。

《隋书·食货志》记载高洋建北齐之初,为迁徙冀、定、瀛诸州无田之民户到幽州等宽乡定居,"始立九等之户,富者税其钱,贫者役其力",由所记"旧制,未娶者输半床租调。……户口租调十亡六七"来看,其租调制系沿用北魏之制,故上述钱、力当指租调之外的临时差派,而非定制。到武成帝河清三年重颁租调法,规定"垦租皆以贫富为三枭,其赋税常调,则少者直出上户,中者及中户,多者及下户",是租调都按户等缴纳,并且在所需税额少时下户或中户可以不纳,只由上户负担;在租调输送方面又规定,"上枭输远处,中枭输次远,下枭输当州仓",也是沿用北魏"租输"之法。

户等制的作用在北齐时扩展到租调征收和输送各方面,显得越来越重要,所以北齐首次明确规定户等要三年一校。据《北齐书·苏琼传》记载"蚕月(按:三月)预下绵帛度样于部内,其丘赋次第并立明式",以适应贫富升降的变化。由九等、上中下户、上中下三枭等名称可知其制为三等九品。到北齐时,户等制经历了自汉代以来六百年的发展,才算是比较完善了。有些论著见《隋书·食货志》记载北齐"始立九等之户",便以此为户等制度产生之始,是不确切的。实际上这里只是就北齐一代而言始,并非中国古代户等制度之始。

据明人丘浚《大学衍义补》卷16记载,"北齐制郡为上中下三等,每等又有上中下之差,自上上郡至下下郡凡九等,而县之制亦如之";定郡县九等的目的是为了"别疆域之广狭,人民之多寡,均科差之轻重也",并说北齐划郡县等级之制为隋朝所沿用。这是继先秦九州土地等级划分之后最早的按户口多寡、以征派税役为目的而划分郡县级别的制度,是户等划分原则在行政区划上的体现。

就北朝而言,史书对北魏北齐之制记载较为明确,对西魏、东魏和北周之制记载比较少。按实际情况推论,北魏分裂为东魏和西魏,北齐系取代东魏而建,既然北魏、北齐都实行了九等户制,其间存在十六年的东魏可能来不及创颁新制而是直接沿用北魏之制。西魏户等制可由大统十三年户籍残卷蠡测其大要。《隋书·食货志》所记北周赋役令文曰:

> 丰年则全赋，中年半之，下年三之，皆以时而征焉；（力役）丰年不过三旬，中年二旬，下年一旬。

这不是讲户等问题，应该是北魏三等九品收税的遗制。王应麟《玉海》卷138《兵制》引李繁《邺侯家传》说北周初置府兵时的选兵之法为：

> 皆于六户中等以上家，有三丁者选材力一人，免其身租庸调，郡守农隙教试阅。兵仗衣驮牛驴及粮粮旨蓄，六家共备。

谷霁光先生指出，此处所谓六户中等之家不是六个户头，而是《文献通考·田赋二》所记北齐"六等富人"之谓，北朝时九等户制下以第六七等户为贫富分界线，故曰"六户（等）中等以上"①。据《文献通考·兵制三》记载，按六等之民征兵之制在西魏既已有之，"周太祖辅西魏时用苏绰言，始仿周典（按：指西周周公之典）置六军，籍六等之民，择魁健材力之士以为之首。尽蠲租调，而刺史以农隙教之，合五百府"。这些记载反映出自府兵制创行之时起便以户等制为征派工具。其原因在于，府兵制以均田制为基础，而均田制下的受田农民仍然贫富不均，税役仍须按户等高下有差别地征派，府兵的征派也便与户等制发生直接关系了。

由以上的粗略考察可以得知，在汉晋南北朝时期户等制度比较混乱，名称不固定、不统一，有九品、九等、三品、三枭之谓；其作用也不相同，或单为户调，或为租调两项，或单为租粟，同时又作为输租远近的依据，征派府兵兵丁的工具等，并且户等的实行时断时续（有时可能是资料缺乏）。这都是户等制度产生初期的必然现象。总的来看，经过这个时期的陆续发展，户等制度到北齐时期已经比较完善了，这就为唐宋时期户等制度的进一步发展、完善奠定了基础。

---

① 谷霁光：《西魏北周统一与割据势力消长的辩证关系》，《江西大学学报》1981年第2期。

# 第二章　户等制度的发展时期

隋唐五代时期的户等制度，无论制定程序、划分凭依各个方面较此前各代都规定得明确具体了，尤其是户等的作用范围不再是临时支应、频繁变更，已经成为征派税役的稳定工具，并制度化了。

作为税役征派工具的户等制度在隋唐五代近四百年间，随着赋役制度的变化，以唐中叶两税法为界标呈现为两个明显阶段：从形式上看，前段是传统的九等户制，后段开始由九等向五等转化；从划分依据上看，前段专以资产为据，后段加入了人丁因素；从作用重点看，前段主要针对户税，兼及地税租调，后段则直接针对两税，并且作用重心在唐末五代开始向徭役转化。鉴于此，本章分两部分考察。

## 第一节　隋唐（租庸调下）的九等户

划分户等在隋唐时期习称为"定户"，因常与统计户口（团貌）结合进行，常合称为"团貌定户"。两代的户等制度颁行于何时，记载不明，须略加辨析。

《隋书·食货志》记载，高颎搞输籍定样时"依样定户上下"，从上下文看，在开皇三年即已开始定户。《通鉴》卷176记载开皇五年度支尚书长孙平奏建义仓，"令民间每秋家出粟麦一石以下，贫富为差"，但具体办法不详。《隋书·食货志》开皇十六年二月条下记有"诏社仓准上中下三等税，上户不过一石，中户不过七斗，下户不过四斗"，这是否为开皇五年初置义仓时的办法，不见明载。清儒编《皇朝经世文编》卷41直接将此系在开皇五年长孙平奏议之下，是据《隋书》推论，抑或另有所本，不得其详。由纳粟额看，符合长孙平所说的"家出粟麦一石以下"，开皇五年与开皇十六年制可视为一体。即开皇三年，最迟开皇五年时已颁行户等制，分上中下三等。

《通典》卷6记载唐武德六年令"天下户量其资产定为三等。至九年三月诏，天下户三等未尽升降，依为九等"，《唐会要》卷85、《册府元龟》卷486等均与此同。因与武德六年之制相继叙述，多认定为武德九年；近人已纠其误，据《旧唐书·太宗本纪》称，改为九等的时间是三月二十四日庚寅，武德九年这天为壬子，贞观九年这天才为庚寅，所以应该是贞观九年。总之，武德六年初定户等时只划上中下三等，贞观九年时改为九等，即依然按照传统习惯将各等再析为三，形成上上至下下九等，成为唐代通行的"定式"了。

### 一 定户的制度规定

前述高颎奏议输籍定样，"请遍下诸州，每年五月五日，县令巡人，各随便近，五党三党，共为一团，依样定户上下"。可知与隋朝统计户口一样，每年都要审编户等。

唐代则不同，据《旧唐书·食货志》记载："凡天下之户，量其资产，定为九等（每三年县司注定，州司覆之，然后注籍，申之于省）。每定户以仲年（子卯午酉），造籍以季年（丑辰未戌）。"每隔三年对所定户等做一次整饬审定。自唐初到唐末一直如此。《全唐文》卷35《停每年小团》载曾有段时间每年团貌，玄宗嫌其太繁，诏令"自今后每年小团宜停，待三年定户时一并团貌"，可知编户籍时间变化时，编户等的时间没有改变。同书卷172记载开元年间张鷟说"户标九等，俱陈万国之图；人有十伦，并挂三年之籍"。编户等的时间甚至到两税法颁行以后仍未改变，《唐会要》卷85记载，贞元四年敕令"天下两税，更审定等第，仍令三年一定，以为常式"。至于《旧唐书·高宗本纪》说永徽五年敕令"二年一定户"，则是临时改制，三年一定才是"定式"常制。

户等是户籍的组成部分，常与户籍附在一起。《唐会要》卷85《籍帐》记其编排方法和程序为："诸户籍三年一造，起正月上旬，县司责手实、计帐，赴州依式勘造。乡别为卷，总写三通，其缝皆注某州某县某年籍，州名用州印，县名用县印，三月三十日纳讫。并装潢一通送尚书省，州县各留一通。……其每以造籍年预定为九等，便注脚籍。"在乡县州各个阶段中，编排户等的手续都与编审户籍相同，并作为"脚籍"附注在户籍上。

第二章　户等制度的发展时期

唐代登记户口的簿书有民户向本乡里正自报本户丁产项目的手实，每岁申报一次；乡司依据手实审编的乡户籍簿计账，也是每年一造；县司依据各乡统一审编的户籍，三年一造，乡别为卷。据敦煌出土文书看，户籍含人口、丁数、年纪、田亩、租税项目等综合内容，并在每户名下附记其户等高下。这些与上述史书的记载是相吻合的。

需要进一步探讨的是，县司每三年统计审编户籍时，各户的人丁和田亩数来自手实，户籍是总其成的簿书，那么，作为户籍组成部分的户等由什么簿书来登统呢？此前尚未有人提及这个问题。《唐会要》卷85记载天宝四载敕文称，为防定户不均，县乡对定后"仍委太守详覆定后，明立簿书，每有差科，先从高等"。这里所说"簿书"是附于户籍文书还是独自成册，史文不明，但出土文物已提供了另立为册的实证。1973年吐鲁番阿斯塔那村北发掘出的开元二十一年《蒲昌县注定户等申州状》（以下简称"蒲昌《定户状》"）虽已残破①，记载定户经过和四户下上户资产的部分尚属完整，可为实证。该状是县司整编完毕后申报州司的，状首的呈报牒文有"右奉处分"和"谨录状上"等语，同时也证明户等文书乃是单独为册的文书。

这种单独为册的户等文书与户籍手实又是什么关系呢？细读唐代户籍户等的规定，所谓"便注脚籍"，即附注、注脚之意。据前引"每定户以仲年（子卯午酉），造籍以季年（丑辰未戌）"看，是在编户籍的前一年定户等；编户籍的具体时间是"起正月，毕三月"，不见定户等的月份规定。据蒲昌《定户状》所注日期看，县吏十二月十五日整编，令丞二十五日批注，县司手续已毕，加之各户下均记有粮食数量，而统计粮食当在秋收之后，故可推定编户等的时间是编户籍前一年的九至十二月，证明户等状是户籍的附录文书。另外，有关令文叙述户籍和户等文书时分先后主次，是分开叙述的，如《唐六典》卷3户部郎中员外郎条记载此规定为"每一岁一造计帐，三年一造户籍。……凡天下之户，量其资产，定为九等"。北朝到隋唐诏令的行文习惯在分条叙述时不是

---

① 该文书及其释读见《文物》1975年第7期。记载唐代户等与田产关系的吐鲁番文书还有高宗永淳元年《西州高昌县下太平乡符为百姓按户等贮粮事》和敦煌文书中的一件户等文书残片，参见邢铁《从两件吐鲁番文书说唐朝前期户等的依据和作用》，《河北师范大学学报》2018年第1期。

像后来那样冠以"一"字或另起一行，而是不分段，在每条之始冠以"凡"或"每"字，显然，令文是把户籍和户等作为两种互相平行而又有连带的文书来叙述的。

编户籍的凭依是各户的手实，编户等时可能也要依据手实；但比较手实与户等状所记内容时（敦煌文书中手实颇多，此不引证）二者又不尽相同。宋家钰先生推测，当有另一种与手实呈报方式相同的专门供划户等之用的类似手实的文书[①]，这种说法很有道理，但目前尚未发现这方面的记载和实物。

关于划分户等的具体方法，史书记载极为简略，据一些零散资料整理推测，大致有三个基本要点：

其一，中央户部只规定划分户等所依据的资产范围，至于各等民户的资产标准数量则不可能统一规定，只能在一定区域内统筹考虑，大致排比。古代最末级的正式官衙为县司，唐代大县2000—4000户，中县1000户，下县500户，为数最多的是千户中县。无论从官衙级别还是从民户数量上，县司都最适合作为统筹排比、划分户等的基本单位。各等户的资产数量标准系由县司划定，其原则即《唐会要》卷85《定户等第》所说"使每等之中皆称允当"。富庶县与贫困县相比很难平均，不过，在当时的历史条件下，在更大范围内进行平衡也是不现实的，顶多只能是由州司大致掌握一下本州的情况。

其二，由县或州根据当地民户的数量和贫富状况与所应征派税役的总额来决定各等民户的具体比数。陆贽在《奏议》中建议："假如一州之中所税旧有定额，凡管几许百姓，复作几等差科，每等有若干户人，每户出若干税物，各令条举都数，年别一申使司。"这虽然是在批评两税法时提到的，但也不会是凭空臆想，当是已经消失了的唐前期旧法的反映和补充。

其三，每三年一调整时，只能在原定各等户的比数下依据民户资产变化作些变更，即蒲昌《定户状》所说的"当县定户，右奉处分：今年定户，进降须平"，实际上每次定户时各地方的各等户比数都不能变更。唐前期均田制下各县各州的总税额是一定的，大概是按总税额与该

---

① 宋家钰：《唐代手实初探》，中国社会科学院历史研究所编《魏晋隋唐史论集》第一辑，中国社会科学出版社1981年版。

县户口数折算，一旦划定各等户的数目和比数，此后便只许增加，不许减少。正因为户口升降被作为评定州县官政绩的重要标准，因此地方官们对户口的控制极为严格，一旦有人逃亡，便把其税役加在未逃邻人身上，以求总数不减。也正因此才必须保持各等户的原有比数不出现下滑趋势。《唐会要》卷85记载，万岁通天元年诏令规定"天下百姓所析之户，等第须与（原）本户同，不得降下"，并且须防止如同《全唐文》卷247所载李峤说的大户与地方官吏相勾结，"以州县甲第更为下户"的情况。当然，户等呈上升趋势，税役增加，即令是地方官苛刻使然，中央也是允许的。

接下来看定户的依据。

划分三等或九等的依据，诸书都概括地记为"量其资产"或"资业"，在《唐律》卷13《户婚》讲按户等派税役时，还有"先富强，后贫弱；先多丁，后少丁"，以及"高户多丁"之语，故还有划分时是否涉及人丁的问题。接下来就此问题分别考察一下。

先说资产。

我们首先需要考察的是作为划分户等依据的资产到底包括哪些内容，特别是包不包括土地。本来自户等制产生伊始便以土地为据，自然经济下的财富也首先是土地，唐代定户之资包括土地似不成问题，自从蒲昌《定户状》被发现之后，因该状所记民户资产项目中不见土地，这个问题开始引起人们的怀疑，由此回过头去看文献记载，疑窦遂渐增多。争论最多的是《全唐文》卷32所记开元二十九年敕文："州县造籍之年，因团定户，皆据资产，以为升降。其有小葺园庐，粗致积蓄，多相纠讦，便被加等。"这里的"园庐"与出土文书对照，当指菜园、庐舍，"积蓄"当指钱粮等物，确实没提土地。但细绎这段敕文的意思，是讲当时定户等中的偏差——不该升等而升等的问题，即本来"小葺园庐，粗致积蓄"不该作为升等的依据，不是全面讲定户等的资产范围问题，因而不能以此作为定户之资不包括土地的依据。另一个争论焦点便是蒲昌《定户状》残片所记四户资产的范围：

　　仍准法
　　　使听裁者
　　　　开元廿一年十二月十五日　周石奴牒

>　　廿五日勘　　将士郎守丞　杜方演
>
>　　　　　　　　承务郎守令　欧阳惠
>
>　　　　　　　　十二月十五日　录事受
>
>　　　　　　　　仓曹摄录事参军付
>
>　　　　　　　　连元白　廿五日
>
>　蒲昌县
>
>　　当县定户
>
>　　　在奉处分：今年定户，进降须平。仰父老等通状过者。但蒲昌小县，百姓不多。明府对乡城父老等定户，并无屈滞。人无怨词，皆得均平。谨录状上。
>
>　　　（中缺）
>
>　　　肆户　下上户
>
>　　　户韩君行年七十一老　部曲知富年廿九　宅一坯　菜园坞舍一所　车牛两乘　青小麦捌硕　糜粟肆拾硕
>
>　　　户宋克俊年十六中　婢叶力年卅五丁宅一坯　菜园一亩　车牛一乘　牛大小二头青小麦伍硕　糜粟拾硕
>
>　　　户范小义年廿三五品孙　弟思权年十九白丁　婢柳叶年七十一老　宅一坯　糜粟拾硕
>
>　　　户张君政年卅七卫士　弟小钦年廿一白丁　赁房住　糜粟五硕
>
>　　　以上并依县
>
>　　　（下缺）

这里确实没有提及土地内容。但如果据此就确认户等与土地无关，则首先必须搞清楚一个前提：《户等状》所记是不是该户定户等时所依据的全部资产。在所记四户同样的下上户之中资产悬殊，即使考虑到同一等户资产的伸缩幅度，也不当如此悬殊；如果是县衙刀笔小吏与地方大户上下其手，这样明目张胆地写在状上呈报州司并能得到州司的核准，也是不可理解的，因为作弊者不可能这样笨拙。其间的原因很可能是状上所记仅为该户资产的一部分而非全部。那么，为什么不记其全部？不记的部分是否与户等无关？

分析蒲昌《定户状》不登记土地的原因，只盯住各户名下的几行资产项目是不行的，需要从户等状与户籍、手实的关系来分析。前面说过，唐代手实是民户自陈本户人口和田亩的文书，值得注意的是，从出土文书看，手实对人口的年龄生死、田亩的数目四至的记载极为详细，却一概不记田亩之外的其他财产。由手实末尾都写有"如有隐漏，愿受违敕之罪"之类的保证语来看，当是法令规定手实只记人丁田亩而不记其他。手实由乡村里正收齐后，据之初造籍书，包括户籍和户等文书。其中的户籍直接把各户的手实记载移录而成，也是只记人丁田亩而不记其他资产，这可由大量的出土户籍残卷得以证明。由于户等状是户籍簿的"脚籍"、附录件，从乡村里正初定到县司州司逐级上报，户等状都作为附录件与户籍簿放在一起，既然户籍已详细登记人丁田亩，就不必在户等状中重复登记，只补记户籍所记之外的与户等有关的财产就可以了。简言之，蒲昌《定户状》所记资产是划分户等所依据的资产的一部分，并且只是其补充部分，而作为划分户等主要依据的田亩未在此状上出现。这样，前面提到的四户资产悬殊却归入同等的问题也就可以理解了：因为户籍上所记各户的田亩数量也不同，但与田亩之外的资产即户等状所记内容平衡之后，各户之间的差距可能就不大了。

还须辨明，在定户等时民户原有的私田和均田中所受之田的作用是不相同的。不少论著已注意到敦煌、吐鲁番文书中一个费解的现象：户等高下与授田多少不吻合，两者似乎无关。对此应结合均田令文中授田"先贫后富"的原则来理解。所谓贫富，是指授田以前原有土地的数量，贫者私有土地少，所授新田应该多；富者私有土地多，所授新田应该少。因为均田制的立法本意是调整民户负担税役的物质基础，使之都能负担税役。再据《旧唐书·食货志》所记大历四年定户令中按户等高下征户税"数处有庄田，亦每处税"的原则看，均田制下的授田与户等高下关系不大，民户原有的私田才是定户等的主要凭依。

确认户等划分的主要依据是民户私有土地之后，再看一下定户所据"资业"的其他方面。《全唐文》卷 683 记载唐中叶独孤郁讲的当时计资征税之弊时说的一段话，可以作为定户等的资产范围的注脚："昔尝有人有良田千亩，柔桑千本，居室百堵，牛羊千蹄，奴婢千指，其税不下七万钱矣。然而不下三四年，桑田为墟，居室崩坏，羊犬奴婢十不余一。"说明资产还当包括以下几个方面：

**住宅** 蒲昌《定户状》所记四户中不论有无房舍，均列其一项。前引玄宗诏令"小葺园庐"之语亦其证。住宅虽然只记为"一坏"，实际有大小及间数多少之别，有时是要分别计算的，这可以《唐会要》卷84所记稍后德宗时的户部侍郎赵赞所说的"税屋间架"为佐证："凡屋两价为一间，屋有贵贱，约为三等，上价间出钱二千，中价一千，下价五百。所由吏秉算执筹，入人之庐舍而计其数。"估计这与定户等计房产时的情况差不多。

**菜园** 即"小葺园庐"的园，由蒲昌《定户状》可知菜园也要计亩积，如宋克俊户记菜园一亩。韩君行户不计亩数，只记"菜园屋舍一所"，可能是菜园在房舍周围的缘故。

**牲畜** 蒲昌《定户状》中两户有车牛，马匹也算在内。《新唐书·兵志》记载，开元九年诏令"天下之有马者，州县皆先以邮递、军旅之役，定户复缘以升之，百姓畏苦，多不畜马，故骑射之士减曩时。自今诸州民勿限有无荫，能家畜十马以下，免贴役邮递征行，定户无以马为资。"多数场合仍是以马为定户等凭依的，甚至牛羊猪鸡也算在内。

**奴婢** 蒲昌《定户状》所记四户中三户有部曲奴婢，由上引独孤郁之语看，奴婢是与牲畜一样被视为财产而登记的，并且，与牲畜按"蹄"计一样，奴婢按"指"计数。

其他生产生活资料如粮食等大都要计算在内。由于资产范围广，种类杂乱，质量不一，难以直接比较高下，可能多仿汉法，将其折价后综合比较。

再看一下丁口在户等划分中的作用。

汉代的赀算到南北朝的划户等都只计资产而不及人丁；唐中叶两税法明确规定"约丁产，定等第"。那么介乎其间的隋唐（中叶以前）的户等划分是否考虑人丁？这一点尚未有人提及，在此讨论一下。

《隋书·食货志》称，初行输籍定样之法时，令诸州"县令巡人，各随便近，五党三党，共为一团，依样定户上下"，以解决课输不均，定户不实的问题。共为一团的"团"字，即"大索貌阅"或"团貌"，即清查人口数目和年龄。细读这段文字，系分别讲户籍和户等两项内容，不一定是说定户上下时也要结合"团貌"人丁。

唐中叶以前定户凭依中包不包括人丁，这可从分析蒲昌《定户状》所记内容入手。在所记四户中，韩君行户下只记一部曲，宋克俊户下只记一婢，很难想象前者全家只有七十一岁的老翁与一部曲，后者只有十六岁的少年与一女婢而皆无他人。其实，这两户及范小义户所记部曲、女婢是依照《唐律疏议》中所谓奴婢"同于家财"和"律比畜产"的规定，作为财产而不是作为人口登录的。张君政是卫士，《唐六典》卷5记载唐前期兵制下的卫士，"成丁而入，六十而免"。张君政年四十七，是"见在卫士"；记载"凡差卫士……若父、兄、子、弟，不并遣之，若祖父母、父母老疾，（家）无兼丁，免征行及番上"。由此可知，张君政之后记弟张小钦，是表明户主卫士张君政"家有兼丁"，在其征行、番上之时，有弟可"代兄承户"，故张小钦名下注明"白丁"字样。范小义是五品孙，有恩荫免役特权，由其弟名下记明"白丁"可知免役权只限范小义一人，所以，如同张君政户一样，也记其弟名于户主之下，表明是"代兄承户"。所以，这四户所记之名实际上是户主，不是各户的全部丁口。这说明户等划分是不考虑人口的。

当然也存在另一种可能，即与前述定户时依据土地而蒲昌《定户状》中不记土地的原因一样，定户等时要参照户籍中所记的丁口详情。结合唐初定户令文来看，不存在这种可能。有关唐代的重要史书中均记为"凡天下人户，量其资产，定为九等"，或"凡民资业分九等""量贫富，作等第"，而不见"丁"字样。直到开元天宝时期的令文仍是如此。如《唐会要》卷85《定户等第》开元二十九年制文"定户皆据资产，以为升降"；同书同卷《籍帐》天宝四载三月敕文云"审于众议，察以资财"。令文制敕用词都很精确，应当是可信的。很多奏议反映的情况也与此一致，问题比较明确，不多引述。

其一，《唐六典》卷30中记载的"京畿及天下诸县令"条规定："所管之户，量其资产，以入籍帐。若五九（谓十九、四十九、五十九、七十九、八十九）、三疾（谓残疾、废疾、笃疾）及中丁多少、贫富强弱、虫霜旱涝、年收耗实、过貌形状及差科簿，县令皆亲注定。"这里讲的是县令的职责。前面讲的是定户等，后面讲的是编户籍。户等涉及资产，故云"量其资产，类其强弱"。这里的"强弱"并不是指人丁的身体强弱，而是指资产的"强弱"，即资产多少。造户籍要涉及人丁的成丁、老免、优待、身体状况，故云及五九、三疾、中丁多少、过貌形状。至于"虫霜旱涝、年收耗实"及差科簿的亲自注定，仍然是讲县令职责的，前者涉及租庸调征收的比例问题。同书卷3规定"凡水旱虫霜为灾害有分数。十分损四已上免租，损六已上免租调，损七已上课役俱免。若桑麻损尽者，各免耗实"。对差科簿的注定与我们的论题关系不大，不再细说。

其二，据《唐律疏议》卷 13 记载"依令，凡差科，先富强后贫弱，先多丁后少丁"。《唐会要》卷 85《定户等第》记载，万岁通天元年敕文亦云"其应入役者，共计本户丁中，用为等级，不得以析生蠲免"。差科需要参考户等，故云"先富强后贫弱"，在户等相同的条件下，要求"先多丁后少丁"。这些原则与定户等无关。"共计本户丁中，用为等级"，也是差科原则的体现，丁中多的先役，丁中少的后役，所谓"用为等级"就是这个意思，而不是说以丁中的多少来定户等的高低。因此，上引史料中的"多丁""少丁"以及"计本户丁中，用为等级"与定户等没有关系，而是服从户等前提下的差科原则。

其三，《唐会要》卷 85 记载，广德二年敕文："天下户口，委刺史、县令，据见在实户量贫富等第科差，不得依旧籍帐。"这里的"户口"是指户籍所载丁口；"据见在实户"，是针对旧户籍上有虚户而言的；"量贫富等第科差"则是指对实户丁口科差时的原则。整个敕文的意思是，天下各州县旧籍民户，委托刺史、县令查虚稽实，以现有实户为科差对象，科差时要按贫富划分等第，不要依照旧籍上的丁口和户等去科差。可见，"天下户口"与定等高低没有关系。

日本学者西村元佑认为唐代划分户等是考虑人丁因素的[①]，并计算出寿昌、悬泉、从化和卯乡四乡残卷所记各等民户的平均丁口数为：下户 2516，中下户 40，下中户 1921，下下户 158。从数字上看，户等高下的确与人口多少相一致。细绎之，不仅各等民户之间人口数的接近令人费解，而且推算本身就欠妥，因为唐代差科簿与户籍不是一回事。差科簿中所登记的人丁数目是从户籍中抄汇的，但这不是为定户等而抄编的，因此不能依据差科簿中所记来推算户等与丁口之间的数量关系，更不能据此来判断划分户等的依据。

丁口因素介入户等划分是从两税法"约丁产，定等第"开始的。此前各代户等划分均依资产而不及人丁，原因在于均田制及占田课田制下

---

① ［日］西村元佑：《中国经济史研究——均田制度篇》，京都大学东洋史研究会 1968 年刊行，第三编第二章第五节。

计丁授田,丁田一体化,计田产已含人丁在内。均田制崩溃后,丁田间法定对应关系消失,所以才"约丁产,定第等",丁才成为划分户等的因素之一。

总之,唐前期与汉魏南北朝一样,划分户等时主要依据资产,土地包含其中,但户等与人丁因素基本无涉。据此,可以大致考察一下各等民户的经济地位和大致比数。

史书称"天下户"皆在划分之列,但在户税之外的其他税役中,王公及州县官(包括正从九品的县丞、县尉、主簿)都不在户等划分之内,此由征收户税时的"一品准上上户,九品准下下户"的专门比附可以证明。可知是在按政治特权剔除上层官吏之后,才对普通民户按经济地位进行划分。

《全唐文》卷64说"税输之户,天地相远,不可等度",可见户等划分对象贫富差悬是很大的。由户税上上户四千,下下户五百,可知第一等和第九等的资产有的相差七倍;地税上上户五石,下下户一石,即土地相差四倍,而且还远不止此。史书记载各等民户的资产不具体,上户一般称作高户多丁、黠商大贾之家,即使在均田制下,他们的地产也得以迅速增长。中户是普通的自耕农,时人估计资产常以中户为例,如"中户十不足以活一髡,中户五仅能活一兵"。据《唐会要》卷83记开元年间规定,"定户之时,百姓非商户,郭外居宅及每丁一牛,不得将入货财数",知普通中户一般能有一牛;由《新唐书·杨慎矜传》所说的"市十牛,岁耕田十顷",可知有一头牛的农户光景好的还可有一百亩地(这或许与均田制授田有关)。下户一般田不满百亩。又据该书《袁高传》记载德宗时赈济关辅,量地给牛,规定田"不满五十亩者不给,高以为圣心所忧,乃在贫乏,今田不及五十亩即是穷人,请两户共给一牛",也与有关记载及敦煌文书所反映的情况相同,即下等户土地实际上都少于五十亩,一般只有二三十亩。

据敦煌吐鲁番文书所反映的情况看,民户中绝大多数是六等以下户,尤其多的是八九等户。天宝十载差科簿中两件比较完整的文书中所记全是中下(六等)以下户:中下15户,下上19户,下中120户,下下235户。这与杜佑在《通典》中估算全国户口财税数量时所说的"高等少,下等多",并以八九等户为估算率所反映的情况相同。池田温在《中国古代籍帐研究》中据几件有关文书作了考察,也发现时间越晚下户比例越大。更为严重的是资产多寡与户等高下、赋役轻重并不能完全对应，富豪大户多交通官吏，求居下等，而下等贫民却被迫负担超过规定的税役。加之中户处在不断的贫富分化之中，也越来越多地沦落为下户，这些都使得下户贫民越来越多。

以上主要是就户等制度的主体——乡村户等制而言的。唐代的户等制度体系还应包括城镇坊郭户等和边远地区的特殊户等。

唐朝与前代一样对商贾持抑制态度，定户令中也体现出这种精神。《唐会要》卷85记载，玄宗时"富商大贾，多与官吏往还，递相凭嘱，求居下等"，故下令重新"审其等第，拯贫之主人；赋彼商贾，抑浮惰之业"。据《旧唐书·食货志》记载，开元二十五年规定划分户等时"百姓非商户，郭外居宅及每丁一牛，不得将入货财数"，即商贾须将郭外居宅和每丁一牛计算在资产之内。该志又载，大历四年重定户税数额时特加一条规定，"其百姓有邸店行铺及炉冶，应准式合加本户二等税者，依此税数勘责征纳"，更有明显的抑商意图。关于坊郭户等的制定，《通典·食货典》记载，广德二年"敕天下州，各量定酤酒户，随月纳税额"；大历六年"量定三等，逐月纳钱"，并且也扩为九等；《唐六典·户部》载户税税额规定"其商贾无田及不足者，上上户税五石，上中以下递减一石；中中户一石五斗，中下户一石；下上七斗；下中五斗，下下户……并不在取限"。可见依据所货所业的资财之外，商贾土地也计算在资产之内，按等纳户税。

租庸调法中专门规定有边远地区纳税的条文，如《旧唐书·食货志》说"若岭南诸州则税米，上户一石二斗，次户八斗，下户六斗。若夷獠之户皆从半输。蕃胡内服者，上户丁税钱十文，次户五文，下户免之。附经二年者上户丁输羊二口，次户一口，下三户共一口"，似只划为三等。《唐六典·户部》则记曰："凡诸国蕃胡内附者亦定为九等，四等已上为上户，七等已下为次户，八等已下为下户。上户丁税银钱十文，次户五文，下户免之。"可知也是划为九等的，只是上中下的划分习惯与内地民户不同。据《旧唐书·食货志》记载，此规定系在武德七年来看，边远地区在唐初即已编有户等，与内地划户等的时间相同。

坊郭户等和边远地区的户等不及内地乡村那样严格，常有临时变制和特殊排定。前引酤酒户"量定三等，逐月税钱"即像是临时划等。南蛮户等也曾派作他用，《新唐书·南蛮传》记载，"凡田五亩曰双，上官授田四十双，上户三十双，以是为差"；《全唐文》卷211记载，陈子昂说，征吐蕃时发剑南道民夫太甚，"窃见蜀中耆老平议，剑南诸州比来以夫运粮者乞一切并停，请为九等税钱，以市骡马"。驮运军物实际也是借用现成的户等制。

因为户等制度实施范围广，涉及千家万户的实际经济利益，所以定户等中一直存在作弊与整饬的问题。初颁定户令时要求很严格，县司要亲自审实，与乡老对议审定，逐级呈报。但在具体执行时地方大户"重赂贵近，补府若吏，移没籍产，以州县甲等，更为下户"。《唐会要》卷85记载，玄宗针对类似情况也严申惩治之法，仍不能革除其弊。典型的例子是敦煌文书所记索思礼的户等变化：天宝七载索思礼为案典，列为下中户；大历四年升为别将后，有田二百四十亩，奴婢四人，却降为下下户了，这显然是做了手脚。另一种现象就是地方官不按时按规定整编户等，使户等失实，诏令常有催促按时定户的内容，即反映这种情况。至于普通民户设法脱漏资产，隐匿户口以求居下等的行为自然也不少，历朝都把检括户口作为要务，所查出的隐匿数字往往惊人，这些人在脱逃户籍的同时自然也逃避了定户等第。

## 二　户等的作用范围和方式

户等制度是税役的征派工具，其作用主要体现在赋役的征派及蠲免方面。隋唐（前期）的赋役制度主体是租庸调制，兼有地税户税，杂徭兵役等，户等制度的作用重心在户税方面，同时与当时的各种税役项目也有着不同程度的联系，始终在税役征派中起着重要作用。

先看户等与租庸调。

关于租庸调是否按户等征收，史学界历来有不同看法。有人认为租庸调系据均田制下的课丁征收，数额固定，不以户等高下而变化；有人认为租庸调数额是个平均数，在具体征派中要参照户等区分高下，类似魏晋的"九品混通"法。其中理解诸关系的前提是搞清楚租庸调的征收是依据人丁还是依据土地，需要对此略予辨析。

庸是代役制，本质上属于徭役制的范畴，据丁征派，与均田制及其他土地基本无关，因而也与户等高下基本无关。调以户为单位征收，沿袭了魏晋北朝按户等征收户调的方法，按九等户制有区别地征收。租计亩（丁）而征，从出土文书看，不以户等高下而变化。而且，均田制下租调实际主要出自永业田（桑田），口分田（露田）只是虚数，户等如前所述，主要据私田而定，与所授之田关系不大。租庸调与地丁的关系比较复杂①，从制度上讲，租与户等也无直接对应关系。

我们不能据此认定租庸调与户等没有任何关系。首先，如前所说，《旧唐书·食货志》在记租庸调征收法的末尾有一段边远地区的特别规定。岭南按上户、次户、下户纳米，夷獠民户纳钱，蕃胡户纳羊均按户等，这虽然不是正式租庸调法，仅是其补充方法，但既然与之一起颁行，至少说明在特殊情况下租庸调的征收与户等也有一定关系。其次，租粟折变他物时与户等有着直接关系。日本学者山本达郎先生考察敦煌613号文书后认为，租在用谷物缴纳的部分和折变部分的比例因户等高下而不同：上户为一石二斗五升比七斗五升，即 5∶3；中户为一石比七斗五升，即 4∶3；下户为五斗比五斗，即 1∶1。② 这个推断的前提是文书残卷上每户每丁的租额因户等高下而不同，上户平均二石，中户一石七斗五升，下户一石。

《通典》卷 6 记载天宝年间全国租庸调账目说纳租者 190 万丁，折纳布约 570 万端，下有一注文曰："大约八等以下计之，八等折租，每丁三端一丈，九等则二端二丈，今通以三端为率。"可见户等高下不同，折纳数目也不同。折纳的基础是租粟，每等户中都按丁纳二石来计算，哪来八九等户之区别？有人试图用不同户等所加运费不同来解释这个差额，也显得很勉强。据这类记载来看，还不能完全排除租粟额与户等高下有直接对应关系的可能，只是因资料所限，尚难最终判定。撇开户等与租额的关系不说，户等与租粟折变的直接对应关系则是肯定无疑的。

再看户等与户税地税。

户税地税是唐前期与租庸调并行的附加税目，前者充官俸、邮驿之资用，后者用来建义仓、社仓赈济灾贫，后来以户税地税为基础形成了两税法。在唐前期，户税地税与户等制的关系较其他税目都更加密切，尤其是户税。

---

① 邢铁：《唐代庸制刍论》，《思想战线》1986 年第 3 期；《均田制与租庸调关系的辨析》，《云南民族学院学报》1991 年第 2 期。

② ［日］山本达郎：《敦煌发现计帐式文书研究》，《东洋学报》第 37 卷第 2 号，1935 年。

关于户税的起源说法不一。有人认为凡是以户为单位稽征之税皆可称为户税，也有人认为按户等高下征收的不同数量的钱币才是户税，应该以《隋书·食货志》所记北齐文宣帝"始立九等之户，富者税其钱"；还有"乃料境内六等富人，调令出钱"作为户税的源头。隋初已有户税，同志记载开皇八年高颎奏请在无课调地区"计户征税"，《百官志》载当时地方官"计户而给禄"，可能都与户等有关。

《唐六典·户部》说"凡天下诸州税钱，各有准常"，分别供军国、传驿及邮递、官俸之用，从用途看属于户税；《旧唐书·职官志》说此系"税天下户钱"，未说与户等的关系。杜佑《通典》卷 6 记载，天宝中全国有户约 890 万，其税钱约 200 万贯，下有一注文曰："大约高等少，下等多，今一例为八等以下户计之。其八等户所税四百五十二，九等户则二百二十二，今通以二百五十为率。"只明载了八九等户的税钱数。大历四年重新整饬户税钱额，颁布了完整的户税征收办法，《旧唐书·食货志》记载：

> 定天下百姓及王公已下每年税钱分为九等：上上户四千文，上中户三千五百文，上下户三千文；中上户二千五百文，中中户二千文，中下户一千五百文；下上户一千文，下中户七百文，下下户五百文。其见官，一品准上上户，九品准下下户，余品并准依此户等税。若一户数处任官亦每处依品纳税。其内外官，仍据正员及占额内阙者税。其试及同正员文武官不在税限。其百姓有邸店行铺及炉冶，应准式合加本户二等税者，依此税数勘责征纳。其寄庄户，准旧例从八等户税，寄住户准九等户税，比类百姓事恐不均，宜各递加一等税。其诸色浮客及权时寄住户等，无论有官无官，各所在为两等收税，稍殷有者准八等户，余准九等户。如数处有庄田，亦每处税。诸道将士庄田，即缘防御勤劳，不可同百姓例，并一切从九等输税。

以上是关于户税最详细的记载，将普通民户的税钱与天宝时相比，八等户增加 248 文，九等户增加 278 文，推算到上上户，平均各等户增加 200 文以上。该令文还具体规定了品官、铺商、浮客、寄住户、将士庄田户的纳户税办法，尽管具体规定不一，都是以九等户税钱为基准而比附变更的。而且该令文还证明在此之前的"旧制"已规定了寄庄户从八等户税，寄住户从九等户税，到此时又递加了一等。

据《全唐文》卷386记载，独孤及说天宝年间"每岁三十一万贯之税，悉钟于三千五百人之家，谓之高户者岁出千贯，其次九百八百，其次七百六百贯，以是为差，九等最下，兼本丁租庸犹输四五十贯"。按其所说，第九等户每年亦当出户税一百贯，何以兼本丁租庸才合四五十贯？独孤及的目的是讲纳税人少，需要税钱多，民户负担重，显然有夸大之处，我们不能完全相信此处所说的户税额，重要的是证明户税一直是分等缴纳的。还有《册府元龟》卷55《俸禄》称户税"既依户等，贫富有殊"；《全唐文》卷755记载李牧说"定户税，得与豪猾沉浮者凡七千户，哀入贫弱，不加其赋"……都证明户税与户等高下有直接关系。

敦煌吐鲁番文书所记课户、不课户和"课户见输"之类，是指按规定纳租调，并附有税额，而在每户下注明户等，主要是为了缴纳户税。如前所述，租调数量与户等高下的关系不太直接，故课户所输租调额当分别注明，而户等显然是为了征户税而记注。还应该指出，唐前期制定户等的主要目的就是征收户税。

地税的征收目的是建置社仓、义仓以为灾荒赈济之用，据《新唐书·食货志》记载，自唐初"高宗以后，稍假义仓以给他费，至神龙中略尽"，被挪用得越来越多，渐渐被视为一种普通的税目收入了。

地税的征收方式，有时按地亩而征，有时按户等高下而征。《隋书·食货志》记载，开皇十六年令"社仓准上中下三等税，上户不过七斗，下户不过四斗"。一开始就按户等征收。唐初武德元年州县始置社仓，征收方法不详，估计系沿用隋制。据《旧唐书·食货志》记载，贞观二年戴胄奏请"自王公以下爰及众庶，计所垦田稼穑顷亩，每至秋熟，准见田亩以理劝课，尽令出粟"办义仓，并具体规定"亩纳二升"之定额，是计亩而征。《新唐书·食货志》记载，"商贾无田者，以其户为九等，出粟自五石至于五斗为差，下下户及夷獠不取焉"。实际是按田亩与户等双重征收标准。

据《通典》卷12记载，高宗永徽二年规定"义仓据地收税，实是劳烦，宜令率户出粟。上上户五石，余各有差"，改为全体民户都按户等高下纳税，以求简便。估计数额以五斗为差，至下下户输一石。与此前的"亩税二升"相比，上上户相当于纳250亩的地税，下下户纳50亩的地税；这对上等户来说问题不大，对下等户来说实际是加重了负担，因为他们的土地大都达不到官府的估数。后来可能因下户破产者日趋增多而使此法难以推行，到玄宗开元二十五年复令按地亩征收，《通典》卷12还记载，王公以下亩税二升，"其商贾户若无田及不足者，上上户税五石，上中以下递减各有差"。《唐六典·户部》记载此令尚有灾伤免税之规定，"上中已下全免一石，中中户一石五斗，下下户及全户逃，并夷獠簿税并不在取限，半输者准下户之半"，似又恢复到了贞观之制。

　　总的来看，永徽二年到开元二十五年的近90年间，地税与户税一样按户等高下分级别征收；永徽以前和开元二十五年以后都按地亩征收，直到代宗广德年间仍令地税依旧亩纳二升。而商贾民户则始终依照九等户分别征纳。在与户等的关系上，地税不及户税密切。

　　值得注意的是，地税在依地亩而不依户等征收时又与土地级别的划分"地等"有关。唐代仍有划分土地级别的习惯，均田令中的不易之田（上）、一易之田（中）、再易之田（下）的划分即地等划分。据《全唐文》卷671记载，白居易说，征地税时"必视乎田之肥墝，如此则沃瘠齐而户租均"；《旧唐书·职官志》说屯田时要考虑"凡当屯之中，地有良薄，岁有丰俭，各定为三等"。具体到地税按地征收时，如《旧唐书·代宗纪》记载的"京兆府税宜作两等，上等亩税一斗，下等税六升，能耕垦荒地者税一升"；不久又规定"夏税上田亩税六升，下田四升；秋税上田五升，下田三升。荒田开垦者二升"，实际仍是三等地税。这是在开元二十五年恢复地税按亩征纳旧制二十年后的记载，可能到唐中叶大部分地区农作物两作制普及，加之均田制处在瓦解过程中，地税及户税的作用增加，使得地税额远远超过以前"亩税二升"的标准，只有刚开垦的荒地才仍保持旧额。上一章曾提到，先秦两汉既已有土地级别划分的事实，是户等划分的先声；唐代按地纳税时既然要考虑土地级别，在以征派税役而划户等时即"量其资产"时，很可能在记地亩数的同时也记其质量高下，敦煌户籍残卷登记土地数目时下面标有的上中下字样即其证。看来，开元二十五年后虽然改变了地税按户等高下征收的办法，恢复了计亩而征的旧制，已与永徽以前不同，但按土地等级而定税额已经含有了户等高下的因素。

再看户等与徭役兵役的关系。

徭役分正役和杂役两类，正役即按丁服二十日役，《唐律》卷 28 称"丁（役）谓正役"。正役在一定条件下可以纳庸绢代役。以丁为征纳依据，只据户籍上的老少丁数而与该户的资产、户等无直接关系。唐代史书上常有按丁放免庸绢的记载也证明这一点。这里有个问题，史书和出土文书上常提到"差科"依户等高下，那么，差科是否包括徭役？

就字面意思看，差是差遣，与徭役有关；科是课取，似指赋税。唐人使用差科概念并不很严格，一般来说有三种情况：一是泛指赋税徭役；二是单指徭役；三是单指徭役中的色役，后者又或称"临时差科"。《唐大诏令集》卷 69《广德二年南郊德音》中说"天下户口，宜委刺史县令，据见在实户，量贫富作等第差科"，当属第一种情况，即泛指各种税役。如果据此认为徭役依户等上下而派，显属不可靠。据《旧唐书·高季辅传》记载："关河之外，徭役全少；帝京三辅，差科非一；江南江北，弥复优闲。须为差等，均其劳役。"由将差科与徭役对称时不欲重复的原因和"均其劳役"之句，即可知这段话的主题是讲徭役。《通鉴》卷 29 记载唐宣宗大中九年诏令说，州县差役不均，故当"据人贫富及役轻重作差科簿。……每有役事委（县）令据簿定差"，胡注称宋代按户等高下轮差的"差科簿始此"。王永兴先生认为玄宗天宝十载时已有这种差科簿①，可能自唐前期已有按户等高下征发的一些徭役项目。另外，吐鲁番阿斯塔那墓出土的高昌县呈西州都督府的一件文牒说某人前往陇右，官府在问明其家第六等户的徭役有人承代后方许动身。②在讲徭役时特地说明其是第六等，证明徭役是按户等高下征派的。这些"徭役"到底包括哪些项目，以及轮差的具体规定则尚不清楚。

正役之外的杂徭是否按户等差派？对此史书记载不明确。据敦煌出土的开元年间《水部式》中记载的属于杂徭范畴的渔师、守丁、水手的征派看均似与户等有关，如都水监渔师"取白丁及杂色人五等以下户充"，三津守丁"取白丁并杂色人五等以下户充"，水手"八等以下户"充任；阿斯塔那墓出土文书中有一件记杂徭时曰"第八户"，论者认为

---

① 王永兴：《敦煌唐代差科簿考释》，《历史研究》1957 年第 12 期。
② 王仲荦：《试释吐鲁番出土的几件有关过所的户等文书》，《文物》1975 年第 7 期。

系八等户之谓，证明西州的杂徭按户等高下差发，这一点弥补了正史记载的缺漏。

除正役、杂徭之外还有所谓"色役"，即供各级官衙和官员们驱使的仆役，系按户等高下征派。色役是正役、杂徭的补充，但有其明显特点：它不像正役杂徭那样只由普通民户充任，品官子弟也负担；它也不像杂徭那样被派去开河筑路、营建宫室而只是官府仆役，并多以钱代役，称"资课"而不称"庸"。其名目大致有郡上、胥士、执衣、捉钱、门夫、庶仆、士力等，大都按户等高下差发，《唐会要》卷93记载贞观十一年"置诸司公廨本钱，以天下上户七千人为胥士，视防阁制，而收其课"；《新唐书·李峤传》记载神龙年间大户作弊，结果使色役征派时"至无捉驿者，役逮小弱，即破其家"。最直接的证据是敦煌天宝十载的一件差科簿文书残卷，有学者认为该记载中的人丁按九等分类，色役名目则随各等户下的人名而散乱记之，看不出色役名目与户等高下排列间有什么规律。据《唐会要》卷65等处记载，幕士、供膳等派高等户，俸禄一般取中等以上户，水手取八等以下户，其他役目与户等的对应关系还有待于研究。

租庸调时期的兵役为府兵制，主要依据均田制下受田丁数而征。结合有关记载看，府兵征派与资产多少有关，《唐律疏议》卷16载有"取舍不平"之罪，即指不按贫富差派。《新唐书·兵志》记载太宗置飞骑，屯玄武门要地，规定"取户二等以上，长六尺，阔壮者"为之，只有一二等户可充此任，又与户等高下有关。在实际签点中，征发愈来愈集中于贫下户，该志说开元二十三年召弩手时"皆择下户白丁、宗子、品子。……不足者兼以八等"。可以知道府兵签点是依据户等的，主要集中在第九等户中，第八、第七、第六等户中当府兵的很少，第五等和第五等以上的户不在应征之列。考虑到均田制下兵农合一的特点，此时的户等制度应当是在徭役和兵役中同时发挥作用。史料所限，兵制与丁中老小人口的关系比较明确，户等兵役的具体对应关系还不十分清楚。

与兵役征发相关的还有军粮的征收。《全唐文》卷651记载，军粮要"据户科配"，派军车"令府司排户差遣"，需要利用户等这个现成的工具。同时还有贮军粮于民家的规定，吐鲁番出土的《永淳元年高昌县百姓贮粮符帖》记载,[①] 各等户贮粮数分别为上上户每户贮存 15 石,上中户 12 石,上下户 10 石,中上户 7 石,中中户 5 石,中下户 4 石,下上户 3 石,下中户 1 石 5 斗,下下户 1 石。

最后看看户等与蠲免赈贷的关系。

每逢遭罹天灾人祸之际,官府常减免部分税役;灾荒严重之际,又赈济生活或贷放钱粮供百姓度灾。蠲免赈贷有时候面对全体民户,在灾情不太严重时,只蠲免或赈贷部分民户,主要是中下民户,这时就需借用户等制度。《新唐书·玄宗纪》记载,开元十一年令"太原府给复一年,下户三年"(《册府元龟》卷 49 记此令为"九等户给复二年");二十二年"免关内、河内八等以下户田不满百亩者今年租";二十六年"免京畿下户今年岁租之半"。《全唐文》卷 245 记载玄宗令在旱涝之地赈贷,"下户给之,高户贷之"……这类记载在本纪、列传、食货志及类书中极多,内容相似且意思明确,不多胪列。

隋初开皇四年分郡县为上、中、中下和下共四等。唐代州的级别比较烦琐,有四辅、六望雄、十望、十紧及上中下诸级别,而县一直分到七等或八等。州县划分虽然也按地理位置的重要与否来定上下,但多数州县都是以人丁户数为准,如《全唐文》卷 4 记载,德宗所说"量户口之众寡,定都邑之等差"。一般按户口数划州的等级标准为上州 40000 户以上,中州 25000 户以上,下州 20000 户以下;县的级别为望县 4000 户以上,紧县 3000 户以上,上县 2000 户以上,中县 1000 户以上,中下县不满 1000 户,下县 500 户以下。州县级别划分依据户口多少的原因正在于要凭此规划征派赋役。据《唐会要》卷 69 记载,会昌四年五月中书门下奏请"应诸州县佐官,近令约户税多少,量减佐官";六月吏部也奏请"以州府申阙解内户税多少"减增官员;十一月敕令"视管内据税钱数定等第",以定官员数额及俸禄级别。由据户口数、特别是户税额划分可知是据王公以下全体民户作为划分州县级别的依据的。实际上,以户口数或户税额划州县级别与划分民户户等一样,是从国家财政税收的角度把一州一县视为一"户"来规划的结果;换言之,州县级别是户等制精神在行政编制中财政意义上的体现。到清初按州县为单位将所有民户"通折"为一个等级时(详见第五章),这个

---

[①] 张弓:《唐代仓廪制度初探》,中华书局 1986 年版,第 163 页。

性质就更明显了。

除上述四个方面外，户等制还有其他方面的作用，如排定运送税租的距离，决定逃户的归属都要依据户等。《唐会要》卷85记载，李峤上书请对浮寄客户"当计其户等，量为节文，殷富者令还，贫弱者令住"。另外还有对户等的临时划分和使用，《通典》卷11记载大历六年将酒户"量定三等，逐月税钱"。甚至贪官污吏的私自聚敛也借助户等，张鷟《朝野佥载》卷3记载，深州刺史殷崇简"到任令里正括上户每取两人，下户取一。……处分每客索绢一匹，约一月之内得绢三十车"，等等。

总的来看，一方面户等制度的作用不断扩大，作用涉及社会生活的各个方面；另一方面它也有其局限性，除户税外，户等制度始终是各种制度的辅助工具或只是间接、间断性地起作用。而且，有不少时候虽然规定以户等为工具（如差役等），对应关系并不十分严格；有很多场合只笼统地称高户、上户、中户、中人之家和下户、贫下户等而不作具体排列。所以，这个时期的户等还处在不断发展过程中，还没作为一项关系国计民生，波及千家万户的制度而存在和发展。

## 第二节 唐五代（两税法下）的九等户

唐德宗建中元年，杨炎上疏倡行两税法，取代了已不合时宜的租庸调制及其他辅助税目。两税法的基本原则是"以贫富为差"，赋税与资产的关系较前更为密切，与户等的关系也更密切了。由于唐中叶以降王室日衰，及至五代十国战乱，户籍户等又随之渐趋混乱，并在这种混乱之中孕育出了户等制发展的新趋势。

### 一 两税法与户等制

两税法规定"户无主客，以见居为簿；人无丁中，以贫富为差"，即依照家庭的实有资产约定两税。这样，两税法之下由于户税成了赋税制的主体内容，户等制也随之由原来作用于辅助税役项目转到税役主体上来了。据《唐会要》卷83记载，两税法条文中与户等制有关的内容主要有：

> 计百姓及客户，约丁产，定等第，均率作年支两税。
>
> 请令黜陟观察使及州县长官，据旧征数及人户土客，约丁产，定等第，钱数多少，
>
> 为夏秋两税。遣黜陟使观风俗，仍与观察使刺史计人产等级为两税。

这里记载的两税额征收依据是丁产的"等第"或"等级"，杨炎也曾说，他所以倡行两税法，是因为看到当时"田亩转换，非旧额矣；贫富升降，非旧第矣"，原来的税制已不适用，原来的旧第（户等）也已混乱。从根本上讲，弃租庸调而兴两税法并不是户等混乱所导致，税制变化和户等混乱都是"田亩转换"即贫富分化造成的。新的税制仍然编排户籍户等，以之作为征派工具。

两税法时期户等的编排时间仍是三年一定，《唐会要》卷 85 记载，颁行两税后第八年，即德宗贞元四年敕文说"天下两税更审定等第，仍加三年一校，以为常式"；《唐大诏令集》卷 70 也记载，宪宗元和二年诏令再申"贞元四年制已及三年一定"。可知户等的编排时间仍与唐前期相同。

划分户等的凭依在此时有了重大变化，即不再依据资产一项，而是"约丁产，定等第"，明确地规定要按资产和人丁两项划分户等。这个变化是户等制臻于完善和成熟的标志。因为，严格来说，在单独以资产作为征派税役的依据时，可以直接按资产多少而征派，划分户等的必要性并不太大；只有在同时以人丁和资产两项作为征派依据时，不同类的两项难以直接比较高下，只有把两项结合起来，大致划为几个等级。易言之，人丁介入户等划分，户等划分的必要性就增加了，也必然因之而规定得更加完善从而使户等制更为成熟。

这里会产生一个问题：两税法以后税役变化的主要趋势之一是资产作用的增大，人丁因素的减少，那么为何户等划分却呈现出相反的趋势呢？这主要与徭役制的变化有关。唐中叶以前，无论亲身应役或纳庸代役都以人丁为计算单位，且徭役都是单独的一项制度；两税法颁行后，徭役完全并入两税，从制度本身来看已不存在独立的徭役制了。这样，徭役的征派依据——人丁——也就随着徭役的被合并而转移到了两税之中，从而使户等划分也要考虑人丁因素了。到宋代，徭役复从两税中脱

出，已经不能像以前那样完全依据人丁征派，而是依据丁产两项，因而宋代户等的作用重心便转移到了徭役方面。对此在下一章具体考察。

两税法中"丁产"的内容，丁比较明确，仍按均田制时期男女 21 为丁，60 为老的规定掌管。关于资产，也与前期大致相同。陆贽《奏议》说是"有藏于襟怀囊箧，物虽贵而人莫能窥；有积于场圃囷仓，值虽轻而人以为富；有流通蕃息之货，数虽寡而计日收赢；有庐舍器用之资，价虽高而终岁无利"。据《全唐文》卷 683 记载，独孤郁说按户等征税时，"昔尝有人良田千亩，柔桑千本，居室百堵，牛羊千蹄，奴婢千指"，因之而负担税钱极重。可知定户等的资产仍与以前一样分为四大类：

　　土地粮草——所谓积于场仓、良田、柔桑之物；
　　房舍用具——所谓居室、庐舍器用之资；
　　钱币财货——所谓藏于襟怀、流通蕃息之货；
　　牛羊奴婢。

质而言之，涵盖一般的生产生活资料。这些种类繁多、质量不一的资产在定户时都要计值折价，然后以各户的总价值数比较高下。陆贽《奏议》所说诸种物产"一概计估算缗"，《册府元龟》卷 51 记载，贞元十年规定征税时"以见在户家产钱为定"，即其证。

上节说过，唐中叶以前户等制与租庸调的关系不太密切，主要与户税等辅助税役项目有关。这是因为，均田制时代能在一定程度上实行"均田"，保证小农的二三十亩地，故依据均田制而定的租调额按受田人丁征收即可，没必要借助户等。均田制崩溃后再没有了"均"的保证，贫富分化进一步加剧，此时只能舍弃捷径，按实际丁产数划分等第，征收不同的税额，因此户等的作用也就发挥于赋税制的主体——两税法上了。

两税是如何按户等征收的呢？要说明这个问题，首先应搞清楚"两税"的含义。两税是指夏秋两征，还是指地税户税，史学界对此有不同看法。据记载看主要应是后者。两税令文中"据旧征税数"定等第钱数者指户税，以钱缴纳；"应征斛斗，请据大历十四年见佃青苗地额均税"者指地税，以粮缴纳。"户无土客，以见居为簿"是户税征收原则；"人无丁中，以贫富为差"则是地税的征收方式。两税法是由唐前期的地税户税融合租庸调而生成的，因此，户等的作用也仍然分别体现在地税和户税的征收上。

地税主要按田亩收粮食。所谓"据大历十四年见佃青苗地额均税"，是把颁行两税法前一年全国在册地亩数和相应的地税额（自开元二十五年后地税按亩计征，见前述）作为基数往各州县摊派，以后无论按旧额或有增减，都以地亩为征收依据。颁行两税法不久，陆贽在《奏议》中说"今京畿之内，每田一亩，官税五升"；元稹在《同州奏均田》中说每亩"税粟九升五合，草四分"，表明各地标准不一。据陆贽说，征地税要"量土地之沃瘠"，即仍按唐前期划分土地等级的方法有差别地征收，这也可能是数额标准不同的原因之一。尽管唐前期地税曾一度按户等征派，不能排除两税法时期也有类似方法，尚未见有两税法下地税按户等高下征收的具体记载。看来，此时地税与户等的关系仍不太密切。

户税则主要按户等纳钱。通观诸书所载两税法令文，字句虽略有不同，但讲到定户等第时都有一个共同之处：即都与民户相连，如"计百姓及客户，约丁产，定等第""据旧征数人户土客，定等第"……并且都是在讲户税时才提及民户和户等之事。加之唐前期户税一直按户等征收，可知两税法后户税仍与户等连在一起。由于此时户税已是税制的主体内容，不再像唐中叶以前只是辅助税目，故不再像以前那样简单地划定各等民户岁纳钱若干文，而是要"据旧征数"而定，"约旧配额"。如陆贽《均节赋税恤百姓六条》所说，与地税一样"各取大历中一年科率钱谷数最多者，便为两税定额"，即先有一个定额（最低限额），再分摊到各地，由州县"约丁产，定等第"来决定各等钱数额，由各州县根据具体情况规定各等民户各纳钱多少。由于没有统一标准，各地官吏往往趁机加税中饱，使本来就不均齐的户税额悬殊更大。陆贽因此在《奏议》中提出一个建议：

> 假如一州之中所税旧有定额，凡管几许百姓，复作几等差科，每等有若干户人，每户出若干税物，各令条举都数，年别一申使司，使司详覆有凭，然后录报户部。若当管之内人益阜殷，所定税额有余，任其据户均减，率计减数多少以为考课等差。

陆贽建议的题目是"论长吏以增户加税辟田为课绩",讲以增税为政绩的弊端,主张在人益阜殷的地区,在不减少当地旧有总额的前提下,也应该"计减数多少以为考课等差"。前面讲的一段话不像是陆贽的新建议,而是为了说明在某些时候,每户税额相对减少也应作为一种政绩来奖励地方官的原因,他顺便申说的两税的征派方法,却反映出当时两税法下的户税是按户等高下决定"每户出若干税物"的。

征户税时各等户所纳钱数因时、因地而异,一般由州县调配决定,如前所述。《全唐文》卷66记载敬宗时和州"户万八千有奇,税钱十六万贯",每户平均72贯;《文苑英华》卷58记载武宗时黄州"户不满二万,税钱才三万贯",每户平均15贯;同卷记载宣宗时杭州有"户十万,税钱五十万贯"。按照《通典》中杜佑说以八、九等最多,平均数以八、九等户计,则为每户15至72贯不等。在各地税额差距不大时,可由地方官在所辖范围之内调配,《唐会要》卷84记载太和二年兴元府府尹王涯奏,"兴元府南郑两税钱额素高,每年征科,例多悬欠。今请于管内四州均摊,代纳二千五百贯文,配蓬州七百五十贯,集州七百五十贯,通州五百贯,巴州五百贯"。由以钱贯而计,知其所言主要为户税。各等民户的税额虽以钱计,在实际征收时也常折绢帛等物,几经折变,例皆加重下户负担,历代皆同,不再多说。

除户税之外,与唐前期一样,户等也作用于财政制度和社会生活的其他方面。《册府元龟》卷52记载太和九年常平义仓赈水旱灾民,"先据贫下户及鳏寡孤独不济者,便开仓,准原敕作等第"。由等第、赈贷之语可知:上等户贷,以后须偿还;下等户赈,无须偿还。还有就是按户等高下决定输送税物的远近。《全唐文》卷82记载宣宗年间针对权要势豪之户留当地输纳,而单贫之人输运他州的情况,规定"从今后须令有车牛豪富人户送太仓及州府输纳,其留县并须先饶贫下不济户",所谓有车牛的豪富人户、贫下不济户,是户等概括的通俗说法。两税法颁行后不久又出现了徭役,据《全唐文》卷755记载,李元方"出为池州刺史,始至,创造籍簿,民被徭役者,科品高下,鳞次栉比,一在我手。至当役役之,其未及者,吏不得弄"。户等的作用还包括按户税钱数定州县等第,据《唐会要》卷69记载,会昌四年按州县大小定官员数量时,先"于管内据税钱额定等第";中书门下奏请各州县"约户税多少,量减佐官"。这虽然不是直接据户等而定,在以户税作为统计户数的简捷方法时已经含户等因素在内。

坊郭户等在两税法颁行后仍然存在并发挥着作用。《册府元龟》卷54、《全唐文》卷75都记载，文宗太和八年令京邑"始定店户等第，令其纳榷"。所言"始"者，当系开始整顿而不是创行，因为唐前期已有坊郭等第；由反复言"始"，可以看出唐代坊郭户等一直没有统一定制，多是临时为之。

## 二 唐五代户等制度的变化趋势

两税法时期户等制度的作用较前更为重要，这主要是就制度规定本身而言的；其作用的发挥必须有一个前提，即户等制度能保证及时的调整。从有关记载来看，这一点并没做到，相反，自两税法产生之后就长期不核查资产，不调整户等了。两税法颁行后第八年即贞元四年朝廷重申两税法下要继续审定等第，"三年一定，以为常式"。所以要重申，透露出不按时定户的事实。《唐会要》卷85记载元和六年衡州刺史吕温说，当地已经"二十余年都不定户"，所谓二十余年，正是两税法实行以来的这一段时间。又过了八年，《文苑英华》卷422《元和十四年上尊号赦》中说"比来州县多不定户，贫富变易，遂成不均。前后制敕，频有处分，如闻长吏，不尽遵行。宜委观察使与刺史、县令商量，三年一定，必使均平"。穆宗继位后又重新整饬，《唐会要》卷85记载，规定"自今已后，宜准例三年一定两税，无论土户客户，但据资产为差"……这样三令五申，一方面说明两税法离不开户等制，同时也说明当时户等制已普遍不能按时整饬了。据《旧唐书·敬宗纪》记载，后来又曾下令"今后户帐田亩，五年一定税"。户账当含户税，五年一定，亦即五年才一整编户等，这就拉长了定户周期，实际是对户等混乱现状的默认。后来连五年也难以遵行，敬宗以后实际上已经不再定户等了。

户等制混乱和不能如期调整的原因，一方面是唐中叶以降内轻外重，中央无力驾驭地方割据势力造成的。《唐会要》卷84记载，元和二年李吉甫编的《元和国计簿》总计天下凡四十八道，二百九十三州府，共定户二百四十四万零二百五十四，附注说有十五道七十州"并不申户数"，占总数1/3，并且集中在关中、河北、山东等割据势力强盛之处。《通鉴》卷223也记载，这一带的节度使自两税法颁行前后已"自署文武将吏，不供贡赋"。贡赋户口不上朝廷，往往强占人丁财富以壮大地方实力，当然也就不再按照朝廷的规定编审户等了。

另一方面，户等制不能如期调整还有更深层的原因。在两税法"人无丁中，以贫富为差"的原则下，资产多则税多，资产少则税少，只要按规定登记资产，缴纳两税，无论占地多少政府都不干预，土地兼并实际上已经没有限制，这就使贫富分化进一步加剧了。加之社会生活在各个方面发生变化，终于在唐宋之际（唐中叶以降）的大动荡时期形成一个重要的转折点。社会生活的各个方面在此时发生明显变化的实质原因，就在于唐宋之际社会阶级结构发生了变化，进行自春秋战国以来的又一次新的排列组合。这种排列组合在财政税收方面引起了连锁反应，具体到户等制度，旧有的将全体民户一并划为九等的方法已经不再适用，渐渐地形成了新方式，即首先以资产有无划分主客户，再按资产的多寡将主户分等，到北宋初便形成了著名的主户五等户制度。户等制度的作用至此也发生了明显的变化。对此，将在下一章具体讨论，这里暂不多说。

在这个转化过程中的五代十国时期，户等制度实际上已是若有若无。这个时期的户等记载不多，并且都有着明显的临时为某事而编排的痕迹，不像是定制。从另外一些资料看，户等的作用已很少与税役发生关系，主要用于赈济了，如《旧五代史·梁太祖纪》记载，开平四年滑宋辉亳诸州水灾，"令本州分等级赈贷"。在唐朝有常以户等为工具而征发的项目，例如兵役。据《新五代史·史弘肇传》《刘景岩传》和《旧五代史·唐末帝纪》、马令《南唐书》卷3、《长编》卷17和卷171等处的追述来看，五代十国时期大都直接以人丁或资产数目来征派，不再借助于户等制了。至此，户等制的作用已大大减弱。《旧五代史·郑受益传》记载，后晋天福七年郑受益上书宰相，说"京兆户籍登耗，民力虚实，某备之矣。品而定之，可使平允"，反映出当时已经不存在"品而定之"的制度，民户负担也难以"平允"了。这多半是战乱中各割据势力以征战为急务，且都立国时间短暂，只重搜刮而顾不上整饬户等制度所造成的，按照户等制度本身的发展规律来看，此时尚不该出现如此的衰落现象。

# 第三章 户等制度的高潮时期

两宋时期的户等制度从形式、内容到作用各个方面，完善程度都超过了以往，并为后代所不及，是户等制度的高潮时期。这个时期户等制度的主体是乡村五等户制度，同时，城镇坊郭户等制度较前也有了明显的发展而臻于完善。这一章分乡村五等户和坊郭十等户两部分来考察。

## 第一节 宋代的乡村五等户

在具体考察宋代乡村五等户制度的基本内容之前，先简要分析一下唐宋之际户等形式的转变，即户等制度由传统的九等划分转变为五等划分的问题。

### 一 九等户到五等户的转变

唐朝的户等制度尚沿用传统的九等划分，北宋初则演变成五等户制。九等户制与五等户制的主要区别，在于前者以全体乡村民户为划分对象，后者则是在主客户制度基础上的划分，只包括主户而剔除了客户。这实际是社会等级结构变化的反映。考察这个转变过程也应该从社会等级结构的变化入手。

唐宋之际社会各等级都发生了明显的变化。其间的门阀士族官僚被科举入仕的士大夫所取代虽为人瞩目，但就宋代士大夫依然是超脱于税役负担和户等编制之外的特权阶层这一点而言，却与以前没有多大区别；与户等制度的变化密切相关者，主要是中下层、特别是佃农客户阶层的变化。

"客户"一词在唐朝主要指流亡他乡的客寓民户，亦称浮客或浮寄人户，《文苑英华》卷746称"人逃役者，多浮寄于（他乡）闾里，县收其名，谓之客户"。其中有因贫困破产而逃脱税役的穷人，也有因种种原因而避居异乡的富人，甚至是大富豪，《唐会要》卷 85 记载武则天时李峤上疏，主张对浮寄客户采取"殷富者令还，贫弱者令居"的办法，即反映出这种情况。《五代会要》卷 20 说五代时期仍规定"其浮寄人户有桑土者，仍收为正户"，与土著"正户"相对的客户含义依旧。到了宋朝，客户的概念则成了如石介《徂徕集》卷下说的"乡墅有不占田之民，借人之牛，受人之土，佣而耕者，谓之客户"；或者如《宋会要辑稿·食货》12 之 67 所说，仍然兼有前朝旧制痕迹："客户则无产而侨寓者也。"其首要特征已不是土著与否，而是有没有田产了。

宋朝官方户籍中的"客户"名称是借用了民间术语，其含义本来是指租佃关系中的佃农雇农，这个名称使用范围的扩大标志着租佃关系的扩大。这除了与社会经济的发展有关，也是庶民地主等级特点所使然。庶民地主中的一部分人经科举入仕成了新的权贵士大夫，而大多数仍是富而不贵，没有法定的政治特权，也没有诸如以前门阀士族那样大的宗法势力，不能凭政治的或宗法的力量来控制土地上的劳动者，只能通过出租土地的方式来"坐食租税"。租佃关系下的佃农雇农多是原来逋逃民户中的贫困无产者，客户便与佃农成了同义语，或合称为"佃客"了。尽管租佃剥削也是很重的，却比以强烈的人身依附关系为基础的半奴隶式的剥削方式（如魏晋南北朝时期的部曲）有着历史的进步性，能使客户在最低生活水平线上稳定下来，从而使破产民户在客户阶层中积聚扩大。据《全唐文》卷 372 柳芳说，这些人在唐朝时已经"杂于居人什一二矣"。到北宋时期占了全体乡村民户的 1/3 以上。

同时，客户的增多还与宋代奴婢地位的上升有关。与唐朝及以前相比，宋代史籍中有关奴婢的记载明显减少了，这在一定程度上反映出奴婢人数的减少。主要原因是官府和私人作坊中的奴隶劳动随着商品经济的发展而得到改善，农业生产中的奴仆也随着租佃关系的扩大而上升为佃农了。宋代以前贫穷民户自卖为奴的现象很普遍，特别在遭罹天灾人祸之后，大批农民流离失所，依附于豪门名下，以牺牲自身的自由来取得大户的庇护，用繁重的劳作换来勉强糊口的食粮。大批的奴婢、半奴婢不仅用于豪强地主的家庭生活，更多地被用于生产领域，魏晋南朝的部曲家丁、北朝至隋唐均田制下的奴婢授田就反映出这种情况。经过唐末五代各种政治力量和经济力量的冲击，这种情况到宋代发生了明显变化：世袭奴隶制被废除，杀奴成了违法行为，甚至奴隶血统论观念也在被人们所摒弃。宋初所颁《宋刑统》中尽管沿用唐律，仍有"奴婢贱人类比畜产"之语，即使在当时的士大夫们看来，如赵彦卫《云麓漫钞》卷4所说，也是"不可为例，皆当删去"的内容。甚至已经出现了如费衮《梁溪漫志》卷9所说的法律令文中有"杂户、良人之名，今固无此色人，谳议者已不用此律"的说法。虽然还有一些奴婢存在，数量已经大为减少，奴隶劳动已经基本上从生产领域退出，主要用于达官贵人的家庭生活了。

尽管宋代存在着贫富分化日趋加剧、破产农民日趋增多的事实，但他们的破产也只"破"到佃农客户的程度，没有继续下降为奴隶；同时，原来奴隶的地位虽然稍有上升，但也没有或很少有人能一步上升到自耕农的水平，仍旧没有田产，只是成了可以自由迁移的佃客。宋代客户阶层的壮大就是自耕农破产、地位下降和奴婢减少、地位上升两方面合力作用的结果，并由此而形成了一个具有平民身份但经济上一无所有的社会等级。

与宋代奴隶减少相关的社会等级结构变化的另一个重要标志，是"官户"含义的变化。唐朝以前的官户指平民犯罪及其家属没入官府服杂役者，是半奴隶身份的官府依附户。《唐律疏议》卷3说官户是"前代以来配隶相生，或有今朝配役，州县无贯者"，官府奴隶一次放免为官户，再次放免为杂户，三次放免方为良人，官户介于奴隶与良人之间，仍然属于贱民之列。五代宋初仍因其旧，建隆四年颁行的《宋刑统》卷12称"官户亦是配隶没官者"，卷18也将官户与工乐户并提。到了仁宗时期，官户的含义就发生了根本性变化。余靖《武溪集》卷19记载，此间的墓志铭已称"邑豪入粟得爵者准官户"，这些获得爵位的官户，显然是指品官之家了。据《长编拾补》卷49载，北宋中期官户的身份规定为"诸称品官之家，谓品官父祖子孙及同居者"；或者"唯以军功捕盗或选人换授至陞朝官，方许作官户"，并非入仕即为官户，只有具有军功或大夫以上的方有资格作官户，其他人则不能入列。据《宋会要辑稿·职官》5之17记载，宋朝的"吏职入仕或进纳并杂流之类补官人，往往攀缘陈情，改换出身"，千方百计措身官户之流，这是因为官户享有特权，尤其是《李直讲先生文集》卷28说的其"当户差役例皆免之"。即便王安石变法让官户纳助役钱，也有"官户输

（助）役钱免其半"的优待。南宋时募役法废除后也特别规定官户许雇人代役，《宋会要辑稿·食货》14 之 42 记载，与王安石变法时所不同的只是"令官户与人户一等输纳，更不减半"，实际仍然是督促官户出钱助役。总的看来，官户的含义在唐宋之际已经由社会最底层的半奴隶阶层的代称转变为某一特权阶层的称谓，并与旧式权贵之家的形势户、新权贵阶层的士大夫等一起，构成了宋代社会中跃居于一般民户之上、具有免役特权的等级。当然，这只是就"官户"一词的含义而言之，并不是说所有以前属于半奴隶身份的官户人家都成了品官之家；原来属于官户的大部分人只是脱离了半奴隶的地位而上升补充到了佃农客户阶层之中。

与庞大的客户阶层相并行对应的，是一个更为重要的、人数更多的等级——有资产而没有免役特权的民户，即唐宋之际所形成的主户。这个阶层在唐初曾被称为"土户"，即土著的、纳税服役的民户，亦称税户、课户，唐中叶以降称为主户，与无产无税的客户相对。值得注意的是，在宋代的实际生活中主户不全是与佃客相对称的另一方，不全是出租土地的富豪，其中大部分人是自耕农和半自耕农。主户一词专指与佃农相对称的田主雇主是元朝以后的事，在宋朝主户与客户对称的意义只局限于财政税役的范畴之内。正因如此，主户阶层与户等制度变化的关系才最为直接：他们在经济上虽与权贵阶层一样有数量不等的资产，在政治上如胡宏《武峰集》卷 2 所说，"主户之与客户皆齐民"，没有免役特权，所以成了无可逃脱的户等划分的主要对象。

这样，经过唐宋之际社会等级结构的重新排列组合，原来的贵族和平民两大社会阶层演变成三个明显而稳定的社会阶层（等级）：

> 有特权有资产的等级即皇族、士大夫、官户和形势户；
> 无特权有资产的等级即普通的平民地主、自耕农和半自耕农；
> 无特权亦无资产的等级即佃农客户。

第一等级与以前的贵族持权阶层一样享有免役特权，无论职役差役和夫役都与之无涉；从平民阶层中衍化出来的第三等级只有计丁征派的夫役，不负担按资产多寡轮差的职役差役；那么，职役差役就全部落在了占人口绝大多数的第二等级的身上。宋朝划分五等户的目的在于征派不同的职役差役，因此户等划分的对象只能是第二等级的主户，不能包括特权阶层，也不必包括客户阶层了。主户中因贫富分化而形成了若干不同的经济阶层，概括而言有三个阶层，即地主、自耕农和小自耕农，是时俗称为上户、中户和下户。再细分一下，上户有大地主和小地主之分，下户有小自耕农和半自耕农之别，于是乎呈现出了五个明显的经济阶层，这便是划分五等户的社会基础。这样，传统的以贵族官僚之外的全体民户为划分对象的九等户制，就演变为以主客户制度为基础的主户五等户划分方式了。

关于九等户转变为五等户的具体时间，史学界有不同说法，都是局限于对令文的考证。对此，关键是要先搞清楚两点：后晋后周的植树纳盐五等划分与宋代五等户制是什么关系，宋代五等户制与唐代九等户制的主要区别又是什么。

《旧五代史·食货志》记载，后晋天福七年"高祖以所在禁法抵犯者众，遂开盐禁，许通商，令州郡配征人户食盐钱，上户千文，下户二百，分为五等"，这是"分为五等"的最早记载；《长编》卷2记载，后周显德三年"课民种植，每县定民籍为五等，第一等种杂木百，每等减二十为差，桑枣半之"。显而易见，这都是为科派而临时设置的，所以宋初建隆二年重申沿用此制。《宋史·河渠志》说开宝五年正月又诏令"自今沿黄汴清御等河州县，除准旧制艺桑枣外，委长吏课民分别种榆柳及土地所宜之木，仍按户籍上下定为五等，第一等种五十本，第二等以下递减十本"。与五代时的五等划分一样，仍是为植树而临时设立的；虽然也要按资产多寡划分，并没有统一标准和具体的规定，严格说来还不能称为一种制度。所以五代至宋初的五等划分与后来的乡村主户五等户制度没有必然联系，只是名称相同，偶然巧合而已。至于颁行乡村五等户制度之后常有按户等艺桑植树的诏令，说明植树作为徭役借助了乡村五等户制度的现成方式，而不能由此反过来证明，乡村五等户制度是由植树五等划分发展而来的。

宋代乡村五等户制度是由唐代的九等户制度演变来的。唐以前将所有乡村民户划为九等，《宋会要辑稿·食货》70之4记载，开宝九年"遣太常丞魏咸熙于开封府管内诸县，均定三等人户税额"。此处的"三等"乃三等九则之谓，不是主户五等户的上中下三等。

《长编》卷21记载，太平兴国五年（《通考·职役考》记为三年）

京西转运使程能上书说："诸道州府民事徭役者，未尝分等，虑有不均，欲望下诸路转运差官定为九等，上四等令充役，下五等并与免。"其后该建议被采纳，将民户不分主客户一律定为九等，但值得注意的是其中已区分为上四等和下五等。程说当时各处未尝分等，不是说没有户等制度，而是指各处实行的程度不同，所以建议在京西重新统一整饬，以均徭役。这里，户等制度是与整个徭役制度结合在一起的，自此以后的实行过程中，既然下户不负担职役而只应付普通力役，所以就没必要再详细评定其户等，只记载各家的丁口就可以了。但是，仅据程能奏疏即将太平兴国五年作为九等户转变为五等户的具体时间则难以令人信服。因为程能奏疏明明建议仍定为九等而不是五等，上四等、下五等之分亦与主客户及五等户之划分不相吻合，充其量只能说五等户的确立是在此之后。作为一个制度，从制定到推行于全国应该有一个过程，太平兴国五年只是这个过程的上限，何以断定其下限呢？

需要注意的是，如前所说，九等户与五等户的主要区别，在于前者的划分对象是乡村全体民户，后者只包括主户而将客户摒弃于户等制之外；宋代户等划分的第一个分界线是主客户之分，我们可以从主客户划分的角度去推论——主客户的概念由土著客居改为有无田产从而与财政税收发生关系的时间，应该就是乡村主户五等户制度普遍推行于全国的时间。

唐中叶杨炎创行两税法，"户无主客，以见居为簿"，即把全体乡村民户不分土著人和外来户一并编贯入籍，九等户划分也是如此。宋初沿用唐代税制，《长编》每隔三年（闰年）便在卷末附记全国户口数，开始只记作"是岁天下上户部：户若干，口若干"，与唐代的登记方式相同；自天圣元年开始改为"是岁天下上户部：主户若干，口若干；客户若干，口若干"，已将主客户分别统计了。据《宋会要辑稿》记载的分主客而记的时间较之《长编》早两年，始于天禧五年。再据宋代实行情况推论，乡村五等户制度的制定与登记五等户的账簿"五等丁产簿"的产生应是同时的，或前者稍早于后者。五等丁产簿的记载在《长编》中最早见于明道二年十月，"庚子诏天下闰年造五等版籍"，则又晚于天禧五年十余年。鉴于此，我们很难断定乡村五等户制度确立的具体年月，特别是考虑到这个制度从出现到全国的普遍实行应当是一个过程。可以认为，五等户制度自太平兴国五年之后逐步得以制定和推广，经历了四五十年的时间，至天禧、明道年间才在全国普遍推行；再进一步，也只能说该制确立（普遍推行）于天禧、明道年间。如果再具体的话，则是貌似精确而实际上并不准确了。

史学界对五等户产生的时间一直有不同解释。多数国内学者认为建隆二年植树诏所反映的已是五等制；日本学者认为始于景祐元年；其他学者多以程能奏议时间为据。近来有学者将五等户制度的颁布时间具体考证为天禧三年或四年，还有学者认为明道二年是在全国推行五等户制的时间。之所以出现这些不同观点，除了对史料的不同理解外，更主要的原因是乡村五等户制度从产生到普遍推行的过程中，在不同的地区必然有时间上的差异，《长编》卷115记载北宋中叶景祐元年诏令仍有"免天下第九等户支移折变"之语，《宋史·叶衡传》称南宋初仍定九等户，便可识其一斑。总的来说，到天禧、明道年间，九等户制已为五等户制所代替了。

还有个细节问题，即九等户转化为五等户，是九等户中的前五等户成为主户五等户，下四等合并为一个客户阶层，还是九等户中的有产业者编为主户五等户，无产业者沦为客户。杨向奎先生依据《宋史·叶衡传》所记南宋初因"户版积弊，富民多隐漏，贫弱困于倍输。……定为九等，自五等以下除其籍而均其税于上之四等"，指出"由此可推知九等户之变为五等户是汰去下四等的结果"[①]。所述过于简单，没有展开具体论证。其间的主要问题是，这个看法与前引程能奏疏一样，也是将九等户分为上四等、下五等，问题是此下五等合并为一个主户第五等，还是合并为客户，抑或既派生出第五等户又合并出客户阶层。对此难以具体判断，也就难以断定主户五等户的来历。王曾瑜先生根据唐朝以八九等户为下户，宋代以四五等户为下户，得出结论说"自九等户演变为五等户，乃是将九等户中的上七等户压缩为五等户中的上三等户"[②]。按照实际情况推论，五等户代替九等户时，九等编制已趋混乱，应该是先以有无资产分为主户、客户两个阶层，再将主户按资产多寡划分为五个级别。

---

① 杨向奎：《中国古代社会与古代思想研究》下册，上海人民出版社1964年版，第547页。
② 王曾瑜：《从北朝的九等户到宋朝的五等户》，《中国史研究》1980年第2期。

## 二　划分乡村五等户的制度规定

宋代赋役沿用唐制，正税改称"二税"；徭役复从二税中独立出来，形成以衙前、里正等为内容的职役和以通常的劳役征发为内容的力役夫役。与之相适应，户籍文书也分成了三大类：一是以征派二税为目的的"二税版籍"，主要登记各户的田产；二是以征派力役和丁税为目的的"丁口账簿"，主要登记每户的丁口数目；三是以征派职役差役为目的的"五等丁产簿"。其登记内容包括前两者的项目并按各户的丁产多寡划分为五个级别。在三种户籍文书中，五等丁产簿与户等制的关系最为密切，是专门的户等文簿。

先看定户等的程序。

编整乡村五等户时先由乡村里正初定，然后乡县对定，最后申州复审，报中央有司。其中关键是乡村一级的初定，《长编》卷245记载仁宗嘉祐年间令"造簿委令佐责户长三大户，录人户丁口、税产、物力为五等"。《宋会要辑稿·食货》13之24也记载，杨绘说"凡等第升降，盖视家产高下，须凭本县；本县须凭户长、里正；户长、里正须凭邻里，自上而下乃得其实"。王安石变法时针对五等丁产簿登记不实的问题进行了一番改革，结果使造簿者无所适从，所以吕惠卿建议沿用唐代手实法作为定五等户的主要方法。据《长编》卷245记载，以前编户等令里正、户长办理，现在"按户令手实者，令人户具其丁口田宅之实也。……且田野居民，耆长岂能尽知其贫富之详？既不能自供手实，则无隐匿之责，安肯自陈？又无赏典，孰肯纠决？以此旧簿不可信，谓宜仿手实之意。……凡造五等簿，预以式示民，民以式为状，纳县簿籍，记第其价高下为五等，乃定。书所当输钱，示民两月，非用器田谷而辄隐落者，许告，有实三分之一充赏"。不过手实法又过于繁苛，所以自熙宁七年十月十九日始，迄次年十月二十三日罢，只推行了104天。元祐以后则恢复了以前的旧法，由乡书手和户长统计编造五等丁产簿。据成书于北宋末年的李元弼《作邑自箴》卷4《处事》记载，"造五等簿籍，将乡书手、耆户长隔在三处，不得相见。各给印由子，逐户开坐家业，却一处比照。如有大段不同，便是情弊。仍须一年前出榜，约束人户各推令名下税数着脚，次年正月已后更不得旋来推割"。编定之后申县，由县令佐签押后呈州府，州府汇总后报户部备案。与五等丁产簿并行的还有结甲册、类姓簿、鱼鳞图等作为定户等的辅助工具，都是三年一勘造。

以上只是就制度规定而言的，在具体执行中情况自然复杂得多。宋初太祖太宗忙于平定割据势力，没有顾及户籍户等问题，直到建宋30余年后的至道元年，方下诏统一造天下郡国户口版籍，确如《通考·户口考》指出的，"至此始复命造焉"。本来规定其中的五等丁产簿三年一改造，在多数情况下州县都不能及时修订和上报，使中央难以掌握真实情况，如陈耆卿《筼窗集》卷8所说，两浙路丽水县"胥吏弄财赋，不问输未输，混为一籍。贿至，籍即改。以上户产移下户，下户冤不堪命"。《说郛》卷89引胡太初说，鉴于这种情况，有经验的县官到任后不用新籍，专用旧账，"所以不用新造簿而必用旧簿者，防乡胥为欺也"。朝廷对定户不实行为有严惩的规定，《宋会要辑稿·食货》69之19记载，熙宁四年定令"如敢将四等已下户不及得自来中等已上物力，升为三等，致人户披诉，其当职官吏并从违制，不以赦降原免"。即使这样，违制划等之事仍然难以杜绝。

再看定户等的依据。

从"五等丁产簿"的名称可知，户等的划分在宋代依据人丁和资产两项。我们知道，唐中叶两税法之后，税役的征派依据渐渐由人丁向地亩转变，到明后期才完成了这个转变；宋代处在这个转变的过程之中，因此，徭役的征派中作为其征派工具的五等户的划定仍然要依据丁产两项，与这个总的发展趋势相适应，以资产为主，人丁为次。

《长编》卷35记载，淳化时诏令"自今每岁以人力物力定差等"；前述吕惠卿倡行手实法时"令人户具其丁口田宅之实"，只变更了手续，内容仍旧；卷483记载元祐五年有臣僚上言，"州县夫役旧法以人丁户口科差，今元令自第一等至第五等皆以丁差不问贫富，有偏轻之弊"；朱熹《朱文公文集》卷18记载说，"大率第五等中有丁者多是真实下户，无丁者多是子名诡户"。这些都说明丁数的多少对于户等的确定和徭役的征发有着重要的作用。由于各地经济发展水平不同，户口多寡不均，徭役所需不尽一致等原因，各等户的丁数标准没有统一规定，只能以县或乡为单位按具体情况来划分。与资产相比，丁数只起第二位的作用，但这并不是说丁数在制定户等中不重要，只是与资产相对而言的。有人认为，王安石变法中废除差役法，实行募役法和征收免役钱后五等丁产簿就不一定需要登记丁口了,即划户等只问田亩而不及丁口;也有人认为,宋代自定五等户伊始即全据资产,与人丁数目无关。这是不确切的。确实,《宋会要辑稿·食货》13之24记载吕陶说的"或以税钱百贯,或以地之顷亩,或以家之积财,或以田之受种,立为五等",不谈人丁;这只是就定户标准的混乱而言,而不是讲整个的定户依据,由于人丁方面没出现混乱,故不言之。其实,定户凭依当据仁宗嘉祐敕令为准,即《长编》卷254所载,"造簿委令佐责户长、三大户,录入户丁口、税产、物力为五等"。还有很多记载透露出丁口划入户等后对贫下民户的影响,《通考》卷12所记有"避丁等骨肉不敢义聚";《长编》卷191记载,有人甚至因此使"孀母改嫁,亲族分居"以避免划分为上等户;更有甚者,如《宋史·食货志二》所记,"京东民有父子二人将为衙前役者,其父告其子曰:吾当求死,使汝曹免于冻馁。遂自缢而死"。衙前役由第一等户充任,减去一丁即可逃免,即是说减去一丁该户户等可降低一些。这证明丁口与户等有着直接关系。

接下来说五等户划分中的资产问题。

宋代定户等的资产包括两大类——土地和浮财,二者有时分殊,有时一并统计。对土地和浮财的登记方法不同,而且由于各个时期各个地区的差别颇大,也很难找到统一的标准。在田亩和浮财一并折钱计算时,多称作物业、家业、家产、户力等,即罄一户资产之全部折价合计,再于一县或一乡范围内比较高下,定出标准,划出等第。这是最常用的方式。《长编》卷23记载,太平兴国七年劝农诏中讲的产业范围,即"某处土田宜种某物,某家有种,其户有丁男,某人有耕牛"。虽然不是划户等,却也说明了当时农户资产的范围。同书卷223记载,熙宁四年有人上书神宗,反对司农寺预定各等户户数比例,"窃谓凡等第升降,盖视人家产高下",不能只凭财政需求盲目而定;卷277记参知政事张方平具体谈到家产的范围,"点阅民田、庐舍、牛具、畜产、桑枣杂木以定户等,乃至寒瘁小家农器、春磨、铲釜、犬豕莫不估价"。细绎之,第一句话是指合法的资产统计范围,"乃至"以下是乡间刻薄小吏的违制扩大所致。在前一句中,除民田外还有房屋、牲畜、农具等主要生产资料。由前引吕惠卿手实法所云"非用器、田谷而辄隐落者许告"来看,家用器皿和粮食不在"家产"范围之内,这是与唐代定户资产范围一个明显的不同。

将地产、浮财一并折算计价，即为资产中的"家业钱"。据《长编》卷301记载，元丰时利州路有的地方"上户家业钱多而税钱少，下户家业钱少而税钱多"，故令重新审核。北宋保马法养马也以户等为工具，以家业钱为定数。同书卷302载开封府界及河北、河东、陕西等地，"坊郭户家产及二千缗，乡村及五千缗养一匹（原注：或坊郭户家产及五千缗，乡村及二千缗），各及一倍增一匹至三匹"；卷364记载王岩叟说定州虚升户等，使第四等户"每家之产仅能值二十四缗"，并强调说"自旧以来，等第之法三年而一降，须其家业进而后之，民乃无怨"；卷390记载元祐年间王觌说，当时的情况是"既用家业钱而定差役钱之多少，则所谓等第者无所用之，而等第之民又不可废，故郡县之吏皆于家业账内率意妄说曰：自家业若干贯以上为第一等户，若干贯以下为第二等户，至五等十等皆然也"，致使"其等第既公私皆以为虚名矣"，形成了户等为虚，家业钱为实的情形。卷392记载，元祐时吕陶建议，保甲教阅必须"于三等以上或等第虽低，而家业及一百贯"方得差充，也把户等与家业钱并列考虑了。科派杂徭也曾按家业钱数，卷473记载元祐七年令凤翔府"竹木筏应募土人以家产抵当，及八千贯以上者宜押"。直到南宋仍重视家业钱。《宋会要辑稿·食货》11之19记载，绍兴年间有人上书说户等不实，"致有下户物产已去而等第犹存"。可知在有宋三百年间，依据资产划分户等时都是把田产和其他浮财一并折为"家业钱"来计算的。这是当时最常用的方法。

登记田亩有两种方法。

第一种方法是直接按顷亩数计算，《宋会要辑稿·食货》65之6记载，熙宁四年杨绘说定户等时"假如民田有多至百顷者，少者三顷者皆为第一等，百顷与三顷已三十倍矣"，是为不均；《长编》卷224记载刘挚也说划分户等没有统一的数量标准，"随其田业腴瘠，因其所宜，一州一县一乡一家各有法则"。按李元弼《作邑自箴》卷8记载，一般是由本乡"本保打量田亩四至，勘会甚年月日产，主身死有无承分之人，即今何人为主，与下状同赴县"申状，以防脱漏不实。南宋宁宗嘉定年间乡村曾有五种版籍，其中的"鱼鳞册"专门登记田亩而不记其他物产，《续通考》卷1说也是为定户派役之用，可见有时曾专以田亩定户等。据《嘉靖惠安县志》记载，福建惠安县在登记土地数量的时候沿用先秦时期的"九州"和"地等"方式，把"地"即辖区的整体评价分为九等,"田"即可耕地按肥瘠分五等,把土地的质量也考虑进去了;①《宋会要辑稿·食货》70 之 86 记载,绍兴府会稽规定"第一等田每亩计物力钱二贯七百文,第二等二贯五百文,第三等二贯文,第四等一贯五百文,第五等一贯一百文,第六等九百文。田亩有好怯,故物力有高下",质量与数量一并折价。

第二种登记田亩的方法是按税钱数额统计,《长编》卷 269 记载,"田顷可用者视田顷,税数可用者视税数"。二税在宋代专为田亩税,据田亩数而定,所以按税钱数定户等也是间接按田亩。《宋会要辑稿·职官》26 之 10 记载,元丰年间浙西富豪商人多,浙东务农者多,造籍时有的州县"常以税钱,余处即以物力推排,不必齐以一法。今欲通以田土、物力、税钱、苗米之类,各令安排",只求均平即可。无论有无统一标准,多数地方都把税钱作为一种重要的统计田亩的方式,《长编》卷 376 记载,元祐年间成都府路人户贫富与户等高下不均,"或以税钱贯百"为等第,有自一贯到十贯以上都划为第一等的。从这些记载看,以税钱数定户等不是某路某州的通行方式而多在一些县乡实行,估计是县乡认为既然赋税征收时已有二税簿籍载明各户田亩,故可据此现成簿籍而不必再费一道手续重新统计田亩了,便直接以税钱代指田亩。另据《永乐大典》卷 1907《湟川志》记载,宋代广州等处登记田亩时先折为布,再按布划户等,"且以负郭言之,家有田亩,上之上等管布六尺,每降一等则减六寸。分五等,应人户管布十匹以上至三匹五匹(尺)为一等二等三等人户。……自三匹四尺五至一匹四尺为四等人户。……一匹三尺至一尺为五等人户"。还有的地方按籽种数量统计。方式虽多,实际上都是据田亩统计。

按法令规定,浮财指田亩之外的畜产、农具、庐舍、桑枣杂木。具体登记的时候往往很刻薄,《宋会要辑稿·食货》66 之 23 记载,"凡田间小民粗有米粟,耕耨之器,纤微细琐,务在无遗,指为等第";郑獬《郧溪集》卷 12 也说,登记时"以至鸡犬、箕帚、匕筯已来,一钱之物"也入于浮财之数。《长编纪事本末》卷 1 记载,司马光曾在乡间"见农民生具之微而问其故,皆言不敢为也。今欲多种一桑,多置一牛,

---

① 转引自王曾瑜《宋朝的产钱》,《中华文史论丛》1984 年第 3 辑。王先生指出,这是现存的宋代乡村五等户制度实施情况的最早最完整记载。

蓄二年之粮，藏十匹之锦，邻里已目为富室，指抉以为衙前矣，况敢益田畴葺庐舍乎？"稍前吕公绰在郑州也有类似记述，《宋史》本传记载郑州因"籍民产第赋役轻重，至不敢多畜牛，田畴多芜秽"。神宗曾下令将桑蚕不纳入浮赋范围，但并不能真正落实。本有的规定对农民来说就已是很残酷的了，但地方官吏在具体执行中又必然大大超出这个范围。如《宋文鉴》卷47所载，"乃至寒瘁小家农器、舂磨、铲釜、犬豕，凡什物估千输十，估万输百，食土之毛者莫得免焉"；《太平治绩统类》卷20也说，为凑成上等民户资产数，"官吏籍记杯器、匕筋，皆计资产定数，以应需求，势同漏卮，不尽不止"。南渡之后更是如此，《通考·职役考》记载，仍是"小民粗有米粟，仅存屋宇，凡耕耨刀斧之器，鸡豚犬彘之畜，纤微细琐皆得而籍之"；《宋会要辑稿·食货》70之89记载，"深山穷谷之民，一器用之资，一豚彘之畜，则必籍其值以为物力。至于农甿耕具、水车皆所不免"。浮财的范围实际上是没有边际的。甚至将各种资产数目任意改动，《通考·职役考》说的官吏"视其赂之多寡以为物力之低昂"，也不是个别事例。

宋代各地划分户等都要依据资产，资产的标准（范围、数量）并不统一，如同《宋会要辑稿·食货》13之24所说，各地"随其风俗，各有不同。或以税钱贯百，或以地之顷亩，或以家之积财，或以田之受种，立为五等。就其五等而言，颇有不均，盖有税钱一贯或占田一顷，或积财一千贯，或受种一十石为第一等；而税钱至于十贯，占田至于十顷，积财至于万贯，受种至于百石，亦为第一等"。在实际执行中，各种方法又往往合并在一起，互相参照以确定民户等级。总的来看，定户等依据人丁资产，其中以资产为重，资产中又以田亩为主。

最后推测一下各等户的比数。

据《宋会要辑稿》《长编》《太平寰宇记》和《元丰九域志》等文献考察，自北宋初迄南宋末各地区的主客户比例为65∶35。而主户中各等户的比数已无系统的统计资料可查，大致是呈宝塔型，上等最少，中户稍多，下户人数最多。试拈取几条记载：

《宋会要辑稿·食货》63之169：乾兴元年十二月上封者言"且以三千户之邑，五等分算，中等以上可任差遣者得千户"。是中上户居三分之一，下户居三分之二；

张方平《乐全集》卷 21："逐县五等版籍，中等以上户不及五分之一，第四第五等户常及十分之九"；卷 26 说"万户之邑，大约三等以上户不满千。……四等以下户不啻九千。"是中上户居十分之一，下户居十分之九；

《宋会要辑稿·瑞异》3 之 8：乾道三年临安五乡受水灾，在二百八十户中仍可负担税役的上户有四十五家，余二百三十五户皆为中下户。是上户居主户的二十分之一；

吕祖谦《东莱集》卷 1：南宋初严州主户共八万二千一百九十七丁，其中第一至第四等一万七百一十八丁，第五等有丁七万一千四百七十九。"是十分之中九分以上觔瘠困迫，无所从出"；

范成大《吴郡志》卷 19：估算苏州五县征发河夫时，计"自五等已上至一等不下十五万户，自三等已上至一等不下五千户"，是中上户仅占 3%；

……

还有一些笼统的说法，如"上户居其一，下户居其九"之类，都反映出下户甚多，上户极少的事实，有人研究指出，主户中的上户占十分之一，中下户占十分之九乃是一个有普遍意义的比数。并且在贫富分化日趋激烈的宋代，如汪元量《湖山类稿》卷 1 所说，"中户转为下户，下户转为贫民"，下户日趋增多也是一个必然的趋势。

### 三 乡村五等户制度的作用方式和范围

宋代乡村五等户的设立主要是为了征发不同的徭役。由于当时农村中形成了贫富不同的若干等级，作为劳动地租形式残余的徭役征发已不能再按传统方法完全取决于人丁的多寡而不可避免地渗进越来越多的资产因素。官府根据民户的贫富状况将民户划分为若干等级，徭役也相应地分成若干种类，富庶民户负担相当于乡职小吏的职役，一般民户负担普通的乡间事务，最穷的民户负担真正的力役。这样，宋代的徭役形式就与主客户制度相互适应而分为职役差役和夫役两类，职役差役也与乡村五等户制度相适应而分成了若干种。

衙前、里正、户长也归入徭役范畴有着具体原因。据《通考》卷 13 引唐人柳宗元的话说，自古以来乡间里胥之职是荣誉、地位和权力的象征，而非徭役，到唐睿宗时开始有人躲避担任乡职，唐末宣宗时始有轮差之举，到宋代轮差则成了通行制度。这是因为，随着贫富分化的加剧，赋役征派与财富多寡的关系日趋密切，而财富越来越集中在少数人手中，尽管这些豪富大都不掌权，是所谓的平民地主，没有法定的政治特权，但他们却能凭财力横行乡里，左右官吏，一般上户充当里正乡长，对这些人都惹不起。《长编》卷95记载，"浮梁县民臧有金者，素豪横，不肯输租。畜犬数十头，里正近其门辄噬之。绕垣密植橘柚，人不可入，每岁里正常代之输租"。江少虞《宋朝事实类苑》卷23记载，"长沙县有一村多豪户，税不可督，所差户长辄逃去"；而且"又诸村多诡名，名存户亡，每岁户长代纳，亦不可差"，也是豪户们捣鬼。在平常税役征派时豪户千方百计逃漏，企图转嫁于贫民小户；而贫民小户穷得确实任官吏催责也负担不起，最后责任只能归之于乡长里正并由之补垫欠缺之数，常因之倾家荡产。如此乡职便失去了昔日的威风而成为一种沉重负担，上户视之为畏途而尽量躲避；如果由下户充任，不仅下户农民不敢为之，官府也因其穷得没有补垫欠缺的能力而不放心。唯一的办法只能是让乡村中上户按丁产多寡轮流充任，职役差役之名便由此产生（顾名思义并据有关记载看，职役是指乡间小吏之职以徭役的方式轮充，如里正、户长之类；差役是指离乡去州县差充运送或看守官物之役，如衙前之类），并按实际负担轻重分成若干种类，由相应级别的民户充任。

先看五等户制与徭役。

在乡村民户的全部税役负担中，役是最重的，如江少虞《宋朝事实类苑》卷14所言，在宋代"但闻有因役破产者，不闻因税破产者"，据《长编》卷393说，宋代征役的原则是"上户为大役，中户为中役，下户为下役"，即按户等高下摊派轻重不同的役目。当时规定，凡五等丁产簿所记之民户（即除客户外的主户）须在门口挂一《状式牌》，以供征派各种役目之用。其格式据李元弼《作邑自箴》卷8所记为：

> 某乡某村耆长某人，耆分第几等人户，姓某，见住处至县衙几里（如系客户，即云某人客户），所论系某乡村居住，至县衙几里。右某年某干在身，有无疾阴（妇人即云有无娘孕及有无疾阴）。今为某事伏乞县司施行。谨状。

然后署上日期并押字。同卷还记载,"差役不可仓猝,先将等第簿令逐乡抄出,用朱书某年曾充某役,曾不曾为事故未满抵替,今空闲实及几年。然后更将物力并税簿点对仔细,方可依条定"。规定得非常具体。

先看上户的差役职役。第一二等上户的资产多,人数少,从量上看,他们的负担不是最重的,官府令其充任的主要是用人不多但在必要时需用资产垫赔的役目。

**衙前** 由各乡里正轮流充任的称为里正衙前,由乡村上户按资产轮充的称乡户衙前,由雇募充任的称投名衙前,由负责州县粮料的押司、县录充任的称押录衙前,由专职将吏长期充任的称长名衙前。其中主要的是前两种,而前两种衙前都是上户差役的范畴。衙前的职责是辇运官物,主典府库,如果服役期满且有政绩,便可能"出职"即升任正式官员,但完成不好或有损坏则须负责赔偿,常有人因之倾家荡产。所以衙前是时人最畏惧的役目。《长编》卷179记载韩琦说,"州县生民之苦,无重于里正衙前,自兵兴以来,残剥尤甚。至有孀母改嫁,亲族分居,或弃田与人以免上等,或非命求死以就单丁"。里正充任衙前,一身兼二任,运守官物损坏要赔偿,催收税物不齐亦须赔垫,负担尤甚。法令规定里正充任衙前的期限为半年,但经常逾期不换,《长编》卷119记载仁宗诏令说,"里正衙前岁满而有主守官物未得代者,其户下税租权与免折科",就透露了这种情况。实行乡户衙前即由当时不任里正的上户充任衙前时也是这样,《宋史·食货志五》记载,"凡差乡户衙前,视其资产多寡置籍,分为五则",轮流充任(分五则指在上户中细分,不是原五等户),知府韩维说开封府"乡户衙前等人数差遣不均,良民颇受其害,盖由条例繁杂,猾吏缘以舞弄"。曾有一段时间规定"衙前不差乡户,其旧尝愿为长名者,仍听其旧",不久又恢复旧制。同志又载,元祐年间司马光力陈乡户衙前之弊,"按因差役破产者,惟乡户衙前。盖山野愚戆之人,不能干事,或因水火损败官物,或为上下侵欺乞取,是致欠折,备偿不足,有破产者"。王安石变法期间又一度推行募役法,衙前也按等第纳钱,由官府招募投名者充任,这才一度缓和了矛盾。从这几种形式的交替中,可以看出按户等征派的乡户衙前是征派衙前之役的主要方式;上户千方百计逃避此役,证明衙前对他们确实是一种最重的负担。

**里正** 类似前代的"三长"之职,是一乡的最高行政职务,主要职责是在本乡课督赋役，管理乡间事务。由第一等户充任。《长编》卷178 记载，官府认为乡村里正"主催税及预县差役之事，号为脂膏"，说明里正之役较衙前好一些。司马光《温国文正司马公文集》卷38也说"里正只官催税，人所愿为。……民之所苦，在于衙前，不在里正"；韩琦曾建议取消里正之职，令其主充衙前，其职由户长代之，司马光认为这是"废其所乐而存其所苦也"。通常每乡设里正一人，有时一年一替，有时一税（半年）一替。虽然里正也被纳入役的范围，与衙前相比仍保留有乡间官吏的性质，仍然是乡间的最高行政职务，是基层政权的核心和稳定因素，加之其负担较轻，所以在王安石变法期间上至衙前下至户长、乡书手都曾雇募，唯里正之役照旧轮充，没有介入雇募的范围。

**户长（保长、保正）** 户长是里正的副贰，职责与里正相同，一般由第二等户充任，有时也规定由第三等户充任。与里正一样，户长也常因催收赋税而垫赔并导致破产。王安石变法时曾一度募人充任。元丰、绍圣及南宋初年，户长之职一度由保长、保正或甲头代替，如《通考》卷13记载，建炎四年诏令"罢催税户长，依熙丰法，以村疃三十户，每料轮差甲头一名"，不久又复设。据李元弼《作邑自箴》卷4记载，似督催赋税由户长主管，"起催赋税，先抄出一县共若干户长，每一名户长兼催若干户，都若干贯石匹。又逐一户长各具所管户口及督催赋税数，须先开户头所纳大数（谓三十户为计者），后通结计一都数，以一册子写录"。可能是里正负责全乡各种事务，户长便分工专职催赋税了。

再看中户的职役。《宋史·食货志五》记载，曾布追述说，"中等人户旧充弓手、手力、承符、户长之类"；同志在役法总序中划分职役夫役为四类，与中户相对应的是"以耆长、弓手、壮丁逐捕盗贼。"耆长与户长同，二三等户均可任之。户长之役于中户是一个沉重负担，如同陈元晋《渔墅类稿》卷1所说，"臣窃观江西差役，中产之家以户长破家者相踵。"除户长之外，中户的职役还有：

**弓手** 弓手系乡兵性质，职责是在本乡逐捕盗贼。《长编》卷73记载，大中祥符三年太常丞乞伏矩奏称："川界弓手役户多贫乏，困于久役，州县拘常制不替，以致破坏家产。……弓手系第三等户，久不许替，深未便安。乞自今满三年与替，情愿在役者亦听。其第三等户不足，即于第二等户差充。"据此可知弓手常离乡到州县应差，初无期限，后来才定为三年。除平日差充外，遇有特需还要加征弓手人数，《长编》卷132记载，庆历元年淮南等地"添差弓手，准备捕盗"，后因招置禁军，才令"所有添差弓手须议减放，须于见第二第三等户内选留少壮有勇力者于旧额外增两倍。……（其余）并遣归农"。可知添差之数起码超出旧额两倍。弓手对中户来说也是一项沉重负担，如《宋史·食货志五》说的"役之最重，莫如衙前，其次弓手"，经常因之破产败业。王安石变法时曾一度出钱雇人充任，元祐年间仍然雇募，据《宋会要辑稿·食货》13之3记载，具体办法是给民户"良田二顷可募一弓手"，后来又恢复差役。由于弓手之役对中户家庭的压力太大，其间曾经改由第二等户充任。

**壮丁** 壮丁亦属乡兵性质，其职责是协助弓手逐捕盗贼。《宋史·食货志六》记载"壮丁皆按版簿名次实轮充役，半年而更"，较之弓手期限短些。充任壮丁与弓手一样，也有因此而破产的。缉捕盗贼，必要时要报请县尉亲临巡视，由耆长、壮丁负责接待，如《李直讲先生文集》卷37所说，"县尉未下马，耆壮已卖田"。据《通考》卷63记载壮丁也曾雇募，但多数时候由中户充任。

中户还要负担手力、承符、承帖等差役，还要负担被上户转嫁下来的保正等职役。《续资治通鉴》卷143说，南宋初年"州县被差执役者率中下之户，产业微薄，一为保正，鲜不破家。昔之所管者不过烟火、盗贼而已，今乃至于承文引、督租税焉"。加之他们是二税的主要负担者，其负担之重可想而知。

关于下户的负担，《宋史·食货志五》记载，下户"以承符、人力、散从官给使令；县曹司至押录，州曹司至孔目官，下至杂职、虞侯、拣、掐等"，即分散零乱的官府差役。其中的承符、人力有时由中户承担，其他杂差也或差及客户。

据《长编》卷52记载，下户是兵役的主要负担者，在有三丁的小农之家"抽两丁定以强壮之名，备于缓急之用。虽不刺面，各遣归农，其如终隶军名，向去终在戎武"。卷236记载曾规定"强壮则皆第五等户为之"；卷269记载义勇在"第四等以上两丁并第五等三丁"的农户中选取；卷301记载广南东路还在"四等以上主户三丁取一为炮手"。这是边防要塞的驻守。在本乡的保甲之役也常常摊到下户头上，有时还要离乡赴役，卷470记载，元祐七年令环庆路等处"如遇事宜，合要勾抽保甲守御。……如尚不足，即于第四等以上户两丁内差"；卷507记载元符年间秦凤等地请"第四等以下保甲，应副进筑城壕"。另外，有些夫役即传统意义上的役目如挖河筑路有时也要涉及下户，如卷307记载元丰三年河阴县水灾，"本县灾伤十分乡村，而坊郭差至第十等，乡村差至第四等，有一户一日内百（按：'百'当为'差'）十七夫者"，以筑堤坝。总的来看，下户的负担也是很重的。

以上只是就中央的规定而言。执行中比较稳定的是上户任衙前里正，中户任弓手、壮丁，此外的役目则常在上中下三等之间波动，越是中下等的役目越多越乱。在具体执行中各地区还常有一些变通办法，如有的地方不是将役目全部按户等征派，而是反客为主，只具体规定其中部分役目出自第几至第几等户。《淳熙三山志》卷13《版籍类》和《嘉定赤城志》卷17《吏役门》记载，州县役目的征发情况是院虞侯"四等户"充，斗子、库子"初选三四等人户，后以三等已上充"，拦头"于第五等充之"，乡书手"以第三以下充"，手力"差二三等户"，其他役目则只标明所需人数，没有标明由第几等民户差充。至于地方官吏作弊，花样百出，更使户等与役目的对应关系趋于混乱，据《四明续志》卷4《排役》记载，当地征役"必有役首，非各甲上户不能主役，奈何只知利己更不恤人！谓如一甲之中有上户二十家，律以正差役法及倍法自合轮当充任，却与此二十家结为一党，泪及下户。有勒充一月者、半月者、十日者，甚至有三日、一日、半日、四分、八分者，不知出何条令？县吏惟里胥之听，里胥惟上户之听，私立甲簿，视同官司文书，小民只得俛首听命。间有径官陈述者，则上户率钱贿吏，吏颐指县官或讯或杖，或监廊或系狱，必使下民依应而后已"。这些弊端历代都有，不用赘述。

王安石变法期间，为推行免役法而对户等制度进行了一些调整。免役募役能否顺利进行，关键是役钱的征收能否做到公平合理；而役钱的公平合理又取决于户等的公正。王安石《临川先生文集》卷41说："苟不得其人而行，则五等必不平，而劳役必不均矣。"为了使役钱负担均平，就需要详细区分家产高下。据《长编》卷227记载，熙宁四年规定"畿内乡户计产业若家资之贫富，上户分甲乙五等，中户上中下三等，下户二等"，即析原五等为十等，此法一度推行开了，同书卷225记载，放免灾区役钱令称"除放第五等中等以下役钱"；卷389记载，到新法废止后的元祐元年，监察御史上官均仍说有的地方"盖上户产业本等中又分五等"。由于划分的细致严格，故规定整饬户等的期限由原来的三年改为五年，以保证相对稳定的役钱数额。不仅役钱的征收，连募役的实施也依户等高下而行，如规定衙前役须募三等以上户充任。时人评论役法改革都分别按上中下各等户的不同得失而言之，这也说明免役募役与差役时期一样，户等制度一直起着重要作用。

再看五等户制与赋税杂派。

制定乡村五等户制的目的主要是征派不同类别的徭役，同时与税制也有着密切的关系。从有关记载看，二税税粮的征收依据是田亩的数量与质量，与人丁、户等的关系似不密切，也不能说截然无关。日本学者柳田节子先生指出，两税额是根据土地的多少计算出来的，在征收中由于户等的作用，各户的实际负担就等于两税原额"+a"，这个a就是相应于户等高下而产生的差额。[①] 事实上赋税是离不开户等的，尤其是析变、蠲免时更要借助户等；各种杂派也依据户等高下。

**征收钱帛** 常直接据户等高下摊派，《嘉定赤城志》卷16《赋役门》记载南宋时期台州规定，上供调绢从第一二三等户资钱家活钱起纳，折绢钱从第四五等户资产起纳，绵从第一等户资产钱科折，折帛钱从第一至第四等户资产起纳，全按户等高下征收。并且还具体规定了某等民户按资产或资产钱、家活钱数缴纳。从这几个项目看，第四五等户的负担高于第一二等户，这大概因为按规定税粮多由上中户负担（上中户地亩多），而税钱、绢帛就有意识地偏重于下户了。不仅两宋政权如此，据李心传《建炎以来系年要录》卷85记载，刘豫的伪齐政权也曾经"罢什一税法，改行五等税法"，可见赋税与五等户制一直有关系。

**催征税物** 户等在两宋的二税征派中的作用是辅助性的，催税曾依据户等，《宋史·王岩叟传》记载，元祐时传主建议"天下积欠多名，催免不一，公私责扰，乞随等第立多寡催税法"。这个建议被采纳后成了定制，李元弼《作邑自箴》卷8记载，催放税物时按户等排定先后多少，税收时间到中限时官府要出告示催促，告示的格式也是固定的：

乡村人户，仰火急前来了纳户下税物。县司已指定某月某日先

---

① ［日］柳田节子：《宋元乡村制の研究》第一编，日本创文社1986年版。

勾第一等至第三等欠户勘决，其第四第五等欠户某月某日勾追施行。的不虚示。

《长编》卷45记载咸平二年诏令"免杭州中等户今岁身丁钱，旱故也"；卷107记载皇祐三年两浙水灾地区"四等以下户税物特与倚阁"；卷175记载皇祐五年诏"第四第五等户残欠科物并倚阁"；卷228记载熙宁七年令河北转运司"巡伤户第四等以下放税及五分以上"；卷291记载元丰元年令开封等处"权停催理四等以下户欠负"，京东路"其第四等以下户欠今夏残税权与倚阁"；卷296记载次年河北路"权住催理第四等以下户逋负，候夏熟日输纳"……值得注意的是，宋代很少像汉唐那样将全体民户一同放免，多是按户等放免一些下等人户。

**蠲免役钱** 据《长编》卷222记载，熙宁四年开封府诸县请"民岁纳役钱，其乡村第四等已下并免"；卷248记载熙宁六年陈枢说"两浙第五等户约百万，出役钱才五六万缗，钱寡而敷甚重，且第五等旧无役，请蠲免。诏除之"；卷251记载熙宁七年令灾伤州县"第四等以下户应纳役钱，而饥贫无以输者，委州县保明申提举司，体量诣实于役剩钱内量分数，或尽蠲之"；卷291记载元丰元年诏广西诸州"运粮充夫之家，第一等第二等以上更放一料役钱二分，第三等放一料五分，第四等第五等以下全放两料"；卷381记载元祐元年司马光请将"第三等以上户令出助役钱，第四等以下放免"；卷385记载同年诏令河北路保甲"见欠弓箭钱如系第四等以下户，委经灾伤减放；今年秋税权住，候来年夏日拘催"等。

**折变税物** 据《新安志》卷2《小麦》记载，税粮时常折变他物，"或议以为被绢者，上三等所有；而布与麦者，第四等以下户所产，故邻郡往往等第分纳之"；同卷《秋税糙米》记载，"杭既不多，故下户有折解钱，自苗米一石以下，每斗折纳现钱五十六文足，贫民以为便"。《包拯集》卷7也记载说，两浙、淮南、荆湖诸路在嘉时常把夏税一律折钱绢，"一等户折纳小绫，每匹二贯八百五十文省；第二等以下至客户折纳小麦，每斗九十四文省"。这也是以户等高下来决定折合方式。

**青苗法** 《长编拾补》卷7记载熙宁三年令随户等高下发放青苗钱，"在河北第一等给十五贯，第二等十贯，第三等五贯，第四等一贯五百，第五等一贯"。据《宋会要辑稿·食货》4之19记载，韩琦说"每户支

（青苗）钱，第五等及客户毋得过千五百，第四等三千，第三等六千，第二等十千，第一等十五千"。都是严格按户等高下定借贷额的，为保证其偿还，富庶大户贷钱多，贫穷小户贷钱少。对此已有很多论著探讨过，不再赘述。

**常平钱** 据《长编》卷100记载，天圣元年徐州连遭水灾，"民颇艰食，已尝发常平仓及以粮种贷中下户"；卷114记载景祐四年开封府"出常平仓粟贷中等以下户，户一斛"；卷125记载宝元二年梓夔诸路饥荒，以常平钱"尽给四等以下户"；卷311记载元丰四年诏"闻阶成凤岷州人户缺食流移，令逐州第四等以下户支借常平粮斛，每户不得过两石"；卷334记载元丰六年诏河北路常平司"随本处州县人户赈粜，内第三等不得过两石，第四等第五等不得过一石"。《司马光奏议》卷21和卷37也记载，司马光于治平四年和元祐元年两次上书，主张各县常平仓自行赈济流民，"若斛斗数少不能周遍者，且须救土著农民，各从版籍，先从下等，次第赈济"，或者"据乡村五等人户逐户计口，出给历头。……若本县米谷数少，则先从下户出给历头，有余则并及上户"。还有《东坡奏议集》卷14记载，元祐年间定州水灾，苏轼奏请朝廷将常平米九万石减价二分出卖，军中陈粮二万石借给一二等民户，令其以之赈济无钱买粮的佃户。《宋会要辑稿·食货》58之15记载，江东水灾时诏令"于常平钱内取拨，借第四等以下人户收买稻种"。在收常平钱时还曾专门整饬户等，该书14之3记绍圣元年有人建议"请逐县各具物力上于常平官，总一路为五等，每等以五为差，列为二十五等递减。如上一等每一贯物力出十钱，则上二等出九钱"。这样的划分就更为细致了。

**义仓** 收义仓粟按户等高下。《长编》卷133记载，庆历四年令义仓"五等以上户计夏秋二斗别输一斗，随税以入"；《长编拾补》卷4记载熙宁年间唐州义仓"令第一等出粟二石，第二等一石，第三等五斗，第四等一斗五升，第五等一斗"，麦亦如之，即夏秋两征。义仓粟发放时也按户等高下，办法多与常平钱相同。

**佃种官田** 《宋会要辑稿·食货》1之22记载天圣初年落蕃荒田"仍先许中等以下户请射，如有余者，方许富豪请佃"。据《长编》卷518记载元符年间河北路"黄河退滩地应可耕垦，并权许流民及灾伤第三等以下人户请佃，与免租三年"。韩琦《韩魏公集》卷14记载，河北牧马草地"除留牧放外，余田听下户请佃"；彭龟年《止堂集》卷6也说"在法：官田惟许下五等人户请佃，所以优之也"等。

**支移** 《长编》卷393记载，元祐元年"晋州第三第四等人户税有移于太原及石州，尽不下五百里，所费皆数倍。第五等税自来只纳于本邑，今亦移之本州及外镇县"；卷396记载元祐二年陕西提举司请"今后赋税将第一第二等户支移三百里内，第三第四等户二百里内，第五等户一百里内。如人户不愿支移，乞纳地理脚钱者，亦相度分为三等钱数，各从其便"；同卷又说，当时缴纳赋税常"以支移为名，其实不离本处，止令税户每斗纳脚钱十八文"。税额与户等同基于资产，脚钱按税额而定实际也同于按户等而定。

**和买** 北宋前期的和买似与户等无关，王安石变法时和买和籴与户等的关系才密切起来。李石《方舟集》卷11说，"惟熙丰制以五等，和买三等止，其二等不与"，即只上三等和买，而不涉及第四五等户。吕陶《净德集》卷4记载，元丰时西川六州军和买七十万匹布，规定"系上三等税户名下均定收买"，也是只涉及上三等户。洪迈《盘洲文集》卷74说，北宋末年已不再限于上三等户而波及下户了，如台州海宁县家业不过数十贯的下户共四千八百户，都均敷给和买绢。后来干脆连第五等户也和买，彭龟年《止堂集》卷6说余姚等县和买时也已算及物力十五贯以下的民户，"江西及浙江平江等处和买，通五等皆敷"。不仅东南，西南地区也如此，陈傅良《止斋文集》卷9记载，"察全蜀饷道岁大约以石计者一百五十余万，中六十余万科之边氓，量家业以定均敷之数，名和籴，实强取"。所谓"量家业"即含确定户等高下之意。

**养马** 军马放归民间代养或令民间代买代养以抵税役，称保马法。养军马时也要按户等分派，《长编》卷196记载元祐元年河北、京东、河东和陕西赋马，"上户一马，中户二户一马，养者复其一丁"；此前元丰年间霍翔曾建议各保甲出钱代养，连养不起马的四五等户也要出"助钱"集资养马。卷246记载保马法时注曰，乡村民户"三等以上为一保，四等五等十户为一社，以偿死病补偿者。保甲马即马户独偿之，社户马半使社偿之"。不过，保马法在北宋只存在于地处前线的北方边地，波及面不大。

**纳刍草** 官府养马须令民户纳刍草饲养。《长编》卷82记载，大中祥符七年"三司请于畿县和市刍藳，诏中等以下免之"；卷100记载天圣元年"畿内体量草凡千万束，输未及半，雨久不止。上曰：霖雨逾旬，草价腾踊，四等以下户悉蠲之"；卷294记载元丰元年诏令"开封府界第四等户体量纳草于本县"；卷444记载元祐五年开封府买刍时令"三等以上户以京东布折价，第四等给现钱，并赴在京诸场送纳"。《长编拾补》卷29记载，大观四年诏令透露，当时常令不毛之地民户"出刍草之直，上户或至数百缗，下户亦不下十缗"……纳刍草成为经常性的负担。

**纳盐钱** 盐是民家必用之物，也是官府与商人争利的大宗商品。《长编》卷196记载，嘉祐七年虔州"以十县五等户夏税，率百钱令籴盐二斤，随夏税入钱偿官"；摊派买盐也按户等，卷335记载元丰六年琼州"第一至第三等每丁逐月盐一斤，第四第五等及客户、僧道、童行每丁逐月半斤"。据《宋史·食货志》的"食盐"篇载，大观年间以收盐钱多少为考课官吏的标准，因之"东南诸州每县三等以上户俱以物产高下勒认盐钱之多寡，上户岁限有至千缗，第三等末户不下三五十贯"。还有《宋会要辑稿·食货》12之14记载，南宋时兴安县"视物力之高下，均盐筹之多少，名为劝诱，实则抑配。先令施钱纳银，其余抵以物产。……凡昔之上中户，今皆破荡家业矣"；《宋会要辑稿·食货》10之19记载，自淳熙以后各州郡"不论贫富，并计口科卖，向时上户抑配之苦，今又移之下户矣"。还有一种按丁征收的盐钱，实际也按户等。如大观年间诏令三丁纳绢一匹为盐钱，绢涨价后皆取五等以下户，每丁绢一丈，绵一两；常州则规定五等户和客户每丁纳丁盐钱二百文。

**科配酒钱** 官府榷酒求利也导致按乡村民户的贫富寻机科配酒钱，洪适《盘洲文集》卷49记载，南宋时荆门军曾经规定"诸乡村去州二十里外，有吉凶聚会，听人户纳钱买引，于邻近酒户寄造，上户纳钱三贯造酒十石；中户则二贯造七石；下户则一贯造三石"。加之"至人户投买之时，县吏复视其物力多寡抑勒出钱"，致使"中下户无力出钱买引，遂有过期不成婚姻者"。《宋会要辑稿·食货》31之10记载，湖北其他一些地区也有"贫者不捐万钱于寄造之家，则不能举一吉凶之礼"的情况。

其他的临时杂派也常依据户等高下，如《长编》卷388记载仁宗为抵御西夏，让"上户科配，一户至有万缗之费"。陶宗仪《说郛》卷23

引宋人沈征说为收复幽云十六州，厚赋天下缗钱，"敛及下户"。摊买军粮、出钱修路、守帝王陵墓都要依据户等。为防生子不育，官府颁"胎养法"，据《苏东坡全集》前集卷30记载，具体规定乡村五等、坊郭七等以下贫民生子支给免役宽剩钱四千，后改为"候生子日，无问男女，第三等以下给义仓米一斛"。按户等摊派在文学作品中也有反映，《水浒传》第23回描写武松打虎下山后，村中出羊、酒犒劳和凑赏钱的都是上户。

## 第二节　宋代的坊郭十等户

划分坊郭户等的目的是向城镇工商业者和市民征派税役。商税自先秦时期既已有之，至迟在汉代已经有了专门的"市籍"，坊郭户与乡村户的对称则最早见于《唐会要》卷58《户部尚书》所记元和五年李仁素奏文。关于坊郭户等的划分，虽然至迟在《魏书·食货志》中就已记载北魏明帝孝昌二年税市，"其店舍又为五等，收税有差"，唐代又屡有防止富商大贾"以州县甲等更为下户"之说，据《全唐文》卷75记载德宗贞元时、《册府元龟》卷504所记穆宗长庆时两次"始定店户等第"来看，前述尚属临时为之。《唐六典·户部》记载的商户税额按上上至下下九等分派，似仍是把商人单独划等，而不是划分全体市民的坊郭户等。入宋以后，随着工商业的发展，官府对工商业者的管理和征税也更为重视，加之北宋前期传统坊市制的解体，工商税收难以按原来的居民区和店铺摊派，亟须一种新的征派工具。因此，宋代在推行乡村五等户制的同时也出现了正式的坊郭户等制度。

### 一　划分坊郭户等的制度规定

宋代划分坊郭户等的记载在真宗年间已经出现，据《宋会要辑稿·食货》69之79说天禧三年均定河南府"坊郭居民等第"，有学者认为这是划分坊郭户等之始，也有学者认为稍后的仁宗时期才出现。可以肯定的是，有关坊郭户等的记载在仁宗年间多了起来，也可以概括地说产生在真宗仁宗时期。

据范仲淹《范文正公集·年谱补遗》记载，刚开始的规定是"每五年一造城郭等第簿"，庆历时从范仲淹建议，改为"三年便造簿，重定等第"。《宋会要辑稿·食货》69 之 23 记载南宋时期"依法三年一造坊郭十等，乡村五等，以农隙时当官供通，自相推排，对旧簿批注升降"。后来与乡村五等户一样，也是三年一重排。

坊郭十等户也与主客户制有关。宋代坊郭户口统计也分主客户，坊郭户等是只划主户（像乡村那样），还是划分全体坊郭户，抑或主客分别划等，对此不见统一规定，各地的具体执行情况也不一样。《欧阳文忠公文集》卷 116 说，欧阳修在河东路所见情况是"并州最大，在城浮客不入等第；辽州最小，县郭浮客尽充等第"。并说"当定户时，系其官吏能否，有只将堪任差配人户定为十等者，有将城邑之民不问贫穷孤老尽充十等者，有只将主户为十等者，有并客户亦定十等者"。可能是没有统一规定，由各地根据差科需要确定划分范围。据有关记载看，只定主户为十等的地方比较多。

坊郭户的含义是市民，包括商贾、手工业者和城内居民，并按城郭大小，分为州坊郭、县坊郭和镇（寨）坊郭。当然，都城更要划分。另外，州县城门外的草市（后称为"关"）也是城郭的组成部分，其是否归入坊郭户一并划分，尚未见明载。

编排坊郭户等的程序，据上引《宋会要辑稿》所载及有关将坊郭户等和乡村户等一并科差的记载来看，其制定程序也与乡村五等户相同。坊亦称坊场，是居民区；市即市场，是工商业区。工商业者按行业划"行"，各行头总揽行会事务，如乡村里正，遇有科差时行头按户等高下安排"鳞差"。据此估计，制订户等时也要通过行头。由王庭珪《卢溪集》卷 31 记载定户等时"官吏入人家，打量间架，搜索有无，下至抄及卖饼菜之家"，可知官府届时是要派官吏与行头一并考察、划等的。具体办法不详。

坊郭户等的划分依据资产，与乡村五等户不同之处在于定户与人丁多少无关。坊郭户的资产可分为不动产和动产两大类。

不动产主要是房舍和铺店。韩琦《韩魏公集》卷 13 记载说"河北诸州当榷盐之初，以官盐散坊郭主客户，令纳见钱。……主户尚能随屋税纳官"，所说屋税即房产税。《长编》卷 376 记载，吕陶说"惟务定得坊郭钱多为劳效，州县承望风旨，不问虚实及有无营运，但有居止屋宅在城市者，估其所值，一概定坊郭等第"。漆侠先生和王曾瑜先生都认为，坊郭主客户划分的标准即是有无房产，"如果说乡村客户以下无立锥之地为标志,那么,坊郭客户则以上无片瓦为其特征"①。细绎之,房产含宅基地在内,如《景定严州续志》卷2记载,"坊郭基地以三等均数计其物力"。原因如王禹偁《小畜集》卷16所说,城内的工商业区"尺地寸土与金同价",不可不计在内。《宋会要辑稿·食货》4之11记载,徽宗颁布《方田令》时附带规定"诸州县寨镇内屋税,据紧慢十等均定,并作见钱",与乡村丈量地亩、评定地等时一样,要按房宅的数量和质量划分等级,如同《宋会要辑稿·食货》4之11说的在"冲要"处还是"闲慢"处。

动产即物力、营运钱、房店钱、活业钱、家业钱等,指经营的商品、手工业者的工具、市民的财产,类似乡村民户的浮财。具体统计时也是将各种物品折价,以钱贯总数较之高下,《永乐大典》所录《中书备对》记载,元丰年间"坊郭亦以家业纽贯百均定等第",纽即总计之意。《宋会要辑稿·食货》70之95记载,庆元年间"上户浮财、物力、营运有至数千贯者,坊郭尤多",而且"坊郭等户率是浮财物力多而田产物力少",动产多,不动产少。由此可知,动产亦含坊郭户的田亩在内,因为尽管在城市做营生,不少人在乡下也有田产,计算坊郭户资产时田亩仍是不可忽视的方面,也归入"动产"之类了。

**二 坊郭户等的作用范围**

坊郭户的资产税是屋税和地税。屋税亦称宅税,《长编》卷47说咸平三年潘美在湖南"计屋,每间输绢丈三尺,谓之屋税";《宋会要辑稿·职官》68之30记载开德府"屋税曾经元丰年方量,裁定十等税钱",是据间数和质量征税。地税即宅基税,亦称地基钱,由官府丈量面积,据之定税。房屋地基是坊郭户的资产,计算户等时要折合为钱;征屋税地税时多不按户等,而是据实有数目征收。与户等相关联的主要是其他方面的杂派徭役,种类繁多,试择要列举之。

**夫役** 普通夫役最初主要由乡村民户充任,大约在熙宁年间开始推及坊郭户,王曾瑜先生前揭文对此曾有考述。此后经常征发坊郭丁夫,《宋会要辑稿·方域》8之4记载,下令各州县修城防可"劝谕在城中

---

① 漆侠:《宋代经济史》下册,上海人民出版社1987年版,第966页。王曾瑜:《宋代的坊郭户》,中国社会科学院历史研究所编《宋辽金史论集》第一辑。

上丁人户各出丁夫"。《长编》卷307记载元丰年间修黄河大堤,河阴县"坊郭差至第十等",全部差发了;《宋会要辑稿·食货》43之2也说元丰时河东路差夫随军,"坊郭上户有差夫至四百人者,其次一二百人。愿出驴者每三驴强当五夫,每五驴别差一夫驱喝。一夫雇值约三十千,一驴约八千"。坊郭户夫役中亲身应役的机会并不多,因为一家的人口再多也不可能供差四百夫,官府主要是借此名目征收役钱。据此标准,上户多则此一项即须出役钱1200缗。宋代坊郭户等划分不计人丁,夫役只是名义,出役钱才是其实。王安石变法期间将役钱普遍推广到坊郭户中,坊郭户原不服役,所以令其出"助役钱",为乡村相应民户的一半。《长编》卷367记载,吕陶上疏说成都梓州"自来只于人户田产税钱上依等第差役,熙宁初施行役法,别定坊郭十等人户出营运钱以助免役之费"。开始只让第五等以上户缴纳,《长编》卷227记载说助役钱"坊郭自六等以下勿输",实际执行中往往普遍摊派。

**差役** 即运守官物的衙前之类。神宗以前原则上差役只行于乡村,《长编》卷394记载,孙升说"差役之法行于乡村而不及城郭,非不知城郭之人优逸而乡村之人苦也,夫平居之时,使城郭之人日夜经营不息,流通财货,以售百物,以养乡村",故不欲差及。其实,差及坊郭之事在神宗之前也是常有的,《长编》卷110记载,仁宗天圣年间河北路经常差派坊郭上户管理公用宅库,有因此垫赔破产者,故诏令河北诸州"毋得以坊郭上等户补衙前、军将、承引、客司",据《温国文正司马公文集》卷23记载,治平年间司马光建议"衙前当募人为之,以优重相补;不足,则以坊郭上户为之。彼坊郭之民,部送纲运,典领仓库,不费二三"。神宗熙宁年间推行免役法,规定坊郭户纳"助役钱",尽管较之乡村民户已经减半,却等于把所有坊郭户的差役负担长期化、固定化了。

**职役** 即管理坊郭民户的基层头目,类似乡间的里正。坊郭户中的居民组织形式与户等的关系不明确,行会的行头尽管有上承下达的责任,却多由本行公推,不一定按户等轮派。据赵彦卫《云麓漫钞》卷12记载,负责收河津关卡商税的拦头,自大中祥符时就规定"于第五等税户差",即从坊郭户中征派。《嘉定镇江志》卷5记载,南宋初给金人送绢帛,需要的担夫也从坊郭户中征派,"保头管夫十名,队头五名,以本坊之殷实者为之",保头、队头之类当系职役兼差役性质。

《宋会要辑稿·兵》2之50和《建炎以来系年要录》卷24都记载，组织坊郭民户"巡社"，维系治安，"凡坊郭产钱千缗……并出一夫"，与乡村保丁相似。据坊郭资产差派，大概也是按户等差派。

**科配** 亦称科索，是强制性地令坊郭民户与官府交易某种物品，以不等价交换来攫取民户财物，如同唐代的"和买"，《长编》卷361记载说"和买，其实于坊郭户上均配"即此意。卷369说"坊郭人户……常有科配之劳"，刘挚《忠肃集》卷3也说"坊郭十等户自来已是承应官中配买之物，及饥馑、盗贼、河防、城垒，缓急科率，郡县赖之"，而且是经常性的。

韩琦《韩魏公集》卷18说河北曾把官库绢帛"配卖与诸州军坊郭等第人户，每一匹估钱一贯五百三十文至一百六十文以来，限半年纳钱。尚犹近下等第人户有破卖家财方能贴赔送纳了当者"。这是地方上自为之事，有时中央还下令各地这样做，《宋史·食货志》的"布帛篇"记载，崇宁年间预买绢时"令所产州县，乡民及坊郭户并准资力高下，差等均给"，致使坊郭户配摊越来越多，如《通考》卷12所说，"坊郭户预买，有家至千匹或四五百匹者"。预买即官府预支绢钱给民户，令民户织成后计本息折绢归还官府，其中所以科配，原因在于不等价，使坊郭户吃亏。《宋会要辑稿·食货》38之7记载，大观年间兴仁府坊郭户万延嗣"家业一十四万二千贯，岁均（科买）一千余匹。虽延嗣一户俵买数多，又缘本人物力出等，一路为最"，仍显太多，故徽宗特恩准减其半数。有时科配成为赤裸裸的掠取，韩琦《韩魏公集》卷18记载，"潘原县郭下丝绢行人十余家，每家配借钱七十贯文"；《长编》卷245记载开封肉行徐中正说，"屠户中下户二十六户，每年共出免行钱六百贯赴官，更不供处肉。今据众行人议，定到下项：中户一十三户，其出钱四百贯文，一年十二月份，乞逐月送纳，每户纳钱二贯七十文。下户十三户共出钱二百贯文，一年十二月份，乞逐月送纳，每户纳钱一贯二百九十文"。这是由"供肉"之杂派演变来的科索。

科配不像屋税那样有定额，往往是任意诛求，《欧阳文忠公集》卷115记载说，河东路在庆历年间为筹军资，在坊郭户中按主客十等配银三百两，枷棒催驱方才了纳，次年又配一千两，却怎么也收不上来了。据《宋会要辑稿·食货》39之5记载，真宗时令"等第分配坊郭之民籴买刍粟"；41之22记载徽宗仍令"逐等第都计家业钱纽算，每家业钱几文合籴多少石斗"；64 之 42 记载诸官院所需之物也"各仰行人等第，给限供纳"。令据《通考》卷 19 记载，绍兴初年因"大军多移屯江北，朝廷以调度不继"，令州县出卖户帖，"立定价钱，应坊郭乡村出等户皆三千，乡村五等户、坊郭九等户皆一千，凡六等"，买到户帖者可免除徭役。这类科配对坊郭户的危害往往比对乡村民户更重。

**盐钱** 官府收盐后抑配于民户，以此与盐商争利，是为榷盐，后来则干脆改为征收盐钱。《宋会要辑稿·食货》4 之 11 记载，政和二年河北东路提举常平司奏"诸州县寨镇，内屋税据紧慢十等均定。……亦分十等均出盐税钱。……委是上轻下重不均，今相度州县城郭屋税，若于十等内据紧慢每等各分为正次二项，令人户均出盐税钱，委是上下轻重均平。别不增损官额，亦不碍旧来坊郭十等之法"，是专门为收盐钱而划二十等户。《宋会要辑稿·食货》24 之 23 记载，海南岛的四个州军"乡村坊郭第一至第三等，每丁逐月买盐一斤；第四第五等及客户、僧道、童行，每丁逐月半斤"；28 之 31 记载广南西路雷州"州郭每年主户第一等食盐八十四斤，第二等六十斤，第三等四十八斤，第四等三十六斤，客户每年食盐一十八斤。每斤钱三十文"；钦州则"作三等出给历头，每月上户买盐三斤，中户二斤，下户一斤半"……本来民户无论贫富都需要同量的盐，之所以要按户等高下而定买盐多少，显然是为了以此名义有差别地征收盐钱。

**酒钱** 榷酒也演变为令民户纳酒钱，吴潜《许国公奏议》卷 3 记载，隆兴府进贤县土坊镇居民不满数十户，岁入酒税达两千缗，征收办法是"于镇户量其家第之高下，抑令纳钱，一户或四五十文，或三二十文，或七八文，以是为戶解"。不论坊郭民户是否饮酒，都要按户等高下纳酒钱。

**养马** 保马法一直在城乡实行，有时按资产数，更多的是按户等分派。《长编》卷 260 记载，仁宗庆历年间诏令"河北州军坊郭第三等，乡村第二等，每户养披甲马一匹，以备非时官买"。据《宋会要辑稿·兵》24 之 20 记载，不仅州县，连"其镇坊郭依县坊郭例"也要养马。养马一般主要是坊郭上户负担，因为存在购买与饲养能力的问题。尽管名义上自愿，并可免本户之役，由官府规定来看实际上是带有强制性的。

**借贷** 借贷仿乡村青苗借贷之法也行之于城镇，韩琦《韩魏公集》

卷 17 记载，官府规定坊郭户可"依乡村青苗例支借"钱粮，但须是"坊郭人户实有自己物业，可充抵当"者，即要考虑借贷者的资产状况及偿还能力。所谓"依乡村青苗例"，即分户等借贷，户等高者借贷多，低者借贷少，已如前述。

以上八项是经常按坊郭户等高下征派的项目。此外的临时性的摊派也常借助于户等，如《全宋文》卷 607 记载，庆历八年京东、河北灾荒，入冬时流民无处藏身，富弼建议令坊郭人户按户等高下腾让住房，一等五间，二等三间，三等两间，四等五等一间，以供流民暂住。坊郭户等的作用与乡村户等一样，也是很广泛的。

宋代坊郭户等制的有关规定具体完善，实行很普遍，作用也相当广泛，这是前代所没有的。在宋代的城镇生活中，坊郭户等概念也被经常使用，耐得翁《都城纪略》说临安城天街的"两行多是上户金银钞引交易铺"；《长编》卷 326 说熙宁年间开封十余家大茶商垄断市场，外地茶商来后只能通过贿赂大茶商，"定高价，即下户倍取利以偿其费"。可以说，坊郭户等制的完善化是宋代城市经济发展的一个重要标志和特征。

以上考察的主要是集中居住在城镇中的工商业者。坊郭户还应包括居住在城外的冶户、糖户、盐户等等非农业性的专业户。[①] 这些专业户与乡村户、坊郭户一样分主客，并按实际生产能力著籍纳税。冶户按冶炉大小分三等纳钱，据《淳熙三山志》卷 14 记载，高炉岁输 3117 文省，平炉 1950 文省，小炉 1300 文省。大致来说，有一座小炉即可达到乡村三等户的收入标准，有一两瓮糖霜的糖户则相当于乡村四等民户，有十瓮即相当于上户。这些都不见有明确的户等划分记载，据一些零散资料推测，似也划有户等，如《宋会要辑稿·食货》30 之 1 记载，"吏市茶，求以多赢为最，常数倍取之，下户益困"；27 之 19 记载亭户支请本钱时，"上等亭户一状有请数千贯者"；27 之 12 记载"下户有盐在官，积欠本钱不可胜数"；杨时《龟山先生集》卷 4 也记载说，茶课征派的时候"上户有敷及数十引者，一引陪费无虑十数千"……具体如何划分尚不清楚。

---

① 许惠民：《两宋的农村专业户》，《历史研究》1987 年第 6 期。

### 三 坊郭十等户与乡村五等户的对比

坊郭户等与主客户制有关，但不像乡村五等户制那样以主客户划分为前提，而是与主客户制不规则地结合、掺杂在一起。划分坊郭户等的标准是有无自己的房产，坊郭民户的房屋主要用于出租谋利，如《宋会要辑稿·食货》4之11记载，开德府繁华街道的房屋"每间赁钱有一百至二百文足，多是上等有力之家；其后街小巷闲慢房屋，多是下户些小物业，每间赁钱得三文或五文"。房主不论获利多少，一概算是主户；无房产靠租房住和开业的，不论财力厚薄，都算是客户。显然，这种划分标准与乡村主客户划分不同，却与唐中叶以前的土户客户划分极为相似。两者的区别在于，有房屋但仅可自住而无余户出租的是主户，只赁得三五文钱的也算是主户，而客户虽无房屋，其中外来大商如《欧阳文忠公文集》卷116所说，"经营物力过于主户"若干倍。主客之间的财产差别并无规律，加之坊郭户等的划分主要是为了征派杂税，其次才是收役钱，不可能像以征派职役差役为主要目的乡村五等户制那样，只记主户而不记客户，而是全部划入户等范围之内，如前引欧阳修所说，有只将主户划为十等者，也有主客一并划为十等者。

宋代对坊郭户中的主客户划分与乡村主客户的划分精神也不一样，因客户有资产，故把客户与主户同样看待；划户等时不论哪种方式，总要包括客户在内。据《庆元条法事类》卷48记载，租税户账要开列"坊郭、乡村主户丁各若干，客户丁各若干"，说明坊郭与乡村的统计方式相同；据此，我们应在本章开头考证乡村五等户确立时间时，引用《长编》逢闰年所记户部户口统计数字处补充一句：所谓"是岁天下上户部"的主客户口数不只是乡村民户，很可能也包含坊郭主客户。

划分坊郭户等时，不论主客全以资产为据，与人丁关系不大。但各等户的具体钱贯限额没有统一规定，具体执行情况各地也不一样。估计与前述定乡村户等之法一样，朝廷只规定核算资产的范围和方法，数量标准则由各地自己斟定。

在坊郭十等户中，以前五等为上户，六等以下为下户，《长编》卷227记载"坊郭自六等以下勿输役钱"，《宋会要辑稿·食货》41之23记载"坊郭第六等以下免"和籴即其证。坊郭户等的上下户之间的贫富差距因接近市场而悬殊颇大，尹洙《河南先生文集》卷3记载说，

"坊郭第一等人户中甚有富强数倍于众者，每至官中科率，只例作一等均配，其近下户等极有不易者。今臣欲乞逐州第一等户中推排上户家产，比类次下，同等人户家产一倍以上者定作富强户，三倍以上者定作高强户，五倍以上者定作极高强户"，就反映了这种情况。另一方面，下户尤其是第九第十等户尽管资产少，靠小本生意或自身技艺，或自营小铺，每天可进几文，尚可维持一般生活水平，不至于像乡村客户那样一无所有。用经济学术语说，坊郭户等中的相对贫困明显，绝对贫困优于乡村农户。

坊郭各等民户的资产标准可据有关记载作一大略推论。《宋会要辑稿·食货》38之7记北宋开封的首户（出等户）万延嗣"家业一十四万二千贯"；《欧阳文忠公文集》卷116记载辽州第七等户高荣家业共值14贯，以卖松明为活；第五等户韩嗣，家业27贯；第八等户韩泌，家业9贯；第四等一户开饼店的，"日掠房钱六分"，即年获房钱20贯。在一些偏僻穷县，"其十等人户内有卖水、卖柴及孤老妇人不能自存者"。一般而论，大城市中贫富悬殊较大，官府对上户盯得紧，对下户则相对宽松些；在县镇坊郭中，由于贫富差别相对小一些，加之势豪作弊，相应下户的资产标准较之州府会更低一些。这从当时州县镇寨坊郭户等的对比中可以反映出来。文彦博《文潞公集》卷22说："诸州郡坊郭第四等户、县坊郭第三等户、乡村第二等以上户，生计从容"；《长编》卷206记载，庆历年间规定"坊郭自第六等以下勿输役钱"；《欧阳文忠公文集》卷115说河东宁化军划分"坊郭主客十等，共三十四户，内五等以上只十五户，其余六等贫弱之家共有十九户"；《宋会要辑稿·食货》41之22记载徽宗时规定，"坊郭自第六等以下，乡村自第五等以下"免和籴；《庆元条法事类》卷48规定"镇寨城市及第一等，县三等，州第四等者"不得免科配；《建炎以来系年要录》卷119记载，高宗曾令"乡村五等，坊郭七等以下贫乏之家"支给免役宽剩钱四千文；《通考》卷19记载卖户帖集军资时令"乡村五等，坊郭九等户"皆出1000文。坊郭中的下户资产虽然少，毕竟不同于一无所有的乡村客户，他们虽然没有资产，却可能有一点工具，可以做手艺或小本生意，不至于直接成为雇工，所以坊郭七等以下的四个级别都应与乡村第五等户接近。

# 第四章　户等制度的混乱阶段

辽金元王朝都是北方游牧民族所建，在南下和入主中原的过程中不断被汉化，但始终保留着浓郁的游牧民族的习惯特色，因此使这个时期的户等制显得比较混乱。并且，三朝虽然分别为契丹、女真和蒙古人所建，在许多方面却有相似之处，有相承相续的关系，具体到户等制度也是如此。所以本章把辽金元三朝的户等制度一并考察。

## 第一节　辽朝的三等户

辽朝初年没有正式税制，到太宗耶律德光时期才按户丁征税，元朝编《辽史·食货志》时已对其"户丁之数无所于考"，也没有户等的具体记录。据一些记载来看，辽人在汉族地区沿用唐宋两税制，《辽史》各纪传中常有括户、括民田及"籍天下户口以均徭役"之语，透露出也曾以民田户口作为征派税役之依据的信息。《辽史·食货志》记载五京等地置司掌出纳，有"其制数差等虽不可悉"之语，说明征税役是分"差等"的。

辽时汉人和北方游牧人的户等似不一样，但各自的详情史书记载有缺，甚至连与辽同时的宋朝人对其制也不清楚，如北宋仁宗时人范镇在《东斋记事·补遗》中说：

> 契丹有冯见善者，于接伴劝酒，见善曰："劝酒当以其量，若不以量，如徭役而不分户等高下也。"以此知契丹徭役亦以户等。

由此推论，辽朝有过户等是肯定的，陈述辑录《全辽文》卷10《三河县重修文宣王庙记》也记载说，该县曾"量现在随户物力，遂定三等"，这当然不是一县之制。三等划分是沿用的中原旧制，但其是指全体民户，抑或仅指主户则不得其详；从当时的实际情况看，除宋朝以外的主客户划分并不严格，也不重要，所以应该是将全体民户予以划分。"物力"的含义，亦当与宋相同。《辽史拾遗》卷3引《宣府镇志》记载，辽太宗会同六年契丹征服燕山以北地区后令于每村"有力人户"中派村长，并令有力人户"出田亩，补贫下不逮田亩"，可见"物力"主要也是指田亩，当然也会包括其他资产。

划分汉人户等的目的是征发徭役。《辽史·萧韩家奴传》中说"近岁边虞数起，民多匮乏，既不任役事，随补遂缺。苟无上户，则中户当之。旷日弥年，其穷益甚。所以取代为限也。非惟补役如此，在边戍兵亦然"；《冯人望传》也说边境汉人"所甚患者，驿递、马牛、旗鼓、征厅隶、仓司之役，至破产不能给"。据《魏公集》卷13记载，苏颂见中京汉人民户"甚苦输役之重"；《栾城集》卷41记载，苏辙使辽时见"每有急速调发之政，即遣使持银牌于汉户须索，县吏多动遭鞭棰，富家多被强取"。这些徭役当都是按户等征派，上引《全辽文》和范镇之语即其证。至于如何按户等征派，有无具体规定，以及徭役之外户等制还有哪些作用，这些都尚不明确。

契丹等游牧人也划户等，《金史·太宗纪》说契丹人"赋役皆有等差"。据有关分"民户高下"的记载看，他们与汉人一样据资产划等。苏颂《魏公集》卷13记载说"契丹马群，动以千数。……以牧养多少为（户等？）高下"，既以马为主要资产，则很可能以马匹多少划分户等。划游牧民户户等的目的主要是征兵征战马，《辽史·天祚帝纪》记载天庆六年下令"诸路籍兵，有杂畜十头以上者皆从军"；十年下令"民有马群者，十取其一"，作为骑兵之用。《张琳传》记载辽天祚帝天庆四年在中京、长春和辽西"计人户家业钱，每三百贯备一军"，有起至二百军者，当时兵丁一名，战马三匹为一军，是按资产征兵马。不惟契丹人，连臣服辽朝的女真人户也如此。《契丹国志》卷13记载，"或遇北主征伐，各量户下差充兵马，兵回处遂逐便归于本处"，户下，指户下资产无疑，亦可能含等级在内。就有关记载看，游牧民族征兵马多是直接据数而征，如杂畜十头、十取其一，按户等而征的场合不多，户等的作用较汉人民户更小。

契丹游牧人在部族制下"合族而居"，部民系平民。此外还有不少皇族奴仆"宫户",以及私人的奴婢、部曲,他们是否划等,不见明载。宫户、部曲和部民都有贫富分化,部民分化的幅度较大,形成了上户、中户和下户,上户是平民地主和牧主,下户则包括奴隶。宫户也分为上中下三等户,但身份仍都是官府奴隶。部曲是原来唐宋户等制下的编民,《辽史·太宗纪》记载,会同四年契丹人攻朔州,因"衰古只战殁城下,上怒,命诛城中壮丁,仍以叛民上户三十为觯古只部曲"。又据《长编》卷503记载,宋哲宗元符元年雄州奏称"契丹新置魏州,欲徙上等户一千实之",以原宋朝上户充实新置之州后,这些人可能也就成为部曲之类了。但沦为部曲后是否仍划户等尚不清楚。

辽代还有投下军州和二税户问题。自阿保机时期开始便允许贵族首领抢占奴隶,攻城略地后将俘获的汉人等赐给功臣贵族,仿照唐朝州县置城以居,称"投下军州";其所占户为"二税户",即酒课等纳中央,租税归所属贵族"投下"。由输部分税于中央而言,其户籍当归官府管理;但又输租于投下主,所以与一般州县编民不同,似乎没有划分户等的必要。

## 第二节　金朝的"推排"户等制

金朝整编户籍户等,称作"通检推排"。通检即每三年正月初登记户口和资产数,推排即据各户资产多少排定户等。有时也以"通检"代指登记户口和排定户等两项程序。登记户等的簿籍有时与户籍合并一处,据元好问《遗山文集》卷20说,具体办法是"差次物力,为鼠尾簿,按而用之",也有单独登记户等的"鼠尾簿",是取鼠尾先大后小之形以喻推排户等物力时的先富后贫。

### 一　推排的方法

金朝户等划为三等或四等,主要是三等。《金史·食货志》卷1记载,金世宗大定二十年左丞相守道说"止验财产多寡分为四等,置籍以科差";二十二年"始诏令集耆老推贫富,验土地、牛具、奴婢之数,分为上中下三等。"所记载中不见五等和九等之制,并且是就全体民户而言而非专指主户。户等制度在州县编户和猛安谋克户中都实行过,但具体规定有明显不同。州县民户是金朝财政税役的主要负担者,户等制首先和主要推行于此。

户等划分即推排始于金世宗大定年间，其与以前各朝三年一定之制不同，不规定具体推排年限，而是根据需要随时调整，如《金史·章宗纪》所说，依照"人力物力随时推收"。具体方法，据《金史·食货志》的"通检推排"篇说，先在各户所呈手实的基础上初步评定，然后"集坊村人户推唱验实。……造籍后如无人告，一月内以本管文牒推唱定标"。据该志记载，州县民户推排在金朝大规模进行了四次。第一次在大定四年，世宗"遣信臣泰宁军节度使张弘信等十三人，分路通检天下物力而定之"，划户等征收物力钱。第二次在大定五年，因"诸路通检不均，诏再以户口多寡，贫富轻重，适中定之"，除物力贫富外增加了"户口多寡"一项。第三次在大定十五年，"上以天下物力，自通检以来十余年贫富变易，赋调轻重不均，遣济南尹梁肃等二十六人分路推排"，之所以由梁肃主管，据《金史·梁肃传》记载，因为他在第一次推排时曾"通检东平、大名两路户籍物力，称其平允。他使者所至皆以苛刻增益为功，百姓诉苦之。朝廷敕诸路以东平、大名通检为准"。第四次在大定二十六年，以李晏等分路推排，持续两年。《金史·章宗纪》说章宗泰和二年也曾"定人户物力。"由历次都不讲具体方法，只言"推排"，可知历次推排的规定、定户方式及形式是一致的。

猛安谋克户的推排见于记载的仅有一次。本来在税役负担上猛安谋克户是受优待的，差派较之州县民户少，随着迁入中原汉族地区猛安谋克户的增多，契丹、奚人及部分汉人也加入了女真的猛安谋克，使猛安谋克的差派多了起来。《金史·蒲察通传》记载，大定十七年传主建议"必须通括猛安谋克人户物力多寡，则贫富自分；贫富分则版籍定。如有缓急，验籍科差，富者不得隐，贫者不重困"。在大定二十年开始具体安排猛安谋克户的推排问题，据该志"通检推排"篇记载，世宗谓宰臣曰："猛安谋克户差拨不均，皆自谋克内科之，暗者惟胥吏之言是从，轻重不一。自窝斡叛后贫富反复，今当记其夹户，推其家资，偿有军役，庶可均出"，并召百官廷议。右丞相克宁等认为，原来"女真人除猛安谋克仆从差使余无差役。今不推奴婢、孳畜、地土数目，止验产业科差为便"。左丞相守道也主张"止验产业"划为四等，以区别于州县民户的三等制；有人认为，"括其奴婢之数，则贫富自见"，故应验奴婢数目。大定二十一年金世宗下令，在猛安谋克户内"推贫富，验地、牛具、奴婢之数，分为上中下三等"。由于涉及女真贵族和大官僚的利益，"宰执家多有新富者，故皆不愿也"，阻力很大。朝廷只得派重臣强制推行，以知大兴府事完颜乌也先负责中都路，户部主事按带等人分路负责推排。

金朝推排户等的主要依据是物产。《金史·食货志》的"通检推排"篇记载，州县民户主要检验物力，即"田园、屋舍、车马、牛羊、树艺之数，及其藏镪多寡"；猛安谋克户要计其土地、牛具、奴婢之数。并规定"凡民之物力，所居之宅不预。猛安谋克户……所居外，自置民田宅则预其数。墓田、学田、租税物力皆免"。征派人户时"上自公卿大夫，下逮民庶，无苟免者"，据该志"户口"篇说，甚至"近臣出使外国，归必增物力钱，以其受馈也"。总的看来，州县民户（主要是汉户）物力以田亩、家产为主，猛安谋克户（主要是女真户）以牛畜、土地为主。州县民户只有在特殊情况下即财力相同时才计人口，如"户口"篇所说，"势均则以丁多寡定甲乙"。女真民户计牛具，即牛三头、民二十五口、地四顷四亩为一"具"，收取牛具（头）税。其中的"民"属半奴隶性质，是把奴隶视为畜产，而非丁口。

与前此各代一样，金朝只在原则上规定划分户等依据物力以及物力的大致范围，也不见有具体的资产数目规定。《金史·食货志》的"通检推排"篇记载，大定二十六年第四次推排后，李晏上各路所新定物力之数，世宗说"朕以元推天下物力钱三百五万余贯，除三百万贯外，令减五万余贯。今减不及数，复续收二万余贯，即是实（加）二万贯尔。而曰续收，何也？"李晏解释说，"此谓旧脱漏而今首出者，及民地旧无力耕种而今耕种者也"。世宗又说"通检旧数，止于视其营运息耗与房地多寡而加减之，彼人卖地，此人买之，皆旧数也。至于营运，此强则彼弱，强者增之，弱者减之而已。且物力之数，盖是定差役之法，其大数不在多寡也"。由这段对话可知，中央只掌握各地物力钱总额，具体定户等的资产标准则由各县根据实际情况自行量定。[①] 该志"户口"篇载按物产高下差充村社主首、壮丁时，"坊正里正以其户十分内取三分，富民均出雇钱"，可能一般上户或中上户占全体户数的3/10左右。由于没有统一资产标准，苟记物力以定高等的事时有发生，据"通检推

---

[①] 刘浦江：《金朝"通检推排"探微》，《中国史研究》1995年第4期。

排"篇记载，有的地方"妄加民产业数倍，一有来申诉者，则血肉淋漓，甚至即殒杖下"，通检推排成了各地民户畏之如虎的事情。朝中不断有人建议取消推排法，《金史·高汝励传》记载，传主认为"检括之时，县官不能家至户到，里胥得以暗通货赂，上下其手，虚为文具，转失其真"。以往各朝定户等时的弊端在此又出现了。

## 二 户等的作用

金朝推排户等的目的与前代一样，是为了保证税役征派。同时，之所以到金朝建立后五十年才推排户等，也与世宗为了改变海陵王在位时的赋役之弊有关。州县民户推排户等主要是为了征收物力钱，而猛安谋克户排定户等，均平物力钱则只是手段，其目的在于借此平衡各谋克民户的经济力量，保证金朝的兵源。

**物力钱** 据《金史·食货志》记载，"租税外，算其田园、屋舍、车马、牛羊、树艺之数及其藏镪多寡。……征钱有差，谓之物力钱"。州县民户和猛安谋克户都征收物力钱，上至公卿下至百姓，按规定都不能免。前引大定二十七年全国征物力钱共300余万贯，"续增"的200万贯曾遭世宗诘问，说明中央定有物力钱总额。至于具体如何按户等征发，不得其详。可以肯定的是，物力钱在田亩税之外，按家产"征钱有差"。分等差征收物力钱，是金朝推排户等的主要目的。

**兵役** 猛安谋克户是金朝兵役的主要负担者，《金史·兵志》记载，其"无它徭役，壮者皆兵。平居则听以佃渔射猎习为劳事，有警则下令部内"出征。据《大金国志》卷11记载，女真民户征兵有两种方法，"一曰家户军，以家产高下定；二曰人丁军，以丁数多寡定。诸称家户者不以丁数论"。家户军按家产而征，当与征收物力钱之法相同。由"家户军"之名可知，系专门民户为之，充任家户军的民户按资产排等第，以决定征发次序。据该卷所载皇统时"家户军女户陈氏妇姑持产业契书，告于元帅府"，以父子俱阵亡无可充役，可知"家户军"户有专门的"产业契书"登记家产，可能其中也排定户等；易言之，"产业契书"可能也是金朝专门的户等文书。

金朝户等制度的作用除了以上两个方面，还有五种：

一是按户等运送租粮。据《金史·食货志》的"租税"篇记载，"令民输税，其法大抵有三，上户输远仓，中户次之，下户最近"。与北宋的方式相同。

二是科差。同篇又载"遇科差必按版籍，先及富者，势均则以丁多寡定甲乙，有横科则视物力，循大至小均科"。据《大金国志·太宗皇帝四》记载，"燕云诸路民兵千户、百人长，乃以家业钱或丁数定之"；徐梦莘《三朝北盟会编》炎兴下帙卷130记载，"每中人之家，止敢置地六十亩，已该作夫头，一顷以上作队首"；元好问《遗山文集》卷19说，章宗时冯承安在辽滨把和籴之粮十万石"散贮民居，而以富民掌之。中有腐败者，则责偿于民"。虽未言及户等，由家业、地亩、富民看，可知是按物力轮差，与户等征派方式一致。

三是征养军马。《金史·太宗纪》记载天会三年"诏南京括官豪牧马，以等第取之"；《宋史纪事本末》卷74记载，海陵王南侵时"诏诸路马，以产为差，计五十六万匹，富室有至六十匹者"。以"产"可能就是依据现成的户等。

四是按户等制定婚聘财礼限额。《大金国志》卷35记载，当时官吏"一品不得过七百贯，三品以上不得过五百贯，五品以上不得过三百贯，六品以下及上户庶人不得过二百贯，中下户不得过一百贯"。规定官员婚聘财礼限额的同时捎带规定了中下户的限额。

五是卖放租税。《金史·哀宗纪下》记载，天兴元年"以榜召民卖放下年军需钱，上户田租如之"。此外，其他种种负担也要以户等高下轮差，如《大金国志》校正附录说女真臣附辽朝时，辽朝的银牌天使到女真，每夕必以美女荐枕，"旧轮中下户作止宿处，以未出使女待之"，激起女真人的反抗等等。

金朝户等制与宋朝相比，有两个不同之处。一是划分形式不一，有三等四等之分，虽然最后以三等定制，仍有不少地方划分混乱，划定户等之后也往往依据物力而不用户等，并且所据物力也不一样，《元史·刘肃传》说传主在金朝为新蔡令时，曾改"赋民以牛多寡为差"之法，即其证。再就是作用范围小了，主要局限于物力钱一项，其他多是临时性的用场，已如前述。

女真人入主中原后比较重视工商业，也注重坊郭民户的编制。《金史·食货志》的"通检挂排"篇说排定户等时要"集坊村人户推唱验实"，坊即坊郭；"户口"篇说令民户出钱雇人充主首，察禁盗贼，规定"凡坊正、里正以其户十分内取三分富民，均出雇钱"，也包括坊郭户；《大金国志》卷31记载说傀儡政权伪齐仿照金制，"州县市民亦名籍为五军"，是有市籍之名。但金朝的坊郭户怎样划户等，尚不见记载。

## 第三节 元朝的九等户

蒙古人与契丹人、女真人一样，入主中原后既沿用汉制，又保有其游牧民族特色。但比较起来，蒙古建元后吸收汉制较多，户等制度也比辽金两朝完善。其中明显的表现便是恢复了唐朝的九等户制。

### 一 五等户向九等户的回复

元朝的户等制度续接宋制，又改变宋制而向唐朝户等制恢复。这个恢复变化与宋初的九等向五等转变一样，也是社会等级结构变化使然。这主要是因为，蒙古人进入中原以后带进了游牧民族的落后习俗和落后的生产方式，使得本来已趋稳定的社会等级结构再次发生动荡和变化。其中与户等制度的变化直接相关者，仍然是中下层民户的变化，即除了特权阶层外的各个等级趋于混同。这主要表现在两个方面。

一是宋代以来奴婢减少的趋势发生逆转，奴仆（驱口）大量增加。元朝初年，南北各地普遍存在着通称为"驱口"的奴隶，有属于私家的家奴、家人，有属于军将的军奴、军驱，有属于寺院的寺奴，有属于官府的孛兰奚、阑遗人口，更有无奴仆之名而身份实属奴仆的各色人等。这主要是由于入主中原前夕的蒙古人尚处在奴隶制阶段，使用奴隶习以为常；加之蒙古人有种族歧视观念，把被征服民族全部视为奴隶。他们在西征南下过程中征服大片地区，小战役俘获"生口"尚以万计，大战役更不计其数，所俘者全都被没为奴隶；如宋末元初中原军民的自发抵抗迭起，蒙军攻陷抵抗者的城镇后便把民众全部没为奴隶。

元朝建立以后，朝廷和蒙古各级贵族沿用其传统做法，随意拘收良民为奴，称为"拘刷"，在《元史》中诸如"拘收民间男女若干以置局"或赐某某麾下的记载很多，人数动辄以千万计。元朝还规定有很多"没为奴"的条令，甚至背叛、犯禁、为官不勤于政事、为吏行受贿赂者，皆籍其妻子为奴隶，以示惩戒。同时，在战乱灾荒中失去生计，或无力缴纳租税、无力偿还债务而典雇妻妾的现象很普遍，自卖为奴的形式也多了起来。有的典卖其终身，有的则出卖一定时期，王恽《秋涧文集》卷 84 记载说，"窃见在都贫难上民，或因事故，往往于有力之家典身为隶。……元约期满，无可偿主，致有父子夫妇出限数年，身执贱役，不能出离"。到了预定期限仍无法赎身，实际已成了终身奴隶。就连蒙古人的下层中也有破落沦为奴隶的，《元史·仁宗纪》记载，延祐四年仁宗下令"比闻蒙古诸部贫乏，往往鬻子女于民家为奴仆，其命有司赎之还各部"。类似的诏令屡屡颁布，透露出蒙古下层中沦为奴隶的人不在少数。豢养和使用奴隶的不仅仅是蒙古贵族，连同中原地区已经习惯于使用佃客的地主富豪也开始重新收买奴隶了，像著名的蒲江郑氏、漱江杨氏各有家僮千指，张柔、贾辅各有奴婢数千，李伯有奴隶三千。据元朝人估计，当时仅贵族将校所占驱口即达元朝人口的半数。

尽管朝廷出于财政税役的考虑而不断下令限制私人收奴的人数，实际上起不到多大作用。《元典章·户部三》规定，驱口与良人不许通婚，如有良人与奴婢通婚者官府有权判离，对所生子女按奸生子处置，没为奴婢。对奴隶身份的限制极为严格，《户部四》规定一经为奴，后代便永世不能更改身份，与娼优、店肆、屠沽之人一样不得入仕。在这种环境中，原来在宋代是客户佃农或自耕农的中原民户地位明显下降，到元朝初年有相当一部分沦为奴隶了。

二是宋代以来客户身份上升的趋势发生逆转，佃农与奴仆趋同。元朝的佃农依旧称为佃客、客户，按所属分类，大致有官田佃农、职田佃农和私人佃农三种。前两种分别佃耕官府公田和官吏职田，租额较低，人身依附关系也较轻。但这两种佃农为数较少，佃农阶层的主体是承佃地主贵族土地及寺田、学田的私人佃农。除了田主用自己的土地招募佃农这种传统租佃方式外，还有大量有土地的农民把自己的土地"献"给富豪以求庇护，如孔齐《至正直记》卷 3 所说，"以避科役，而隶为佃籍"。还有的是官府把某地民户赐给富豪或寺院为佃户，《元史·文宗纪四》记载，"富户有势的人每，将百姓每田地占着，教百姓每做佃户"。元代还普遍存在着"投献"之风，即各级汉族官吏或地方富豪为巴结蒙古贵族，把有主的好地指为无主荒田献给蒙古贵族，蒙古贵族再向皇帝"乞封"，便可把土地据为己有，而土地的原主人有些便成了新主人的佃农。《元典章·刑部十七》说，这些私家豪富和贵族"召募佃客，所取租课重于官税数倍，以致贫民缺食者甚众"，对佃农的经济榨取极为严重。甚至原来租额较低的官田、职田也被富豪以"总佃""管干"的方式承佃,再转佃给佃农,"干者"从中易手渔利,使佃农的负担成倍加重。

　　私人佃主中的蒙古贵族在凭借经济力量剥削佃农的同时,必然借助政治特权压迫佃农;那些靠"投献"获得官职或找到靠山的富豪也会狐假虎威,仗势压迫佃农;一般私人田主虽然沿用宋朝的租佃契约方式,在奴隶增多的"大环境"中对佃农的人身压迫自然也会增加。从佃农这个方面看,为了不沦为奴隶,对田主的欺压盘剥只能忍耐,其低下之地位已与宋代客户大相径庭了。尤其是有特权的田主,如《元典章·刑部十七》所记,"辄敢将佃客计其口数,立契或佃或卖,不立年分,与买卖驱口无异。间有略畏公法者,将些小荒远田地,夹带佃客典卖,称是随田佃客";对佃客的婚姻"主户常行拦挡,需求钞贯布帛礼数,方许成亲。其贫寒之人力有不及,以致男女怨旷失时,淫奔丧俗";对佃客的子孙也予以奴役,"若地客生男,便供奴役;若有女子,便为婢使,或为妻妾"。佃客在元代还常代田主服役或顶罪,据《元史·许楫传》记载,有个富豪"持财杀人,贿佃客坐之"。这时的佃客实际上已经与奴隶相同了,而且在法律上也是如此。《元典章·刑部》即把佃客与奴婢、娼优之类归在一处,规定田主打杀佃客只杖一百七,还常常以种种理由豁免,对佃客与奴隶驱口同样看待。

　　上述两个方面变化的结果使得元朝的佃客与奴隶两者的地位趋于混同。在宋朝,佃客与奴隶的地位也趋接近,但那是由奴隶上升到佃客地位;元朝时二者的趋同相反,则是由佃客下降到奴隶的地位了。而且元朝"奴隶"的含义也与前后各朝代不同,按《历代名臣奏议》卷76记载,不论有没有资产家室,"北方以买来者即为驱口,南方以受役者即为奴婢";陶宗仪《辍耕录》卷7和卷17都记载,不少"奴隶"都有家室和财产,如"奴或臻富,主利其财,则俟少有过有犯,杖而锢之,席卷而去,名曰抄估。亦有自愿纳财以求脱免奴籍者",有个叫刘信甫的奴隶为营救其主人就曾破费私财至巨万计。这些"奴隶"实际是一般意义上的佃农乃至小自耕农,在元朝则被称之为奴隶了,蒙思明先生指出,"倘就实际之情形观之,元代奴隶、佃户有不能截然相分者存焉"①。元代的奴隶与佃客数量相近,两者占去了元代民户的绝大部分。

---

① 蒙思明:《元代社会阶级制度》,中华书局1980年版,第214页。

佃客与奴隶地位趋同的结果就使得元朝不再像宋朝那样划分三大社会等级，而是恢复到了与唐朝相似的两大等级的格局。贵族特权等级除了类似宋代士大夫的官僚外，加进了蒙古族贵族，这就使得特权等级复杂庞大起来，超脱于税役负担之外，也超脱于户等编制之外；并且由于种族贵族的特权较先前无限扩张，任意侵占民间田产并抑良为贱，冲乱了原来的中下层等级结构，压低了中下层民户的社会地位。佃农客户仍然存在，同时奴隶大量增多，使得佃农与奴隶的地位逐渐合一；本来佃农和奴隶阶层在宋代因无产无税而被摒弃于户等编制之外，在元朝这个阶层空前庞大，占据了人口的绝大多数，使得官府不肯放弃对这个阶层的盘剥；另外，落后的生产方式和习惯也使得元朝统治者将佃农和奴隶一并视为官府奴仆，不可能从税役上放免他们。这样，无资产无特权的佃农阶层（包括奴隶）就与有资产无特权的平民阶层连成了一体，共同构成了一个与特权等级相对的、没有特权的等级。尽管从民间来看，在这个庞杂的没有特权的等级之中仍有主户与客户之分，主户已不再泛指有田产纳税的民户，而是专指出租土地的地主了，前引《元典章》中记载的"佃客男女婚姻，主户常行拦挡"的"主户"即是此意。从国家财政户籍的角度看，已经不再有宋代那样的主客户界限。除了特权贵族，其他各民户都成了纳税服役的等级，都成了户等划分的对象，而不再是只在主客户基础上划分主户等级了，这样一来，户等制度的形式便也相应地由五等恢复为九等了。

## 二 划分九等户的制度规定

元朝户等划为三等九甲，《通制条格》卷17记载"将人户验事产多寡，以三等九甲为差，品答高下"。从具体执行情况看，各地常简捷地划为上中下三等，中央颁令涉及户等时也多以上户、中户和下户言之。同时也常有上上户、下中户之语，《永乐大典》卷2343《冯太守德政碑》记载说，梧州"将管民编排上中下三等九甲"，与《通制条格》的规定一致。但也有不同的划分法。《元史·兵志》宿卫条记载，元世祖至元四年规定京东路等"于所管户内以十等为率，于从上第三等户签选侍卫亲军"；明代《闽书》卷39《版籍志》追述说，"元定人户为十等，立科差法"。此十等划法，前者像是临时为之，后者似为边远地区的特别制度，都不是元代户等的常式。

户等的登记有时与户口合并，有时独立为册，《通制条格》卷17和《元典章·户部十一》都说编三等九甲时要"类攒鼠尾文簿"；《元典章》新集条例的《户部》称"编排鼠尾，从上至下照依资次，从公定差"；《新元史·食货志一》也记有"鼠尾文册"的内容。地方上，据危素《说学斋集》记载，元世祖至元二年余姚整顿赋役，"至于分其等第以备差科，则又有所谓鼠尾册者焉"，也是如此。另外，还有称"甲乙簿"的，虞集《道园学古录》卷9记载苏州整饬户等，曾编"郡县甲乙资算"；刘尚质《山右石刻丛编》卷38记载，山西绛州差派"推选上上户著甲乙簿，于是里正、社长一定而不移"。其由三等九甲演变而来，甲乙即等次的具体化。

至于划分户等的具体程序，《通制条格》卷17只记载"仰中书省将人户验事产多寡"，并记载说至元年间"御史台讲究得，各道随路州县，凡有差役，大役必合遍科，上役合一道办集者止责一道，合一路一县一乡科办者，止责一路一县一乡办集"，由于科差要以户等为工具，故户等的制订也当是由乡—县—州—路逐级编核，最后申报中央中书省。虞集《道园学古录》卷15记载，定户等时曾"令其民家以纸疏丁口、产业之实，揭门外，为之期，遣吏行取之，即日成书"，类似唐宋时期的手实法。《元典章·户部十一》记载元成宗元贞元年臣僚言，当时鼠尾簿年久不编，建议定科差时"询问各乡都职事耆老人等，推排各户即今见有田产"；《通制条格》卷17也记载，与户等文书相关的"科差簿仍须长官封收；长官差故，次官封收"。估计划分户等时的程序也与之相似。

整编户等的时间不见明确规定，据一些记载推测，似不像唐宋那样三年一整。《元典章·户部十一》记载，元成宗元贞元年臣僚说征派税役的鼠尾文册"盖为无籍文册，田亩丁数系是二十六年（按：指至元二十六年）抄数，到（今）已是六年，人户兴进消乏不等，若止照依原籍定差，实是不均"，可知已是六年不整审了。在此之前，在正史中只见中统五年、至元四年、十八年和十九年分别颁令整饬户等，间隔时间不一，未见统一规定。据胡祗遹《紫山先生大全集》卷22所记，科差文书"一籍之后，近则五七年，远则三四十年，略不再籍。孰富强，孰贫弱，孰丁中增多，孰丁口消亡，皆不能知"。估计户等也是如此，与金朝一样随所需临时颁令整顿。

关于划分户等的依据，正史典志的记载也很笼统。《元典章·户部》等称田粮丁产、田亩丁产、人户事业、人户气力、产业、丁产等等，总的看来含地亩、浮产和人丁诸项。按前此各朝的惯例来看，征税时如单独按田亩资产，则可以直接据田亩、钱数而定，不一定要划归类性质的户等，在另外两种情况下则要划分：第一，征派差役徭役时，役目不可能像钱粮那样精确计算，只能大致归类，相应也需按户等分别对应之；第二，核计资产时考虑人丁因素，田亩、钱数难以像单独计资那样精确，只能将二者综合计之，划分等级。元代的户等划分是具备这两个前提条件的，定户凭依含田产和人丁两大类，不唯令文如此，具体执行中也是这样。《元典章·户部十二》记载，元成宗大德七年令各州县把税粮文册"从实按照每乡都诸色户计内税高富实户若干，税高而有积蓄人户若干，并以一石之上为例，一例劳役"。这主要是就汉民户而言，在蒙人中则有所不同。游牧民族习惯以孳畜多少为贫富标志，孳畜犹如汉人的田地，故主要以牲畜头数划等，如前引胡祗遹《紫山先生大全集》所述，"产业孳畜增减消乏，社长随即报官，于各户下令掌吏人即便标注"。其中有"产业"的指汉族民户，有"孳畜"则指蒙古族游牧人户。

### 三 九等户制与诸色户计的关系

虽然在窝阔台时期已开始定赋役制，直到元世祖忽必烈中统五年才正式颁行户等制。《通制条格》卷17记载，其划分范围为"除军户、人匠另行攒造，其余站户、医卜、打捕鹰房、种田、金银、铁冶、乐人等一切诸色户计，与民户一体推定，鼠尾类攒"。当时蒙人统治区域主要在北方，灭南宋后，即在元世祖至元十八年和十九年将此制推行到南方各地。据姚燧《牧庵集》卷19记载，至元五年在云南"定金赋，以户高下为衰"看，户等制已推行到边远省份。《永乐大典》卷1595《成宪纲要》记载，昆山"以四时役民为坊正"，扰民过甚，故"厘为三等"，依次充任，据此来看，坊郭民户也划户等。又据《元典章·户部四》所记"婚礼财聘表"，其中财礼限额按九品官职、庶人上中下三等分别规定，可知品官与庶人不同，不划户等，与唐宋一样是独立于户等编制之外的特权阶层。

各级行政区划也按人户多少划分等级（行省除外），路分上下二级，州府县分上中下三级，乡不分等，都则分为上中下三等。军事封地万户、千户和百户也都各自分为上中下三级。土地仍划为上田、下田二等或上中下三等，均沿用中原王朝的习惯分法。

诸色户计亦称"色目"，即各色名目、各个种类的户，是元朝登记户籍所用的特殊的分类方式，其划分依据有著籍早晚、负担能力大小以及税役种类等，目的则全是征派税役。据《元史·食货志》的"科差"篇载，有元管户即最初著籍之户，交参户即新收附户，漏籍户即初曾隐逃而后被查出附籍者，协济户即丁产少而不能单独纳税服役之户；在各类户中又按不同的科差名目和数量，各分为若干户类，如储伊苏岱尔所管户、复业户、渐成丁户；同时还有以世袭性职业划分的军户、站户、医卜户、铁冶户、灶户、匠户、盐户、船户、儒户、乐户，以民族不同而分的蒙古人、色目人、汉人和南人……都属于"诸色户计"，是元朝的一个重要制度。

对于诸色户计与户等制度的关系，李剑农先生认为，"元之户籍无九等之目，大抵以括取著籍之先后分为四大类，又于各类中依其地位关系及纳税能力区为各等"[①]。说元代无户等不对，把诸色户计与户等等同也不够确切。陈高华先生指出，"户等制度的基本特点是按资产划分，元代诸色户计主要是按职业（也有民族成分及其他标准）划分的，各类户则是按户籍登记的不同情况划分的，因此不能把诸色户和各类户与户等制混淆起来"[②]。另外，诸色户计与户等制又有联系，二者是平行的，互相渗透的，户等划分涉及诸色户计，诸色户大都划分户等。前引元世祖中统五年八月首次所颁定户等令文，说划户等的范围是除军户、人匠之外的所有人户，诸色户计中的何种何类人户都有不同的科差负担，都要划分户等。至于各类户的户等如何划分则不见具体记载，大概是划分形式（三等九甲）相同，而划分依据有所差异，所谓丁产、事业、气力、孳畜等记载即反映出这种差异。

元朝有一些比较特殊的户类不划户等，中统五年忽必烈诏令中有"除军户、人匠之外"一语。《通制条格》卷17记载，元武宗至大四年下令和雇和买"除边远军人，并大都至上都自备首思站户外，其余各验

---

① 李剑农：《宋元明经济史稿》，生活·读书·新知三联书店1957年版，第269页。
② 陈高华：《元代户等制度简论》，《中国史研究》1979年第1期。

丁产，先尽富实，次及下户"；《元典章·户部十二》也记载，军户、站户外"其余不以是何户计，当官从公推排"差充里正主首。可见军户、站户及匠户比较特殊。细考之，也并非所有这三类人户都不划户等。《元典章》新集条例《兵部·军制》记载，"上都等处驻夏军人，除各该鞍马上中户另行置买外，下户相合置备"；《元史·兵志》站赤条记载，元世祖中统四年在"云州设站户，取迤南州城内站户籍内选堪上中户应当"。说明军户、站户也是要划等的，可能只是在比较特殊地区服役的这类人户才不划等。

**四　九等户制的作用范围**

元代户等制的作用重点是科差和派役，并且与前此各代一样，在有作用重点的同时还作用于整个税役制度及社会生活的一些方面。

**科差**　即征收包银、丝料和俸钞。前引中统五年定户等令文就是为科差而颁发，原文开头说："诸应当差发，多系贫民，其官豪富强，往往侥幸苟避。已前哈罕皇帝（按：指窝阔台）圣旨，诸差发验民户贫富科取"，故重申验贫富之办法，并开始编户等，"将来科差征发，据站户马钱抵应，打捕鹰坊合纳皮货鹰隼，金银铁冶各办本色；及诸色户计所纳物货，并验定到鼠尾合该钞数折算送纳"。除此三类户外，其他人户一律征收包银和丝料，《元史·食货志》科差篇记载有中央统一规定的诸色户计应交纳丝银的数量和方式（文长不录），最多者丝为四斤，银为四两。这是按诸色户计划分的。各类户还要划户等，再以此平均数为准，按户等高下"各验其户之上中下而科焉"。据《元典章·户部七》记载，开始江南包银过多，贫下户因此破产，故"有营运殷实户计，依腹里百姓在前科差包银例，每一户纳包银二两，折至元钞一十贯。本处官司验各家物力高下，品答均科"。显然，《元史·食货志》所说"验其户之上下"不是指诸色户计，而是指"物力高下"，即户等。魏初《青崖集》卷4所记忽必烈在安平税银，上户十两，下户二两八钱五，也证明了这一点。丝料的征收与包银相同。

后来出现的科差名目"俸钞"是征收宝钞。《新元史·食货志一》记载"其法亦以户之高下为等，全科户输一两，减半户输五钱"，与包银一样先按户类划平均数，再于各类户中划户等区别数量征收，如蒋易

《鹤田文集》卷下记载，元末福建建阳收俸钞"三等九甲月征有钞"即此意。

诸色户计中各类户的科差物品不同，都按户等高下而征。《元典章·户部九》记载淘金户纳金课，"验拨到人户品答高低，出给花名，由帖科配"；茶园户纳茶课，先定出全国须征总数，各地在不失原额的前提下，按"产茶地面有茶树之家验多寡，物力贫富均办"。前引《牧庵集》记载，云南曾"定金课，以户高下为衰"，也是按户等高下而征。

**职役** 乡都均设里正、主首一至四名，主一乡一都之事。轮派办法，据《元典章·户部十二》记载，为"每乡都诸色户若干，内税高富实户若干，税高而有积蓄户若干，并一石之上为则，一体当役。……上下轮充，周而复始"。这里所记载的虽然是直接按税粮数，但税粮依地亩而出，地亩又是划户等的凭依，表面上讲的是税粮，很可能是在讲划户等的标准。轮派按户等高下差充，即同卷所说的"从公推排，粮多极等上户殷富者充里正，次等户充主首，验力挨次，周而复始"。再如《山右石刻丛编》卷38记载，山西绛州"推选上上户著甲乙薄，于是里正、社长一定而不移"，也是按户等差充。而且，不只是乡村农户充里正主首，据《通制条格》卷17记载，"不以是何投下，及运粮水手、香莎糯米、财赋、医儒、也里可温、答失蛮、火佃、船商等，诸色影蔽有田纳税富豪户，即与其余富户一例轮当里正主首，催办钱粮"。当然，不可能让僧道充任里正主首，而是在划户等时与其他户一视同仁，轮差时或可以纳钱方式间接差充。城市坊郭户设坊正，也与乡村里正一样轮充，前引浙江昆山将坊郭户依贫富"厘为三等"，依次充任即是。

**差役** 据《通制条格》卷17记载，看守运送官物、应付官衙杂差的差役，也要按户等"自上而下置簿挨次，遇有差役，皆须正官当面点定该当人数，出给印押文引，验数勾差，无致公吏、里正人等放富差贫，挪移作弊"。差役的具体项目很杂，也很经常，在《元典章》的户部、吏部记载很多。如"各县每米五百石，差上户一名充押运头目"；在"有苗粮酌中户内帖差一名"守官库；"从各处官司于近上户计内选保有抵业人"充任盐局大使副使；站赤副使"于本处站户上户内选"；州县司吏"听本处耆老上户人等"推举；以及《新元史·马煦传》所说"择甲户主仓库,岁满往往偿累负至破产"的甲户也是上户。这些差役项目都是按户等高下差派的,并且多涉及中上户,因为押运主守、催征盐课等常需垫赔,这就不能用贫穷下户而必须选择"保有抵业"的中上户来充任了。

**杂役** 除与前代一样包括修河筑路、营造宫室外,在元朝还包括军役、弓手的差发,而这些都要按户等高下,如《通制条格》卷17所说,"先富强后贫弱,贫富等者,先多丁后少丁,开具花户姓名,自上而下置簿挨次"。差发最多的是夫役和兵役。夫役的差派与差役一样应该按户等高下轮充,但不少地方常略有变通,如苏天爵《滋溪文稿》卷7记载,有的"以粮为差等。……次应差役,下则供杂泛之劳"。杂役主要是差发中下户。《元典章·兵部三》载各水站赤"于相应苗米五石以下、四石之上签补舡工";《工部二》记每年江浙等地州县各征"梢手一百名,各于各管中下户内照依弓手例差充",沿长江押运财货。

**兵役** 兵役也多从中上户征发。王恽《秋涧文集》卷48、卷89和卷9均记载有这方面内容,如"军则中户充籍",在河北安平于元世祖至元九年签军七十七户,"俱系近上户计",三年后再签时"已是近下户计"了;该书卷35记载,至元年间以船户补蒲阴县弓兵,"将本处商坚等六户取充",并说"自攻襄阳以来,签取军役盖四举矣,将差中物力等户尽充军站,中间抛下上户,岂能有几?皆贫唯下户,而军兴百色所需,皆仰供办"。在《元史》中这类记载也很多,《兵志一》记载元世祖中统四年诏令"达鲁花赤之子及其余上户内亦令签军";至元三年规定"添内外巡军,外路每百户选中产者一人充之";四年诏令河南路"酌中户内丁多堪当人户签军四百二十名"。元人李好文《长安图志》卷下说,征发时以"一顷三十亩为限,取夫一名。以此计之,则上户之家不过三名,下户或三户或五户出夫一名",按地按粮实际也就是按户等。征军役时对民户、军户和工商户都依据户等,《历代名臣奏议》卷23记载,忽必烈时布衣赵天麟说军户负担过重,"凡定军之法,但升降军籍之家,不得已而采工匠之上户以充之",减轻一些负担。

非正规军的弓手也多征中户。《元典章·刑部十三》规定,巡防弓手"于本路不以是何投下当差户计,及军站人匠、打捕鹰房、斡脱、窑治诸色人等内,每一百户内取中户一名充役",并且规定"京州府县合用人数止用本处当包银、丝绵并正纳包银户,计每一百户选差中户一名应役";《续通考》卷16也说中统五年诏令弓手"于诸路诸色人等户内,每一百户取中户一名充役"。差派之所以以中户为主,兼及上户,不及下户,估计是考虑应役能力(如抽一丁后该户能否维持生活)和自置装备的能力,限于中户多而上户越来越少的现状,不得不差派有一定负担能力而数量又多的中户了。

科差和役类是元朝户等作用的两个主要方面。此外还有以下六种:

**和雇和买** 《通制条格》卷17记载,官府从民间和雇和买物品,需要"验丁产,先尽富实,次及下户"。《元典章·户部十二》记载,和买时"如本管府州司县别无屯塌可买,将物估体实直,于上中户计开张门面之家收买"。王恽《秋涧集》卷12记载,忽必烈时山东为修河和买石段,"上户十段,中户不下五七块";《元史·月鲁不花传》说元末浙江各地都"第户产之高下,以为和籴之众寡",这里所说的按户产即是按户等。

**赈济蠲免** 《元典章·户部三》载赈济贫民时地方官多作弊,故"令各户亲赴见住地面官司陈告",如果"将上中户计妄作贫穷缺食下户支请钱粮,冒除差税,定将当该官吏追赔断罪"。据《新元史·食货志十二》记载,元武宗至大二年山东济宁闹饥荒,"免其民差税之半,下户悉免之",其实是已经征发不动了。

**税粮运送** 元代税粮征收以田亩数量多少与等级高下为据,与户等没有直接关系。但是在时人朱世杰《算学启蒙》卷中有一道按户等纳税粮的算题:

> 今有某州所管九等税户,甲等三百六十四户,乙等三百九十六户,丙等四百三十二户,丁等五百七十户,戊等五百八十四户,已等六百七十六户,庚等八百五十户,辛等九百二十户,壬等一千六百八户。今科粮六万五千六百六十四硕,今作等数各差一硕六斗配之,向各户及逐等几何?

此题是作者虚拟,抑或元朝有的地方确曾按九等户高下征税粮,待考。可确信者,《元史·食货志》的"税粮"篇规定,税粮交纳时"富户输远仓，下户输近仓"；《元典章·户部十》记载，"若近下户计去仓地远，愿出脚钱，就令近民带纳者听"，实际令其交钱。

**杂税差派** 如食盐钱摊配，据魏初《青崖集》卷4说盐按户等高下"毫厘品答"，所以"近上户计每年不下桩配盐三百斤"。又由《元典章·户部九》记载的酒醋税"无地下户并行免除"来看，这也可能是按户等征收。放贷性质的斡脱钱也按户等高下贷放，《新元史·食货志六》记载至元二十九年元世祖诏令"穷民无力者本利免其追征，中户则征其本而免其利"，可能上户须本利俱征。蠲免依户等，大概放贷时也是如此。

**劝莳桑葚** 《元史·食货志》的"农桑"篇记载，元初因战乱，田园荒芜很多，元武宗至大二年淮西苗好谦献种植之法，"其说分农民为三等，上户地一十亩，中户五亩，下户三亩或一亩，皆筑垣墙围之，以时收采桑葚，依法种植"。元仁宗延祐三年"以好谦所至植桑皆有成效，于是风范诸道，命以为式"。虽说其分民户为三等，此时距元世祖中统五年初颁户等制已经三十五年，实际当是沿用了现成的三等九甲之制来具体规定各等户的种桑亩数。

**婚礼聘财** 与金朝一样，元代也规定了婚嫁礼财宴席的规格，品官按级别，庶人按户等高下。《元典章·户部四》有聘财宴席表和婚礼财聘宴席表，其限额为上户聘财百贯，宴席三味；中户五十贯，宴席三味；下户二十贯，宴席两味。并规定最末级的九品官聘财可为百二十贯，而庶民中最富者也不得超过品官之最低者。

元代户等制度的有关规定和作用范围的具体执行情况与此前各朝代一样，从颁行伊始便经常产生一些违制弊端。就制度本身而言，元代不像唐宋那样对户等定期整饬，甚至三四十年不重订，使鼠尾文册成了"无籍文册"，结果如《元史·杨湜传》所说，官府只能"以昔时之籍而定今赋役"。在具体执行中，上户往往隐匿财产，把差役负担转嫁于下户，或如虞集《道园学古录》卷15所说，田产跨县连邑的富豪，"析其户役为数十，其等最下，赋役常不及己，而中下户反代之供输"，结果形成了如王祎《王忠文公集》卷13所说的"民或无田而被役，而多田者其役额与下户同"的现象。地方官吏欺凌下户的情况更是常见，在元代戏曲中也有反映，《吕洞宾度铁拐李岳》中的衙门公吏人曾有段台词说："这老子是下户我添作中户，是中户我添作上户的差役",便反映了这种现象。尽管一些有识之士对整饬户籍户等非常重视,仍无法清除这些弊端。因此,有的地方官吏便将户等制度稍加改变以调整混乱的状况,如陆文圭《墙东类稿》卷 14 记载,江阴县为改变下户负担过重的问题,以义粟助役,"户分九等,各出助田若干,以身为率先后差次,每岁以两三户应允里正主首,即以义粟予之"。也有的地方干脆直接按地亩数派之。无论如何,执行过程中的混乱和弊端无法根除。

# 第五章 户等制度的持续和衰落

户等制度发展到明朝,一方面从辽金元时期的混乱状态中解脱出来,恢复承续了唐宋旧制;另一方面又继宋代高峰之后走向衰落。衰落的趋势自明初既已开始,到万历颁行一条鞭法后愈加明显。为此,这一章以一条鞭法的颁行为分界线,分两部分来叙述。由于明后期一条鞭法和清初的地丁合一是前后相继的发展过程,都直接关系到户等制度的存废,所以把清朝初年户等制度的余波与明朝后期之制合并叙述。

## 第一节 明朝前中期的九等户

据《明会典》卷19记载,明初洪武三年开始整饬户口,"户部籍天下户口,各书户之乡贯、丁口、名、岁,以字号编为勘合,用半印钤记。籍藏户部,帖给予民"。此处说的"帖",《续通考》和《明史》等记为"户帖",只记籍贯、丁口、年岁而不及资产。谈迁《枣林杂俎》记载此令说,户帖要记"男女、田宅、牲畜",已含资产在内。据洪武四年徽州府的一份户帖原件看[①],也是记丁产而不记户等,说明此时尚未编排户等。张萱《西园闻见录》卷33记载,这年方克勤为济南知府,"与民约定为简书,列其丁产为上中下三等,复析为三,每有征发恒视书则,吏不敢因缘为奸",则系地方官沿用前朝之制而自行为之,非奉旨行事。

洪武十四年始令全国编赋役黄册,在《明会典》和《明史》诸书的有关记载中不见户等之事,王圻《续文献通考》卷20《户口考》则记载说,十四年令为"天下府州县户口,随田土创编黄册,分割上中下

---

① 王毓铨:《明朝徭役编审与土地》,《历史研究》1988年第1期。

三等，立军民匠灶等籍"。王圻为明朝后期人，在中央和地方做官多年，对当朝制度应当熟悉，且此书较《明史》等成书早，据此可以知道，洪武十四年创编黄册时已经开始编审户等。《洪武实录》卷17记载，洪武十八年"命天下州县官，第民户上中下三等为赋役册，贮于厅事。凡遇徭役则发册验其轻重而役之"，《明会典》和《明史》记载此后凡造黄册都有了户等内容。实际上这只是对洪武十四年令的重申和完善。

**一 划分户等的制度规定**

明朝的户等最初只分上中下三等，后来析为九等，或称"三门九则"，三门即三等户。据日本学者岩见宏先生考证，正式令文初只称三等，九等之称始见于《明会典》卷2《赋役》记载，成化十五年规定"各处差徭，户分九等，门分三甲"，但他又指出，因前代存在九等之制，地方官在实行中可能早有九等之法。[①] 有的地方还要突破三等九则之限，编有等外户，嘉靖《海宁县志》卷2记载，该地区九等之外"又有一等下户，编作管带；又下为畸零，分派于十里长下排定"。总的说是三等九则为定式，将特权阶层之外的全体民户一体编排。

户等与黄册编审里甲役的年限相同，每十年整编一次。《明会典》卷20记载洪武二十六年诏令，"凡各处有司十年一造黄册，分豁上中下三等人户"，较以前历代三年一定户等的传统方法有了较大的改变。当然，如嘉靖《莱芜县志》卷2、《武定州志》卷7和《淄川志》卷7记载，由于传统方法的影响和实际需要，地方上在具体执行中仍有两三年一定的。只要不超过十年之限，中央是不干涉提前编审的。

关于制定户等程序，据《洪武实录》卷23记载，洪武二十三年规定，先由中央户部制定统一"册式"，由地方官发给各民户，各户将丁产详情依式填定，送甲首订成一册，并将全县通计总数与上次编审的数目相比较，使丁口、地亩"务在不亏原额。……其上中下三等人户亦依原定编额，不许更改"，县、州、布政司依次汇总，最后呈京师户部。张萱《西园闻见录》卷32记载，具体规定是每逢定户之年"秋收即毕即当审编，编定文册，该于十二月前送府"。乡县须在年底前完成。时

---

① ［日］岩见宏：《均徭法、九等法与徭役事例》，《明清史国际学术讨论会论文集》，天津人民出版社1982年版。

人邱浚《大学衍义补》卷 31 在申诉定户之弊后提出一套编审办法：

> 今宜每年九月人民收获之后，里甲入役之先，布政司委官一员督府州县造明年应当赋役之册。先期行县，俾令各里开具本县人民军民匠灶其籍若干，仕官役占其户各若干，其余民户当应役者总有若干。量其人丁事产分为九等，一以黄册为主册，申原报人丁有逃亡事故，田地有沉斥买卖，审实造册。州县上之府，府上之司，委官亲临其地，据其见在实有，以田丁相配，参错酌定为九等则例。……（编配徭役后）造成三册，一留司，二发府州县。

这虽然是变通之制，也应该是以明朝旧制为基础的，除每年一定户等不曾实际执行外，其余办法当与原制没有多大区别。可以看出，编审户等的关键一环是县，其先里甲（乡）只提供各户的丁产项目，供县司统一编户等。县衙作为古代正式官衙的最末一级，必须仔细审查丁口、地产与各等民户的数目。而且较前只能增加，不能减少，如若某等减少，就必须提下等递补。这种强行保持的各等户比数又由县司具体落实到各乡，何孟春《余冬序录》卷 56 说，这种做法常使"乡乡不能无上中下户，虽上上户，不能无中下门。所谓富豪，有在此乡称上上户，而不曾比彼中上者；有在彼下下户，而可当此上中户者"，难以均平。也有的地方实在评不出上上户时仍要提上中户充代，如嘉靖《武城县志》卷 3 所说，该县有的乡村"原无上上户，至（嘉靖）二十六年审役，乃提上中户四户"，应付上上户的差派。

划分户等的凭依，《明会典》卷 20 记载为"丁粮多寡，产业厚薄"，仍为丁产二项，其中主要是田产。粮即间接指田亩，因为统计田亩时不仅要核实数量，还要辨别肥瘠，所以又把田亩区分为原坂、坟衍、活隰、沙卤等级别。由于黄册登记田亩主要是为了划户等而不是按亩收税粮，故常将不同质地和数量的田地折为产量（或纳税粮额）粗略记之，但有与黄册并行的鱼鳞图册专记田亩详状，不会发生疏漏。由《明史·食货志一》所说"鱼鳞册为经，土地之讼质焉；黄册为纬，赋役之法定焉"来看，黄册中定户所凭依的田亩数量质量均由鱼鳞册而来。从《明会典》卷 20 规定"凡册式内定到田地、山塘、房屋、车船各项数目，所在有司者依式开写"，顾炎武《天下郡国利病书》原十三册所引证说的"凡田土、资本、市宅、牲畜多者俱定为上等"可知，各地生产条件不同，资产的含义也因之有所不同，主体都是田亩，兼及其他生产生活资料。从一些令文和推行情况的记载来看，中央只在原则上规定定户等以丁产为据，至于各等民户资产人丁的具体数额则无统一标准，由各县按当地情况酌情而定，必须使上中下各等民户比例适当，能够应付各种徭役为前提。

户等的划分范围还包括农户之外的各种户类。明初编黄册即如此，前引令文说"分豁上中下三等，仍开军民灶匠等籍"，即说明军户、灶户（盐户）、匠户与民户是一同划户等的。在《明会典》卷32至卷34的《盐法》部分记载了军户、盐户分三等纳课的具体规定；《天下郡国利病书》原十二册引《扬州府志》记载说，从正德七年开始，规定盐户每五年编审一次户等。除此四种人户外，坊郭户也划户等。《明会典》卷21记载，嘉靖二十七年议准各仓场盐局商人"照清理铺行事例……从公审查，分为上中下三等，造册二本"，指初来商人划户等时依照原"铺行事例"，知坊郭铺行早已划上中下三等；卷42记载，万历三年诏令应天府各州县"将在册各色铺行，不分军民之家，从公清审，分别等第，造册奏缴"赋税。《天下郡国利病书》原十三册也说，当时"户有上中下三等，盖通较其田宅、资富而定之，非专指田土也。若专指田土则施于农民可矣，工商之家及放贷居积者皆不及"，应该在"审定三等户则之时不论士农工商，凡田土、资本、市宅、牲畜多者，俱定为上等"。可知明代户等划分的范围与前代一样仍然比较广泛。

按职业划分的军民匠灶之类，虽然有时也称户等，实际上与户等制不是一个范畴，其道理与元代相同。但由此也孕育出了职业户类取代传统户等划分的因素，对此将在本章的最后谈及，这里且不多说。

超脱于户等编制之外的是具有免役特权的权贵阶层。除皇亲勋臣外，现任官员也按品级高下优免不同数量的丁田，《明会典》卷20记载嘉靖二十四年《优免条例》规定，京官一品免粮三十石，人丁三十丁，依次降至第九品免粮六石，人丁六丁。免粮额到万历时改为"优田额"，一品至九品优免一千亩至二百亩不等。这是就京官而言，外官减半，致仕者免十分之七，超出此限的丁粮照依民间通例编等负担税役。乡职小吏虽不入正式官品之流，也享受优免，范濂《云间据目抄》卷4记载，松江一带"乡宦年久官尊，则三族之田，悉入书册"，即所谓

"官甲书册"，凡有重役历来只编民户，不及"官甲"。同时还有特殊的优免规定，《明会典》卷 20 记载，"令先圣子孙流寓他处，及先贤周敦颐、程颢、程颐、司马光、朱熹之嫡派子孙，所在有司，俱免差役"。这些优免规定虽然只讲丁粮、田亩和差役而没提户等，这也正是划分户等的依据和目的——使这些人成为超居于户等编制之上的特权阶层。

在编排户等的具体执行中自然有很多违制现象。万历《常州府志》卷 6 记载，"上户诡为中户，中户诡为下户，甚至上户竟等下户"也非个别现象。乾隆《同州府志》卷 16 记载，明代当地"三等九则操纵于长吏笔端之上下"；光绪《曹州县志》卷 3 也记载明代山东曹县"豪强尽行花诡，得逃上则；下户穷民置数十亩之地，从实开报，反蒙升户"。《天下郡国利病书》原十九册记载，山东有的地方"止报上（下？）六则而无上三则，或（上）三则聊具数户，却无多丁者，甚至上上等县亦无上上则门者。自谓以一县之民承一县之差，不必苛求上则，不知上擦为中，是上户与中户同力矣；中擦为下，是中户与下户同力矣"，结果是贫民吃亏，形成了赤贫其实而大户其名的现象。在明朝，户等划分中的恃强凌弱已成为普遍的社会问题，平民百姓只有幻想能有神灵以治之。张萱《西园闻见录》卷 23 记载，潾县"徭最难均，公（按：嘉靖时的县令蒋宗鲁）乃夙戒白城隍神曰：审编民命攸系，鲁若私，神勿俾保有妻子，遂约地定则，盈缩高下，一准于事产。有里长赵某者，户本上上诡为上中。越数日，其妻抱二婴踵门泣曰：妾夫欺公，神暴亡之矣，夜闻铁索声，请乞如旧（即恢复上上户），保二孩及遗产"。由于违制，不少地方的户等很快失去了实际作用，以致地方官上任伊始，作为理民之要首先就得整饬户等。如《明史》列传所记，景泰时孔镛"知都昌县，分户九等以定役"；成化时何乔新任湖广右布政使，见"荆州民苦徭役，验丁口贫为九等，民便之"……显然，这些地方原先都没有按规定整编户等。

## 二 户等的作用范围和方式

明朝划分户等的目的主要是征派徭役。虽然不分主客，一本编审，但徭役划为三大类，分别按户等高下支应，这显系继承宋制而来。

明代徭役分为里甲役、均徭和杂泛三类，据《明史·食货志二》记载，"以户计曰里甲，以丁计曰均徭，上命非时曰杂泛。皆有力役，有雇役。府州县验册丁口多寡，事产厚薄，以均适其力"。三类徭役的具体内容，据《天下郡国利病书》原六册记载，里甲役则"朝令燕享，养贤育孤，诸典礼之费出焉"，均徭则"自辇毂下以至郡县有司百执事之费出焉"，杂泛则"其事情重、繁简、远近，不啻十百，役无常岁，县自为差次焉"。其中里甲役直接按丁粮多寡轮差，与户等的关系不大，均徭和杂泛则与户等制度关系密切。

**里甲役** 据《明史·食货志一》记载，洪武十四年编赋役黄册，"以一百十户为一里，推丁粮多者十户为长；余百户为十甲，甲凡十人。岁役里长一人，甲首一人，董一里一甲之事。先后以丁粮多寡为序，凡十年一周，日排年。……每十年有司更定其册，以丁粮增减而升降之"，可见是直接依据丁粮数目排列，在一乡中按户数多少划里甲，全体民户包括鳏寡孤独不任役者都要排列。《明会典》卷20记载，洪武二十六诏令规定"十年一造黄册，分豁上中下三等人户，仍开军民灶匠等籍，除排年里甲依次充当外，其大小杂泛差役，各照所分上中下三等人户点差"，明确规定排年里甲直接据丁粮多少排年，不按户等。由于每年由里长一人、甲首十人支应里甲之费用，"分投供给米面、柴薪、油、灶、菜蔬等项。……陈设酒席，馈赠土宜"，已是很大的负担，故值年时（现年里甲）就不再有其他徭役了。里甲役一般不与户等发生关系，但不是绝对的，因为里甲役按丁粮多寡编排，而丁粮多寡正是划分户等的凭依，二者有着天然的联系。不仅二者同录于黄册之中，地方官也常有把里甲役按户等征派的时候，《天下郡国利病书》原四册记载，苏州挖河时令乡间里甲役"每年排一甲，朋出人夫一名，其余九户岁出户帖钱三百六十文，自上上以至下下分为九等，自二月以至十月亦有九月，逐月对户，以票支领"供役。总的来看，里甲役与户等制的关系不直接。

**均徭和杂泛** 均徭比较固定，类似宋代的职役差役；杂泛不定时，类似宋代的夫役。在实际征派中，除较固定的职役差役外，很难分清哪些是均徭，哪些是杂泛，故史书常笼统地称之为徭役、差役、差徭杂派等。加之邱浚《大学衍义补》卷31所说，在具体征派中只是"各照所分之等，不拘一定之制，遇事而用，事已而休"，所以常把均徭与杂泛合并在一起按户等高下征派。

均徭杂泛一般以州县为编役单位，将一州一县的各种役目数量统筹编排，大致估计，然后在具体征派中再按户等高下差遣。差遣的原则是上户应守运官物之类，中下户应力役夫役，基本上与宋制相似（只是类似宋代职役的里甲役、粮长制与户等关系不大）。据《天下郡国利病书》原七册记载，"某项徭役重大，合派上三则人户；某项徭役轻省，合派中下人户。一户或编一差或数差，或数户朋一差，各期酌量贫富"，力求均平。但役目多时，如陆世仪《复社纪略》卷3载"上户不足点及中户；中户不足，点及朋户"。朋即共同，指数户下户共同应付一项差派。《海瑞集》上编《兴革条例》说，在纳银代役和亲身应役并重时，便令"富者宜当重差，当银差；贫者宜当轻差，当力差"。实际上地方官编排役目时往往尽编中下户应之，而留出上户，其目的如《大学衍义补》卷31所说，是为了"俾出钱以为公用"。这些都是地方官吏自己制定的细则。《明会典》卷20记载，正统五年诏令规定，各州县"每岁查见在人户，凡有粮而产去及有丁而家贫者为贫难户，止听轻役"，以使各地在具体执行中维护和坚持前述方法和原则。据明代地方志记载，均徭杂泛的征派方法大致有两种。第一种方式，是不分差役种类，只具体规定哪些役目由哪几等民户承担。比较典型的是万历《慈利县志》卷9记载，该县"徭役分三等九则。……以丁粮之多寡而为役之轻重"，并细分差役项目为：

　　襄府柴薪、枣阳王教授柴薪、荣府柴薪、辽府益阳王民校、泛陵王、华阳王老二府民校、各郡王厨役、布政司油烛银、京解银、造册书手、大兴县富户、按察司表夫、皂隶、布按分司府馆门子、都司都事柴薪、麻寮千户所吏目柴薪、永州宣慰司上溪等州吏目三员柴薪、容美宣慰司知事柴薪、添平千户所吏目柴薪（以上俱于中下则人户编征）；永储府库子、禁子（以上俱于上则人户编征）；本府儒学斋夫、膳夫、安乡县学斋夫、本县柴薪马夫（以上俱于中下则人户编征）。

第二种方式，是将均徭杂泛役目归结为上中下三类，以上中下三等人户分别对应，如万历《江阴县志》卷5所说，"丁田多者为上户，编重差；次者为中户，编中差；少者为下户，编下差"。上中下三类差役项目，嘉靖《高淳县志》卷1所记较详：

上差（共十四种）：长安门仓脚、南京光禄寺养羊户、南京兵部额设皂隶、南京户部盐仓秤库、南京光禄寺库子、江东驿馆夫、龙江水马驿馆夫、江宁驿馆夫、大胜驿馆夫、宣课司巡栏、都税司巡栏、县学斋夫、膳夫、本县额设皂隶。

中差（共二十种，原载缺二种）：南京鲥鱼厂门子，本府直堂弓兵、本府挑册夫、本府门子、本府儒学门子、神乐观膳夫、南京通政司铺兵、本府司狱司禁子、清军衙门皂隶、本县预备仓斗级、本县永丰仓斗级、广通镇巡栏、龙江关库秤、本县直堂皂隶、本县急递铺十处共司兵、本县直堂弓兵、后湖守册夫、本府府前铺兵。

下差（共十六种）：本县门子、本县看监禁子、库子、本县俸给仓斗级、本县接递船夫、本县各官马夫、本县儒学库子、斗级、门子、府馆门子、察院门子、税课局巡栏、高淳渡夫、广通镇坝夫、广通镇公馆门子、山川社稷坛夫。

这是两种主要方法。此外还有一种按户等征派夫役的办法，如《西园闻见录》卷32记载于慎行说："旧时差役之法，如夫役一名该银若干，各签上八则人一户谓之头役，而以九则花户贴之，别有闲名代当，给领由帖，自向头役打讨，如数受成，使取偿于帖户"，但此法不多见。上述两种主要征派方式，都是把需要有垫赔能力的或出银多的（明代多数役目都常纳银并有数额规定）均派与上中人户，带有力役性质的役目主要差派下等人户。

均徭杂泛按户等高下分别征派，从制度本身而言，对负担者，特别是下户贫民有利。邱浚《大学衍义补》卷31分析说，"窃尝以九等之法与均徭之法计之，譬如官有粟十石焉，官使民日负担一石，十日而尽其十石也；均徭之法，官使民一日而负十石之粟。日负一石，虽有往返之劳，然轻而易举也；一日而负十石，往返虽不烦，然以一人一日而为十人十日之事，虽强有力者，固有所不堪矣，况单弱者哉！"在具体执行中，应由上户承担的役目常常被推给中下户，原因是富豪与乡间小吏上下其手，如刘尧诲《虚籁集》卷2所说，"上户租石倍于下户者，析其户为二，余则再析之"，徭役越来越少。《武宗实录》卷19记载，正德元年诏令说，审编户等"虽有三等九则之名，而上则常巧于规免；论差品虽有出银出力之异，而下户不免于银差"。致使如嘉靖《广东通志初稿》卷25所说,"往往将殷实上户编作轻差,贫难中下之家反当重役",甚至形成了《天下郡国利病书》原十五册引《东阿县志》所载的"豪民巨室终身不劳,下户单丁三年而两役"的奇怪现象。还有的是因为上户破产的多了,官府便把上户的役目摊到下户头上,前引《江阴县志》卷5记载,正德以来该县"最上大户轮役既频,加以他故,其家鲜有不亡,不得已而取诸中户;其亡较易矣,又不得已而取诸下户,四五人串名朋当,财单力薄,每患不足,他日无家可亡,隐然之忧其可言乎?"还有,《天下郡国利病书》原七册引唐鹤征说,"上户素习于运,犹易集事;中户乍任其役,则路途之风波,歇家之播弄,内监之月胁诈,呼天无地,欲不破家不可得也"。庞尚鹏《百可亭稿摘》卷1说的"中户下户,里正方毕复充粮长,连年坐困,其何以堪命",也反映了这种情况。还有把下户役目推派到上户身上的,如《续通考》卷16记载,嘉靖元年御史谭鲁说:"河南、山东修河人夫,每岁以数万计,皆近河贫民,奔走穷年,不得休息。请令管河官通行合属均派上中二则人户,征银雇役。"沿长江押运财货,这种情况并不多见,通常是由上向下转嫁。

　　自明初开始,均徭杂泛的征派中亲身应役者减少,更多的是纳银代役,征役征银的多少也按户等高下而定。《天下郡国利病书》原二八册记载,正德四年广东雷阳知府王秉良之法为"上四则银差多,力差少;中一则银差少,力差多;下则俱力差。其法颇详,民甚便之"。各地的实行也基本如此。越到后来纳银的部分越多,亲身应役的项目越少,但直到全部改为纳银代役时,仍按户等高下折银缴纳。这时,已不再计较哪些役目是上户的,哪些是下户的,而是通计一县每年共出役银之总数,再按本县民户总数和各等民户的比数具体摊派。嘉靖《彰德县志》卷4记载,该县银赋"上户十二两,递减至下中户四钱而止"。正德《朝邑县志》卷1记载,弘治以降该县"所差者,官尽收银而贮之库。上户丁九钱至七钱,中户丁六钱至四钱,下户丁三钱至一钱,畸零者丁一钱"。隆庆《仪真县志》卷6记载,该县"凡户上上,每丁银二两,上中银一两五钱,上下银一两;中上每丁银六钱,中中银四钱,中下银三钱;下上每丁银二钱五分,下中银一钱五分,下下银一钱。通计三等人户,每年出办银共一千一百六十四两八钱"。沈榜《宛署杂记》卷6记载,万历十四年宛平县上上则每丁编银一两六钱四分,至下下则每丁编银三钱一分六厘，全县其编差一万三千四百二十八丁，共编银五千三百二十九两四钱。也有的是按照各等民户的税粮数分等摊派役银，嘉靖《武城县志》卷2记载，该县差银"以九则分派，则上户粮一石至纳银一两，下户（粮一石）只纳银三钱"。再据万历《郴州志》卷11记载，该州及所属各县的银差，则是先按户等编定各等户的差役项目，再标明各种役目的折银数额，由应轮当此役的民户按规定数额纳银，上户负担的州银差"布政司听拨柴薪一名"，下注"银差一十二两，遇闰加一两"；州力差"预备仓斗级三名"，下注"每名银十两"；各县差役如永兴县"布政司造册书手半名"，下注"银四两五钱，遇闰加银三钱七分五厘"……可以看出，该州所属各县的银差全部于上中人户编征，不及下户，可能是上中户以纳银差为主，下户仍以亲身应役为主的缘故，不可能是放免下户。

　　差徭项目按户等纳银，原先只是地方官衙役使的随从如皂隶之类。这类差役率先由亲身应役改为纳银代役，除了商品经济发展的促使外，还有一个具体原因，即前引岩见宏文所指出的，是因为迁都北京以后官吏的俸禄减少了，为添补生计之不足，这些官吏们便"个人性地免除皂隶之役使之归农，作为其代价的是令其缴纳柴薪银"。这种方法到宣德四年后被制度化，连马夫、斋夫、膳夫等役目全都如此了。按户等高下缴纳的代役银的大部分实际成了官吏俸禄和官衙费用的补充。

　　徭役由亲身应役到纳银代役的变化还导致了户等制度形式的一些变化，即由民户的九等划分衍化为同一户中分为门（户）、丁两项，并且门、丁两项皆以九等编制纳银。《天下郡国利病书》原十六册载山东益都县征银时规银，户分九则，除最末两则下中、下下户只按丁派银外，其余七等户全按门银丁银两项开列计征。如上上户派门银九两，每丁派银一两七钱一分；至下上户派门银一两六钱七分，每丁派银七钱六分。同书原十五册引于慎行《赋役论》说，也有的地方一至八则人户征门银丁银二目，只下下户征丁银不征门银；还有的地方门分三等，丁分九则。原来在按九等征均徭诸役时，因以丁计征，所以按户等纳银时亦常以丁称，如前引《仪真县志》所说"凡户上上，每丁银二两"，这时的户等实际上等于"丁等"了，但没有门银与之并行。门银丁银并征之法产生并主要实行于华北地区，开始时间大约在嘉靖二十年。门银丁银分殊的具体原因，据《神宗实录》卷141记载，万历十一年顺天府尹臧惟一说"富者援例丁得优免,故富者照门审差";同书卷18记载,万历十四年顺天府条陈说"三等九则之法外又有门银,原以富家援例得以优免者而设"。所谓援例,即按品官优免丁田条例;所谓富者,实指有官爵的权贵之家,非一般富民。起初门银之制只是为了那些免除丁田之税的品官之家而设,因其丁田可优免,故只按门银征派;在后来实际执行中已不限于品官之家,而是普遍推行于北方地区(主要在河北、山东)的全体居民之中,丁银门银也都按九等分别缴纳了。

粮长似也应归入徭役的范畴。粮长制系明初创立,《洪武实录》卷68记载,洪武四年"上以郡县吏每遇征收赋税,辄侵渔于民,乃命户部令有司科(按:当作料)民土田,以万石为率,其中田土多者为粮长,督其乡之赋税"。可见粮长是与里长分殊的专管催征赋税的非正式乡官。虽然规定以田土多者为之,在各地的具体执行中却常按户等高下差充,《天下郡国利病书》原六册记载,嘉靖年间苏松地区规定"粮长不独任大家,以中户轮充";庞尚鹏《百可亭稿摘》卷1也说"中户下户,里正方毕复充粮长,连年坐困"。这是因为,里甲役、均徭杂泛与粮长的征派方式尽管有异,负担者都是户等编制下的民户,粮长征派时何不径用户等呢?还有,粮长虽然有可能因催送税粮有功而擢升,更多的是由于催收不齐、运送丢失而垫赔,导致倾家荡产,所以粮长之役实际是一个沉重负担。全让富豪为之,轮充者不乐,必然受其他徭役征派方法的影响,也以丁产多寡为次,从而就与户等制发生关系了。总的看来,与里甲役一样,粮长主要由粮多者充任,不如均徭杂泛与户等制的关系密切。

再看税役的其他方面。

明朝户等制度的作用主要体现在均徭杂泛的征派方面,同时也程度不同地涉及税役征派的其他方面,有的是中央的统一定制;有的则是地方官吏自行为之;有的是固定之制;有的则是权宜之计。虽然与户等制的关系不及均徭密切、直接,也有必要简单叙述一下。

**马政** 明朝与前代一样,按户等高下征钱于官,买马饲养。《明会典》卷20记载,弘治七年"令布按二司及各府官马夫,于所属州县签中等三丁人户,十户共银四十两,解送掌印官处,分给各官,自行买马喂养。其州县……亦征银解送各掌印官,分给买马喂养",是通行之制。也有的时候指派民户自行买马喂养,养成交官以替代其税役,嘉靖《寿州志》卷4记载，该州"通丁粮编户为三等，上等尽次及中等"。户等不同，养马的数量和级别（马亦分上中下三等）亦有不同，一般养马只差及上中户，张萱《西园闻见录》卷11引谢汝仪说养马时"上牧牝，中牧驹，下户悉蠲之"。但是"马既多，寄养之人户数少，未免差及下户之人"，并不能按规定蠲免下户的负担。

**赈贷** 明朝防灾备荒的义仓收粟放贷，也都按户等高下。《明会典》卷22记载嘉靖八年规定各处设义仓时"分别等第，上等之家出米四斗，中等二斗，下户一斗。每斗加耗五合入仓，上等之家主之。但遇荒年，上户不足者量贷，丰年照数还仓；中下户酌量赈给，不复还仓"。据《皇明诏令》卷16记载，成化七年令诸仓"或于各里上中户税粮内，米正粮一硕，另劝米麦共五升"；张萱《西园闻见录》卷40记载，预备仓的具体办法是"如县一十里则积一万石，二十里则二万石本，精选该县行检富户，量力领买，上上六百石，次为四百石，次三百石，又次二百石"。除义仓外，灾荒年赈济饥民也按户等高下。《明文海》卷541记载，靳学颜奏称赈济的原则是"中欠赈极贫，次欠及中户，又大亏欠，乃沾及富室"；或如王守仁《王文成公全书》卷16所记，规定"中户买，下户给散"；同书卷17载，在遭水灾时曾令"被水各县掌印等官，用船装载米谷分投，亲至被水乡村，验果贫难下户，就便量行赈济"。据《明史·于廉传》记载正统六年传主上疏说，"今河南、山西积谷数百万，请以每岁调令州府县报缺食下户，随乡支给"；张萱《西园闻见录》卷33记载，周忱巡抚南直隶，"每至插莳之时，其中下二等户内验其种田多寡，每家给与二石或三石，一济给之，秋成随粮还官"，是只借贷中下民户。《海瑞集》上编《兴革条例》主张，救荒时"本里里长及上中人户量为资给"贫下民户，是讲私人赈贷之法。《皇明诏令》卷2记载洪武五年颁布的《劝兴礼俗诏》规定，"城市乡村若有家贫、残疾及老幼，少壮男子、妇女一时不得已而乞觅者，本里里长及同里上中人户助以资给。……敢有见乞觅之人不行资给，同里上中人户验其家所有粮食，存留足用外，余没入官，以济贫乏"。强行规定上中户赈济贫下户。

户等其他方面的作用还很多，如租米运送，《明史·虞廉传》记载永乐年间"苏松诸府粮输南北京及徐州、淮安，富民赂有司率得近地，而贫民多远送。廉建议分四等，丁多粮最少者运北京，次少者运徐州，丁粮等者运南京、淮安，丁少粮多者存留本土"。虽是临时分等，依据丁产，实际是对原户等的变通。再如税粮折变，常令民户将税粮折纳为金花银，《明史·周忱传》记载，传主请"检重额官田，极贫下户两税准折纳金花银，每两当米四石"，当时市面上米贱，七八石仅易银一两，周忱是以此优恤贫下户。《天下郡国利病书》原六册记载正德六年苏州巡抚将税粮折银折布时，"先尽下户及赔贩之粮，有余并将白银以次分与中户，及次及于上户，务使贫富适均。……其上中高户，俱派以本色秔糯等米"，都是折变时先及中下户。如杂派采办，《明会典》卷20记载，成化时令各处按三等或九等户有差别地摊派，"凡遇上司坐派、买办、采办，务因所派多少，定民输纳，不许隔年通征"，借机加额；《海瑞集》上编《签大户文》说严州淳安县急办鹰平杉木，海瑞令县官查清黄册"丁田最多殷实上户，从公签定，原批大户四名，开具都图年貌，密封送府揭查取解"，防止放富差贫。另外，打官司也要量力出粟以为诉讼之费，邱浚《大学衍义补》卷16记载，"争婚者上户三十石，中户二十石，下户十石或四五石"。兵役征派也曾涉及户等，《明会典》卷20记载，正统时江西右参政朱得奏"时多以上等粮户隶兵"，请改变以保证税粮征收，等等。

明代与前代一样也按税粮多少划州县等级，方法依旧，此不赘述。值得一提的是明代乡村也划为三等，徐阶《世纪常集》卷22记载，苏松一带"今之均粮也，上乡亩四斗六升，中乡亩三斗二升，下乡亩一斗八升。……夫所谓上中下三乡者，其以田之肥瘠、租之多寡为等"，较前代只划州县等级时的范围更普及了。

以上所说的户等制度的作用主要是就一般乡村民户而言，据前引洪武编赋役黄册的令文看，军户、匠户、灶户也要与民户一同按户等高下征派税役。

军户主要负担军役，供应军资，其他负担较少。张萱《西园闻见录》卷70记载，"将所辖官军从一询检家产财业，分为三等，上等悉令养马，不足以中户补之"，也属军赋的范畴。《天下郡国利病书》原二六册记载，明代福建诸类户中"户役最重者莫如盐户，盖军户则十年取贴军装，匠户则四年轮当一班，盐户既与军民诸户轮当本县之里长，又轮当盐场之总催、团首、称子、埕长"，并设有盐（灶）户的专门册籍"盐册"。据《明会典》卷32—34《盐法》记载，正德年间"长芦运司盐户，照依有司上中下户则例编审造册，除上中户丁多力壮者，量将二三丁帮帖办盐，此外多余人力照旧编当别项差役。下户者止令营办盐课，一切夫役、民快边饷、马价军器等杂差，俱与优免。……（每五年编一次户等）丁力相应者为上户，独当总催一名，次者两户朋当一名"；嘉靖时又令"将各场灶户分为上中下三则，收买余盐三十五万引"；隆庆二年题准"详查灶户贫富，分别上中下三等，除额办正课外，每年上丁纳票银二钱，中丁一钱，下丁五分"。因盐场有大富豪所开办者，规模很大，不宜视为"户"，故依照户等原则直接将盐场划等，如正德元年诏令四川一些大盐场"定立上中下三等，年分远近，亦作二等：弘治十五年至十八年未开中者，每引上场征银一两五钱，中场一两二钱，下场九钱。弘治四年以前未开中者，上场征银一两二钱，中场一两，下场六钱"。考虑到灶户、大盐场主较农业民户资产雄厚，他们的负担并不一定比农户更重。

手工匠户与城镇商户合称工商"铺户"，也与其他户类一样划分户等，负担税役。据《明史·食货志二》记载，洪武初年即规定"凡祗应、禁子、弓兵，悉签市民，毋役粮户。……市民商贾殷足而无田产者自占，以佐粮差"。据《明会典》卷21记载，嘉靖二十七年议准"各仓场监局，商人照清理铺行事例。……从公查审，分为上中下三等，造册二本"，以备按户等高下派税役。沈榜《宛署杂记》卷13《铺行》所记京郊宛平、大兴两县的征派方法最为详细具体，永乐年间规定铺行与乡村民户一样十年清审一次，"每十年本府题请差科道二员，开局特审，行委两县佐领，坐定坊所，会同该兵马司正副兵马，亲历各铺，验其生理，公定等例"，目的是征科银两。开始只是"因其里巷多少，编为排甲，而以其所业所贷注之籍。遇各衙门有大典礼，则按籍给值役使"，排甲卖物，当行而已，没有征银之制。后来"因行户赔贩不赀，若不堪命，乃议九则征银之法"，征银之后户等才重要起来，户等的编审期限也由十年改为五年了。

这个变化发生在嘉靖至万历年间，《世宗实录》卷556记载，嘉靖四十五年采用给事中赵裕建议，"将在京宛、大二县铺商分为三等九则，上上、上中二则免其征银，听有司轮次签差，领价供办。其余七则，令其照户出银，上下户七钱，以下每则各递减一钱，以代力差"，即指此法。按沈榜《宛署杂记》卷13所说来看，实际执行时是全部征银，

"上上则征银九钱,上中则征银八钱,上下则征银七钱,中上则征银六钱,中中则征银五钱,中下则征银四钱,下上则征银三钱,下中则征银二钱,下下则征银一钱"。这个征银的比数实际上与各等铺的贫富差别远不适应,"上三则人户多系富商,资本数千;中三则亦不下三五百金;独下三则委系资本不一",所以,万历十年十月以后因下户负累过重,规定"铺行下三则免征",税银只让上六则缴纳,成为定例。沈榜对宛平十五坊、大兴二十五坊各等民户数和纳银数有详细记载,都是只征上六则,不及下三则。而且,由所记这两县铺户纳银统计可以看出三个问题:其一,与历代城乡户等划分中的情况一样,各坊都是上户少而中户多,估计下户更多;其二,以各坊为单位所定的征银总额,基本上是按上上户九钱,逐级减一钱的标准征收(有几个坊总额稍低于此);其三,自万历十年以后免去下三则铺户的税银,并非因为他们级别低,缴银少。下三则民户缴银额虽小,但他们人数多,所以应缴总数比上则还多。如万历六年两县的上中六则铺户共5425户,缴银30899两;下三则共34377户,当缴银51815两。下三则缴银数超过上六则近一倍。可见,免去下三则的税银是官府迫不得已的措施,反映出随着贫富分化的日趋加剧,下三则铺户已经穷得无力缴纳税银,只能应付差役了。

  打通来看,明朝已经结束了辽金元时期户等制度的混乱状态,恢复承续了汉魏以来的传统制度,而且从制度规定的诸方面来看,其与唐制有着更多的相似之处。然而,与以前各朝相比,明朝户等制度的作用范围则明显地减少,不仅不如户等制发展高峰的宋代乡村五等户制度时期,甚至也不及元朝了。主要表现在:第一,户等制几乎与赋税完全脱离了关系,在徭役中也只是主要与均徭有关。历来按户等差派的杂派如养马、征兵丁等也不再完全按照户等,而多是直接依据户口数。如《明史·兵志》所记,"江南十一户、江北五户养马一,复其身";北畿民户"计丁养马";直隶八府征兵"按户籍,除单丁老弱者,父子三人籍一子,兄弟三人籍一弟"。而且涉及户等的场合也常有临时编排的迹象。第二,直接按田粮多寡征派的趋势越来越明显,除前述诸项中所反映出的以外,还表现在州县级别的划分上。以前按户数多寡分州县级别是户等划分精神在行政区划上的体现(因为"户"是资产和人丁的综合体);明初划分州县级别则直接依税粮而定,据《明史·食货志》"赋役"篇记载,"县上中下三等以赋十万、六万、三万石下为差;府三等以二十万上下、十万石下为差"，与后来赋役改革中以地亩为主、丁口转其次的精神相同。第三，明朝的户等划分虽然仍以经济实力为主，已不像宋代那样以主客户划分为基础，即只有资产多寡（户等划分）的区别，而没有了资产的有无（主客户划分）这个重要标准。户等制在社会生活中的作用和影响较宋代也明显减小了。

## 第二节　一条鞭法后户等制度的衰落

嘉靖至万历年间赋役制度日趋混乱，各地方官普遍进行了赋役制尤其是徭役制度的改革。尽管改革的名目和具体方法不同，其基本精神却都是把原来按丁口征派的部分逐步转入地亩之中。这样一来，划分户等的必要性就相应减小了。因为，在以丁产二项同时作为征派依据时，每户的丁数与田产数各不同，比较高下时便不能综合统计而只能编为几个等级；现在丁的因素减少而主要考虑田产一项，所以只要把田产数量比较一下即可分出高下（派役顺序），没必要再费一道手续来划分户等了。

### 一　户等制度的衰落

万历九年，内阁首辅张居正主持推行一条鞭法，使均徭、里甲诸役与两税为一，徭役与两税的征收依据也相应地统一于田产，这就使资产的因素突出重要起来，形成了《穆宗实录》卷 7 所说的"不论籍之上下，惟计田之多寡"和傅维麟《明书》卷 68 所说的"从圩（田）不从户（等）"的新的税役征派方法。不过，一条鞭法并没有明令取消户等制度，户等制度是随着赋役的改革逐步走向衰落的。

推行一条鞭法之后户等制度仍然存在，多数地区已经不按规定整编了。《天下郡国利病书》原十五册记载的山东曹县的情况比较典型。推行一条鞭法二十余年后的万历三十三年，孟习孔任知县时"犹执前定户则以拘头役，其间家无寸土，糊口不足，叫号呼天者，皆册所载中等户则也；其所称下下户反皆富厚之家"，发现该县所存"三等九则，多方支离，欲求划一之数不可得"。并且，当时税制的变化使户等的编审已无法再像以前那样核实丁口资产而需要采用新法了，故孟习孔在万历三十四年编役时不再照旧例编审户等，而是"止以该甲人户见在地亩挨次造为《鱼鳞》一册，照地之多寡定□□（役之？）轻重。所编排者无有乞免，贫富称便，信户则之无益也。……所存户则尽行削去，其为民便也"；后来又进一步"将通县实在地亩若干，以原额人丁若干均平铺入，算该四十亩内外派纳一丁。……即丁地亩之中寓汰丁增丁之法，而（户）则可无审矣"。可知把一条鞭法的原则运用到税役征派中之后，户等划分实际上也没必要了。

这不单是曹县一地的情况，其他州县也是如此。万历《章丘县志》卷12记载，该县在一条鞭法推行前夕，"百姓有三等九则之丁银，如下下户一丁纳银一钱五分，每则加银一钱五分，至上上户一丁纳银一两三钱一分。其均徭、银力二差与夫马价、盐钞、里甲一应杂差银两"皆在其中。"既行条鞭之后，前项银力二差与马价、盐钞、收头工食等项，大约每年该银一万二千两，俱随夏秋粮、马草，一概加于实在地内，及将人丁，不分贫富，一列出办丁银。"康熙《江都县志》卷4记载，江苏江都县在万历十年以前按户等高下征收各种名目的役银，后来知县涂梦桂奉巡抚之命推行一条鞭法，合诸差"共银若干按下汇派，分上中下等（上上丁十两，递减至二两、一两五钱，又减至一两以及七钱、五钱，下至二钱五分，最下一钱五分），官募应役"，这是变革的第一步；接着又"改为每丁推征银一钱五分九厘，免分上中下三则"。再有乾隆《中牟县志》卷4记载，该县自万历三十三年也实行"丁地一条鞭起征，不显人丁则例"了。这些都是比较彻底的做法。

也有的地方不是把户等制立即取消，而是逐步改之。《天下郡国利病书》原六册记载松江府一些县在万历三十八年"分轻重役为上中下三等，以田之多寡为差次"，所分的三等，据崇祯《松江府志》卷12记载，"其上差者以千五百亩当之，中差者以七百亩当之，下差者以二百余亩当之，彼此品格，不及者以上中下田亩之数朋之，数十亩之下无与焉"。所分上中下三等差役与前相同，但只考虑土地而不涉及人丁，实际上已不是原来的户等之法了。

当时的役法变革包括取缔户等之举在各个阶层都引起了震动，有的赞同，也有的反对。《葛端肃公集》卷15记载，户部尚书葛守礼说山东各县"分粮量为上中下，上者每石价九钱，中者八钱，下者六钱，则即体悉下县矣。一县户等有上中下，可以例推也。且虽上县未免有下户，一条鞭论上县之下户亦九钱，何以堪也；下县未必无上户，一条鞭论下县之上户亦六钱，何其幸也"；葛守礼的同乡李开先《李中麓闲居集》卷 12 干脆说，过去分三等九则征钱粮，"今乃变为一条鞭，如上户银一两，下下户亦如之"；而且"名虽一条鞭，实则杀民一刃刀也！典卖田产，市鬻女男，离弃乡井，若死牢禁。不惟下户，虽中户亦有之矣"……这些评论确否且不论，它反映出在颁行一条鞭法后的一段时间内还存在户等制，时人观念中仍习惯户等编制，但一县拉通之后户等制已不起实际作用了。

在改革取缔户等制的过程中，不少地区还实行了一些过渡形式，如丁等之类。前面说过，大约在嘉靖二十年，华北地区在均徭的基础上实行了门银丁银制，皆按九等输纳。一条鞭法颁行后，人丁在税役中的作用并未彻底消失，毕竟减少了。随着户等制的衰落，门银不再征收，而丁银犹存。本来随着人丁因素的减少，应该突出田亩的作用，但由于以前的丁等征银之法和一条鞭法中仍有的"量地计丁"原则的影响，加之人们循旧心理的作用，人丁因素在改革之初不仅在一些地方顽强地存在下来，甚至有的地方"至万历间编赋役全书，遂以丁口名，而户之称渐泯"[1]，人丁的作用突出了。

户等制在一些地区已经演变为"丁等"了。丁等仍沿用九级划分的方式，具体办法不甚详。据"量地计丁"的原则来看，大概是统计各户田亩与人丁数，然后核算该户每丁合田亩若干，以丁所含田亩多少（即丁之贫富）区别高下。《天下郡国利病书》原二册记载，虽然丁等法是直接"籍丁为九品，而不计其田"，实际上仍然主要指田亩。演变为丁等之初按等纳银，同书原十五册载山东泗水县"人丁自上上则派作九钱，递而降之，下下则一钱"，与以前征收丁银的办法相同。据沈榜《宛署杂记》卷 6《地亩人丁》所记，北直隶宛平县在万历十七年即一条鞭法颁行后的第八年，各等人丁征银数额为上上丁每丁 1.64 两，上中丁 1.475 两，上下丁 1.31 两，中上丁 1.145 两，中中丁 0.98 两，中下丁 0.815 两，下上丁 0.65 两，下中丁 0.49 两，下下丁 0.316 两。这里的丁等银已不是明初的代役银，而是"均徭、里甲与两税为一"后税银的附加（含田产因素在内），是一条鞭法下旧制的残余，是过渡性的方式，还处在不断的改造之中。

---

[1] 雍正《揭阳县志》卷 3。转引自刘志伟《明清珠江地区里甲制中"户"的衍变》，《中山大学学报》1988 年第 3 期。

《天下郡国利病书》原十五册记载孟习孔奏称,既然"户(等)不审矣,而丁犹以九则分纳,此安所区别?丁之有则,最上者至于三钱外,下则不免六分,此岂条鞭之地?"丁等银与一条鞭法相比在手续上是重复加税,在征税原则上是矛盾的。所以,丁等征银并没有普遍推行,同书原十五册记曹州所属两县中,定陶县按九等丁银征纳,而毗邻的曹县则"将通县原额丁银,连盐钞兵饷等项,查照通县原额人丁数目,通融均派,计每丁止该征银七分三厘";或"丁不论贫富,每丁止编银七分二厘。"另有益都县原先分门银丁银二项,皆按等征之,万历二十年以后也不再分户则丁则,只按丁数每丁征银一钱二分。户等制度在一条鞭法之下以"丁等"的方式衍生续存了一个时期之后便渐渐消失了。

同时,在一些地方还突出了传统的"地等"的作用。这主要是由张居正在推行一条鞭法前后清丈土地而引起的,因为均税清丈土地既要核实地亩数量,还要鉴别肥瘠,以区别单位亩积的税率。一般是划土地为上中下三等,各地很不一致,因自然条件不同,划分的形式也无统一规定,只能因地制宜。在三等之外还有四等划分,如万历《淄川县志》卷1记载此地划为上中下和下下;万历《华阴县志》卷4则记为金银铜铁锡五等;嘉靖《尉氏县志》卷1记载该县则称作得收地、堪种地、颇种地、黄岗现有粮查地和荒岗无收地五种;万历《沂州志》卷3记载,清丈土地时"均为六等";万历《忻州志》卷2记载,划为稻地水红金、旱红金、黑金、红银、黑银、红铜和黑铜七等。划分的形式尽管不同,都是为了按土地级别制定税粮额,如尉氏县五等地每亩分别纳粮二升三合三勺,一升三合三勺、五合、三合、五勺,悬殊颇大。这类地等划分虽然自先秦既已有之,在明后期的一条鞭法前后又突出重要起来,与丁等一样是户等制度解体过程中的过渡形式。此时地等虽然重要,但为时不长便不再分了,即张萱《西园闻见录》卷33所谓"地不分上下,一体征银,此地之条鞭"。不过据有关记载看,地等似比丁等存在的时间更长些。

有的地方没有经过丁等或地等之类的过渡方式。自一条鞭法颁行后即逐步取消了户等制度,如《天下郡国利病书》原十六册记载青州"条鞭以丁地兼编,省去九则之名"。张萱《西园闻见录》卷33记载,于慎行在一条鞭法推行二十余年后评介说:

> 夫条鞭者，一切之名而非一定之名也。如粮不分厫口，总收起解，亦谓之条鞭；差不分户则，以丁为准，亦谓之条鞭；粮差合而为一皆出于地，亦谓之条鞭；丁不分上下一体出银，此丁之条鞭也；地不分上下一体出银，此地之条鞭。其名虽同，而其实不相盖也。敝邑（按：山东东阿）所谓条鞭者，税粮为分厫口，总收起解；差役则除去三等九则之名，止照地编排；丁不论贫富，每丁出银若干；地不论厚薄，每亩出银若干。上柜征收，召募应役，而里甲之银附焉。

这是将户、丁与地亩的等级差别拉平不计，从而取消了户等划分。其间原因，据《天下郡国利病书》原十五册记载，曹县另一知县王圻的解释是一条鞭法下"户虽不审，而计丁计亩征银，丁地多者出银多，丁地少者出银少，户则高下在其中矣"，再划户等确实没有必要了。

以上是就主要趋势而言的。在普遍推行一条鞭法之后的三十年，也还有地方在编审户等，如《海盐县图经》卷6记载，万历三十八年均役帖银，"其审户之时，仍将帖户分上中下三等，注名配帖，令其对支"。到天启、崇祯时，嘉善县推行均役帖银法，也还在按户等高下分担役银。据陈龙正《几亭全书》卷27《政书五》的"辛未均役条议"记载，其规定为官户优免额之外有田1000—1200亩者、殷富户250亩以上者、中户20亩上下者和中下户100亩上下者为里长，下户有15亩地者为甲长，按此征收役银。实际上，这都是为均役而专门重新拾起的户等旧制，较前划分相当粗略，前者只划三等，后者上面只称殷富户，下面只划出中户、中下、下户三等，都不细划为九等了。并且都是一时一地临时为之，作用也不像以前那样普遍了。

## 二 户等制度的余波

清朝建立后，给满人及蒙古人另立"旗档"，主要编管男丁，无论丁或户都不分等。在汉民户的编制中一度沿用明朝中后期之制，在推行一条鞭的同时也编审户等，康熙《清会典》卷23记载，顺治十三年以前编审汉民户人丁与户等"原无定期，或三年一次，或五年一次，或七年一次"；十六年规定"人丁仍以五年编审一次，黄册定于十年攒造一次"①。户等记于黄册之中,仍沿用明朝前期十年一审定之旧制。清朝自建立伊始户等制度的实行范围就较明前期减小,时间也短,已经是户等制度的余波了。

据《清史稿·食货志二》记载,顺治十一年编订《赋役全书》的时候"复采用明万历一条鞭法。……颁《易知由单》于各花户,《由单》之式,每州县开列上中下则、正杂本折钱粮,末缀总数,于开征一月前颁之"。把《易知由单》颁发给各民户,所记"上中下则"即是三等户制。同书《食货志一》记载,编审户籍时州县上之府,府总造一册上布政司,"凡军民灶匠四籍,各分上中下三等"。光绪《清会典》卷18在记载丁赋时,注称"原编丁赋有市民、乡民、富民、佃民、客民,名区为上中下则",可知划分范围也与明前期相同。

清初的户等制度主要是以"丁等"的形式起作用。《清文献通考》卷21记载,当时"直省丁徭有分三等九则者,有一条鞭征者,有丁随地派者,有丁随丁派者",讲的全是丁。《清世祖实录》卷52记载的蠲免钱粮规定,"其人丁徭银名州县派征等则不一,顺治八年分上三则免四分之一,中三则免三分之一,下三则全免";雍正二年山西布政使高成龄奏称,"民屯丁徭上中下科则,共额征银六十五万一千六百八十五两四钱六分七厘"②;据雍正四年的《山西省十二州编审人丁黄册》记载,在实际可差发的人丁总数之下,详分为上上、上中、上下、中上、中中、中下、下上、下中、下下、又下下和下下半则,共十一等,并记有各等的实际丁数。③沿用的是明后期的丁等之法,反映出清初征派税役比较注重人丁,由此也给户等余波的存在提供了条件。

导致户等制度衰落的一条鞭法也在清初继续推行。《清史稿·食货志二》记载说,"三等九则之法沿自前明,一条鞭亦同";光绪《乐亭县志》卷11也说"我朝之初,丁分三等,科定九则,亦有明条鞭法之遗意。"其实,清初以丁等形式沿用明朝户等制度时,时人对明后期的变制是非常清楚的,顺治十年江西巡抚蔡士英上奏说,"明朝人丁原分

---

① 中国第一档案馆藏《乾隆朝户科题本·田赋土地户籍类》,乾隆元年十二月十五日富德《奏为钦奉恩诏事》。
② 台北故宫博物院《宫中档雍正朝奏折》第三辑,第19页。
③ 见王梅庄《清代黄册中的户籍制度》所引1936年国立北平故宫博物院十一周年纪念编《文献论丛》。

九则，自改行条鞭，随除去九则，止照人丁地亩派征额赋"①。之所以将明朝前后期有抵触性质的两个制度并用，康熙《清会典》卷23记载，由于当时虽然"有分三等九则者，有一条鞭法征者，有丁随田派者，有丁从丁随者。即一省之内，则例各殊，遵行既久，间阎称便焉"，清初便沿用惯例，维持现状。

　　清初对明制也有改造，顺治时沿用明代黄册，记土地、人丁两项，地分地等，丁分丁等，如顺治十五年直隶保安州《编审黄册》中的李纯芳户，地有成熟地、中地和下地三等，丁分上则丁、中则丁和下则丁三等。② 这是专为征派地银丁银而编审的，故对人丁只记等则和数量，不及其他项目。在十年一编审黄册的同时，还有五年一编审的人丁之制，后者是否划丁等尚不清楚。可以确知的是，康熙七年七月朝廷下令"停止攒造黄册"之后③，人丁编审取代了黄册，已经集人丁、资产、户（丁）等和赋役于一册，财政、行政作用兼而有之了。由于这时的编审以"丁等"为主要内容，所以"丁等"也就完全取代了"户等"，在此之后的记述中便很少看到"户等"字样了。这时的丁等，即把成年男丁划为三等或三等九则，仍是以该户内每丁所实际占有的田亩数或相应的税粮数为主要依据，同时自然带进了人丁因素。与前述记载一样是按各等则的人丁数目分别统计的。

　　从一些地方按丁等征派役银的记载来看，值得注意的是，清初已经不再像明朝那样将户等（丁等）落实到每家每户，而是采取一种新的办法，即约计一州一县之贫富，"通折"一州或一县的全体民户为一个共同的等级。如《皇朝经世文编》卷30记载陆陇其《详文》说，"灵寿人丁旧籍，顺治十四年《赋役全书》记载三等九则，通折下下人丁万四千七百零一丁，历年递增，至康熙二十二年《赋役全书》记载"实在下下则人丁一万五千六百八十八丁"。另据乾隆《直隶商州志》卷6记载，万历时商州即以上中下九则之制折某地为下下则征收丁银，共折下下则人丁为三万六千六百九十四丁。此法在明代尚不多见，清初才多了起来。在这种办法实行时，一地一经"通折"后往往若干年不

---

① 转引自陈桦《清顺治十三年前编审人丁年限考》，《清史研究通讯》1984年第3期。
② 中国第一档案馆藏《黄册》，顺治十五年十二月李学礼呈《编审黄册》。
③ 中国第一档案馆藏《黄册》，顺治十五年十二月李学礼呈《编审黄册》。

变，如灵寿即二十六年始终通折为下下则。这实际是把户等划分与州县级别划分合为一体了。再从清朝方志来看，清初各省田丁银额的记录都是田分三等，各等征银额不同，而丁银则只记为全省丁银总数而不记丁等，说明这种"通折"法是普遍使用的。

清初户等的变革是以赋役制的变革为基础的。明后期的一条鞭法将徭役与地税合一，但仍保留着丁口因素，并由此衍生成了"丁等"之制，据之征收丁银。这对纳银者是一个沉重负担，容易由此激化社会矛盾。当时一些有眼光的地方官已发现了这个问题。嘉庆《乐亭县志》卷4记载，康熙时的县令于成龙指出当时赋役不均的原因，即在于"丁分三等，役分九则"，认为要解决问题，必须实行"富户正供之外所增无几，而贫者永得息肩"的"均田均丁"之法。湖南、广东等地的地方官也采取了性质相同的变制，变制的核心是减弱人丁因素。到康熙五十一年全国定令，以五十年人丁数额为准，以后"滋生人丁永不加赋"，雍正时更进一步将人丁负担合于地亩之中，实行了"摊丁入亩"之法，继续了明朝一条鞭法乃至唐代两税法以来人丁负担转入地亩的发展趋势，并彻底完成了这个转变。

由于"摊丁入亩"法的推行对地多丁少的上户不利而对地少丁多的下户有利，必然招致上层官僚豪绅的反对，在康熙四十年尚未统一颁令之前，据乾隆《杭州府志》卷79记载，浙江布政使赵申侨见一些地方动议"地丁合一"之法，便下令严禁"按粮户田数之多寡定人丁之等则"，而主张"地丁原属两项，似不应地上加丁"，并镇压了宁波地区要求"照地派丁"的下户贫民。但这个变革的历史趋势是任何力量都阻挡不了的。康熙、雍正针对人丁问题的改革，不仅在赋役制度史上有划时代意义，而且对以"丁等"形式存在的户等制度的衍生形态也是一个直接的冲击。这是因为，人丁的因素在赋役中基本消失，人丁统计的意义主要体现在行政和治安方面，财政经济上的意义小了，划分户等或丁等也就失去了实际意义。

清人田文镜《抚豫宣化录》卷2说，河南纳丁粮的办法为"盛世人丁，永不加赋，则丁银亦有一定之数，按地均输，更易为力。查各属人丁，多寡不等，今就一邑之丁粮，均摊于本邑地粮之内，无论绅衿富户，不分等则，一例输将"。其中的"不分等则，一例输将"是河南省拟行的新法，即废止已经没有实际用途的户等制度，并请朝廷照准，自

雍正五年开始实行。据吴振棫《养吉斋丛录》余录卷 1 记载：①

> 雍正四年奉旨：以各色丁银均派入地粮之内，无论缙绅富户，不分等则，一例输将。

此书作者为嘉庆朝进士，官至四川总督，所记当有所本，可能是其执行令旨的实际记录，应当是可信的。再者，从其他一些记载来看，不少省份实行"摊丁入亩"的时间多始于雍正四年。如《清世宗实录》卷 43 记载，昆明在清初按丁等纳银，云贵总督杨名时奏请"通省丁银请于通省成熟田地内按亩摊征，自雍正四年为始，永为定例"；江苏、安徽、湖南、湖北等省实行此法的时间也都在雍正四年之后。这也从侧面证明吴振棫所记令旨是有根据的。这样，到雍正四年"不分等则一例输将"已不再仅仅是地方官的主张，而是作为统一令制开始向全国推行了。这些记载表明，经过康熙、雍正二帝对赋役制度的连续改革之后，户等及丁等确实已经没有继续存在的必要了。所以，雍正四年的这道谕旨可以作为朝廷明令废止实行了近两千年的户等制度的标志。

据《清文献通考》卷 19 记载，废除户等制 40 余年后，乾隆三十七年朝廷正式下令"嗣后（人丁）编审之制，著永行停止"，知人丁编审也终止了。其原因如《皇朝经世文编》卷 58 记载张海珊所说，自"力役之征亦更为地丁归亩之法，于是户口之迁移、丁中之多寡，俱非有国者所急。有司十年编审之法亦不过视为具文，委之吏胥之无能者行之而已"，人丁编审也就不可避免地失去意义了。到这时候，户等丁等都已不再编审，丁口的负担已经没有了财政方面的实际意义。原来编审人丁的行政治安作用，则由保甲制度所兼代了。

在废除乡村户等制的同时，坊郭户、盐灶户及屯丁的户（丁）等也鉴于同一原因而逐渐被废止了。如坊郭工匠纳班匠银之制，据《清文献通考》卷 21 记载，虽然在顺治二年已经规定"除豁直隶匠籍，免征京班匠银"，因为"需用不资"很快又恢复了班匠银的征收，相应地也无从"除豁"坊郭户等了。工匠役银和农户役银客观上是连为一体的，

---

① 我曾就此诏令请教我们学院的王树民老先生，王先生认为这条资料属于转引，不是原文，说服力不强，只能作为参考性资料使用。

是"摊丁入亩"的客观组成部分，所以也不可避免地如此办理。而且，据《清文献通考》卷19记载，班匠银摊入地亩似乎比乡村民户的役银摊入地亩更早、更利索，康熙三十六年"浙江匠银派入地丁征收。……至三十九年，湖北匠班归入地丁。四十一年，山东匠班银归入地丁。均照浙江之例"。先归入地丁，即合并到地丁银中去。到雍正时随着乡村"摊丁入亩"在全国的普遍推行，班匠银便与乡村丁役银一起合并到地亩中去了。《浙江通志》卷58记载，雍正三年两浙盐场"摊丁入地"之后，山东盐场也在次年和乾隆二年分两次摊入"灶地"。接着，直隶长芦盐场、山西解池盐场、云南井盐区也陆续将灶丁银摊入地亩了。乾隆《郑州志》卷4记载，军屯的屯丁在清初仍按丁等征银，中上丁五钱五分，每等递减一钱，至下下等纳银五分；从乾隆二年始，朝廷也允许将屯丁银摊入军屯的田亩之中了。这样，坊郭户、匠户、灶户和屯丁都与乡村民户一样，没有必要再划分户等，也没有条件再像以前那样划分户等了。于是户等制度便在各个行业中同时衰落了。

　　实行了近两千年的户等制度不可能一下子就被取缔，户等制度在一些地方根据实际需要或出于守旧观念的影响曾不同程度地延续着。《清高宗实录》卷577记载，雍正颁令三十多年后的乾隆二十三年，山西巡抚塔永宁奏所属四十二州县的"丁徭归地粮"情况仍很不平衡：其中阳曲等二十六州县因"土地瘠陋，粮少丁多，仍应丁粮分办"；太谷五县"丁粮轻重适均，庆俱摊征"；而"朔州请具中下、下下二则。……其卫丁按下上、下中、下下三则，分贫富均纳。……保德州请俱照下下则，每丁征银八钱二分四厘，减存徭役，按地粮摊征。隰州、永和县均请查照寄居年久、置有产业各户，俱纳下下则徭银，将原额上中下银均减"。此奏得到了朝廷的核准。由此可知与北直隶毗邻的山西四十二州县中能取消户等，全部实行"摊丁入亩"的仅1/3左右，其余大部分州县仍在沿用明末清初的"丁等"制和一州一县"通折"为某等的习惯方法。

　　在此后的很长一段时间里，户等制度仍然在财政税收中存在并起作用，甚至在家族法规中也有反映。江苏京江《杨氏族谱》卷1规定，本族子弟如请父祖牌位入祠，必须缴钱，"准照嘉庆六年例，上户出钱三千文，次二千文，又次一千文"。在江浙、湖北诸省中，户等制度废除后仍存在有大户、小户之名，大户亦称绅户，是田产多的富人，无地少地的为小户。这虽然是民间的习惯称呼，却也常与赋役发生关系。李鸿章《李文忠分奏稿》卷3记载江苏漕运折色，大户每石折钱四千文，小户则折钱十千，"以小户之浮收，抵大户之短价"。这是户等制以简化方式的复生，成为地方税收的一大弊端，后经太平军的打击，这些地方才取消了按大户小户征派之制。胡林翼《胡文忠公遗集》卷60记载，湖北在咸丰七年仍然规定分"大户小户，是绅是民较若画一"。这些都是一时一地的残存或反复。明末清初已经普遍实行了"摊丁入亩"，彻底取消户等制度的趋势已经很明显了。

# 结　　语

纵观户等制度的兴衰过程，除去各个时期的具体原因外，根本制约因素则是赋役制度的变化。因为户等制度是征派赋役的工具，是为适应赋役制度的需要而产生的，也是随着赋役制度的变革而衰落的。

古代赋役制度的主要内容是田亩税，按田亩面积大小和质量高下征收，与户等制的关系一直不大。户等的作用主要体现在田亩税之外的其他赋税项目和徭役方面。自汉至明近两千年中，历代都不同程度地利用户等制这个工具，并且每个朝代都使户等制度有一个作用重心。在东汉、五代和辽金三个阶段，或因户等制初立，或因立国短促和游牧习俗影响，户等制度的作用不普遍或比较混乱，这是特殊原因造成的，不是户等制本身发展的结果，考察其作用线索时可略去不论。然后来看户等制度作用的主要线索，可以大致划分为三个阶段：作用于户调阶段——魏晋南北朝时期，作用于户税阶段——唐朝，作用于徭役阶段——宋、元、明。这种明显的阶段式作用变化的实质在于：唐中叶以前以地、户、丁三因子为征派依据的租庸调制度下，户等的作用主要集中在户调户税方面；唐中叶以降至宋朝，户在税役征派中的作用减少，以地丁为征派税役的依据，地税与徭役分殊，户等的作用主要集中在以地丁为征派依据的职役、差役和徭役方面；明万历以后税役征派中丁的因素减少以至消失，以地（资产）为征派税役的主要依据，户等的作用便无从发挥了。要而言之，户等制度作用重心的基础是户丁二因子，并且随着户丁二因子在赋役制度中的变化而出现了兴衰变化的两个转折点：一是唐宋之际，其作用重心由户税户调转向丁产之役即职役差役，户等趋向高潮；二是明清之际，由丁产之役转向丁银门银，户等趋向衰落。

唐中叶以前各代户等作用的重心在户调户税上，户调户税以户为征派单位，如陆贽《奏议》所说"有室则有调"，户税亦如此。户，是含有田产和人丁双重内容的综合单位，介于田与丁之间。在单独按地亩征税或单独计丁征役时，直接据田亩数或人丁数征派即可，一般不必划分级别；只有在一些项目需要按田产和人丁二项征派，为便于比较高下，以确定税役的多少和先后，方才需要划分户等。不论这些税役项目是当时税役制的主体内容还是辅助项目，户等始终在丁产二者的结合处发挥作用，所以，唐前期虽然有田租和役庸等项科派，但都与户等制的关系不密切，唯有以户征派的户调户税才直接与户等制发生关系；唐中叶实行两税法后户税与户调合一，徭役全部实行代役，丁的作用减弱，户等制也一度衰落。宋初徭役复出，并且恢复到亲身应役与代役相结合的唐前期的代役庸方式。与唐朝不同的是，宋代征派徭役不再只据丁口一项，而是依据丁产二项，户等制度也沿着"丁产"这条线发挥作用。

户等作用重心转移另一个重要原因，在于主客户概念变化以后主户成了职役差役的主要负担者。自东晋南朝时便有"土户"之称，即土著编贯纳税服役的民户，亦称课户，后改称主户。有的学者认为，两税法令文中"户无主客"一语，两唐书和《通鉴》所记为笔误。应从《唐会要》卷83及《通典》记为"土客"。据实际情况推论，在均田制推行时期普通农民不论受田多少都是编户课户，不会有税役上的主客之别；因有流民逃亡他乡，有客寓民户即客户，故有"土客"之对称。均田制崩溃后贫富化加剧，故自两税法颁行之时起，就应以有无田产和是否负担税役为标准来区分民户，这就产生了主客户之对称，不过还不太统一，两唐书与《唐会要》等书记载不一致就反映出这种变化中的情况。《旧五代史·后唐明宗纪》长兴元年阶州"一州主户才千数"中的主户、马令《南唐书》卷5记载升元初年"于客户内有三丁者抽一卒，使物力户为帅以统之"中的物力户、《太平寰宇记》记载的税户，都是与客户对称的赋役意义上的主户之意，只是名称不同而已，所以两税令文中确实应该是"主客"。更无疑问的是到宋初即已形成了主户的明确概念。

赋役征派中所讲的与无产无税的客户相对称的有产业负担税役的民户，在现实生活中却不全是与佃农客户相对称的租佃关系的另一方，即主户不全是地主，其中大部分是自耕农和半自耕农。主户一词专指与佃客相对的田主雇主是在元朝以后，宋代主户与客户对称的意义还局限于财政税役方面。也正因为如此，主户与户等的关系才更为密切：他们有产业，不像权贵那样有免税役特权；他们有丁口，又不像只有丁口而无田产的客户那样只负担夫役。他们除了按田产纳税外，还要按田产和人丁服职役差役，必然与户等制度发生直接关系。因此，主户就成了户等划分的主要对象，主户所负担的职役差役成了户等制度作用的重心。尽管主客户对称在唐中叶以降已经形成，但也不会形成户等直接与主户及徭役结合的现象，因为当时徭役已并入了两税之中；只有在徭役复从两税中脱出，主客户概念进一步扩大并为财政制度所借用时，才会出现"户等——主户——职役差役"三者连成一体的现象。这时，户等制度的作用发挥于赋役制度的主体内容上，较前重要多了，户等制度本身的发展也臻于成熟完善。这便是户等制度在宋代达到高潮的重要原因。

　　宋代以降户等制度逐渐衰落，与北方游牧民族的习俗影响有关，更重要的原因则是随着徭役制度的改革，丁口的作用减少，户等制度失去了作用的客体。徭役制度是古代赋役制度的主要构成部分，属于赋税的范畴。细绎之，徭役与赋税又是两个概念，赋税的征收依据资产（主要是土地），但不像地租那样依据土地所有权，而是基于对土地所有者的统治权，土地数量只是征税的计算单位；徭役的征发依据是官府对人身的统治权，计算单位是人丁数目。就演变形态看，地租经历了劳役、实物和货币三种形态，徭役主要有实物和货币两种形态，而劳动赋税则一直以独立的形式与赋税的其他形式并存。但徭役并非固定在一种形式上，而是同样经历了亲身应役、实物和货币代役等形态，并在形态演进的过程中将徭役征发的依据逐渐由人丁转为地亩。

　　从实际情况看，在将地、户、丁三因子作为征派依据时，丁实际是在户、丁两处发挥作用，两税法后取消了"户"这个征派因子，只留下了"丁"；尽管入宋以后徭役复从两税中独立出来，但仍以丁作为征派徭役的依据之一，而非依据的全部，专以丁为征派依据的徭役只留下了夫役一项；与唐前期相比，又等于取消了地户丁中"丁"因子，只留下了"户"即丁产的综合体来征派职役差役。总之，丁的因素明显减少了。两税法的这个基本精神历经两宋一直延续发展，到明朝后期，一条鞭法的颁布在丁口因素转向地亩方向上又迈出了一大步，均徭与两税为一，主要依据则为地亩了。到这时候，户等制度已经没有必要继续存在，因为赋役征派中的任何一部分都不再需要借助于户等制度这个工具了。有些地方在一条鞭法实行之初采取了新旧结合的方式：不像以前那样重视丁口数，也不彻底放弃，而是以丁数核算田亩资产，即核算该户每丁平均合资多少，以此将丁划等。这样，户等制度的作用就主要表现在丁等上了。这种办法与徭役改革的趋势是背道而驰的，户等制度到此时已是在苟延残喘了。

明清时期各种工商专业户类的进一步增多，军户、匠户、灶户、陵户、园户、海户、庙户、医户、驿户、乐户……并且越分越细，也加速了户等制度的瓦解。各种专业户类中也都划有户等，在法令中亦与一般民户户等相同。如《明会典·户部七》记载洪武二十六年规定，"凡各处有司十年造黄册，分豁上中下三等人户，仍开军民灶匠等籍。除排年里甲依次充当外，其大小杂泛徭役，各照所分上中下三等人户点差"；《清史稿·食货志一》也规定，"凡军民匠灶四籍，各分上中下三等"，这些专业户类的重要性较前明显提高了。元代诸色户籍虽然也划分户等，明确规定灶户、军户不在此列，明清则一律包括在划分范围之内，并与户等制度相提并论了。

划分户等和专业户类的目的都是财政税收，值得注意的是，乡村农户之外的专业户类编审户等自始就不计人丁，只依据资产，并将资产折为货币计算，这与传统的农户户等划分原则不同，到一条鞭法颁行后，这个特点就更为突出了。据《穆宗实录》卷7记载，户部尚书葛守礼反对新法的主要理由，就是认为只按田亩多少定赋税，则"工匠佣力自给，以无田而免差；富商大贾操赀无算，亦以无田而免差"，结果负累农户，极为不合理；于慎行《赋役论》说推行一条鞭法后"去其门银（按：指人丁因素）而以地银易之，则田家偏累，而贾贩之流握千金之赀，无垅亩之田者，征求不及焉"。上述情况发生的原因，就在于农户之外的专业户类介入户等制，并且作用越来越突出。解决问题的办法有两个，一是把人丁因素重新考虑进去，但问题的要害在资产上，人丁所起的平衡作用不大，并且这样做也是与赋役制度改革的趋势相悖逆的；还有一个办法，即全部放弃人丁，不论农商匠灶何种人户，唯据包括田亩在内的资产划等，这样做起码在制度上不至于使农民吃太大的亏。从有关记载来看，后一种方法成为解决问题的选择。这样一来，却距取缔户等制度只有一步之遥了：既然全按资产差派，与人丁无关，直接据资产多少而征即可，再划分户等还有什么必要呢？

# 主要参考文献

## 一 文献

正史典志、文集笔记、方志：略

## 二 专著

谷霁光：《府兵制度考释》，上海人民出版社1962年版。
黄今言：《秦汉赋役制度研究》，江西教育出版社1988年版。
李剑农：《宋元明经济史稿》，生活·读书·新知三联书店1957年版。
李剑农：《魏晋南北朝隋唐经济史稿》，生活·读书·新知三联书店1957年版。
李剑农：《先秦两汉经济史稿》，生活·读书·新知三联书店1957年版。
蒙思明：《元代社会阶级制度》，中华书局1980年版。
漆侠：《宋代经济史》上下册，上海人民出版社1987、1988年版。
唐长孺：《魏晋南北朝史论丛》，生活·读书·新知三联书店1978年版。
王曾瑜：《宋朝阶级结构》，河北教育出版社1996年版。
朱绍侯：《秦汉土地制度与阶级关系》，中州古籍出版社1985年版。
［日］池田温：《中国古代籍帐研究》，龚泽铣译，中华书局1984年版。
［日］西村元佑：《中国经济史研究——均田制度篇》，京都大学东洋史研究会1968年刊行。

## 三 论文

王永兴：《敦煌唐代差科簿考释》，《历史研究》1957年第12期。
王仲荦：《试释吐鲁番出土的几件有关过所的户等文书》，《文物》1975年第7期。
王曾瑜：《从北朝的九等户到宋朝的五等户》，《中国史研究》1980年第 2 期。

王曾瑜：《宋代的坊郭户》，中国社会科学院历史研究所编《宋辽金史论集》第一辑。

王曾瑜：《宋朝的产钱》，《中华文史论丛》1984 年第 3 辑。

王毓铨：《明朝徭役编审与土地》，《历史研究》1988 年第 1 期。

刘志伟：《明清珠江地区里甲制中"户"的衍变》，《中山大学学报》1988 年第 3 期。

刘浦江：《金朝"通检推排"探微》，《中国史研究》1995 年第 4 期。

许惠民：《两宋的农村专业户》，《历史研究》1987 年第 6 期。

杨际平：《唐代户等与田产》，《历史研究》1985 年第 3 期。

岑仲勉：《西晋占田课田制之综合说明》，《中学历史教学》1957 年第 8 期。

宋家钰：《唐代手实初探》，中国社会科学院历史研究所编《魏晋隋唐史论集》第一辑。

张泽咸：《也谈唐代评定户等与田产的关系》，《杭州师范学院学报》1995 年第 1 期。

陈高华：《元代户等制度简论》，《中国史研究》1979 年第 1 期。

郑欣：《魏晋南北朝时期的户籍制度》，《郑州大学学报》1987 年第 1 期。

高敏：《吴简中所见孙权时期户等制度的探讨》，《史学月刊》2006 年第 5 期。

傅举有：《论汉代民赀的登记及有关问题》，《中国史研究》1988 年第 3 期。

［日］山本达郎：《敦煌发现计帐式文书研究》，《东洋学报》第 37 卷第 2 号，1935 年。

［日］岩见宏：《均徭法、九等法与徭役事例》，《明清史国际学术讨论会论文集》，天津人民出版社 1982 年版。

专题二

# 家产继承史论

# 第一章　家产继承方式的形成和维系

家产继承方式也叫作分家方式。在古代社会相同的历史阶段上，西欧和日本实行长子（家督）一人继承制，次子以下没有继承权；我国则通行诸子平均析产方式，所有的儿子，不分长幼甚至嫡庶，都有相同的继承家产的权利。

这两种继承方式都是以直系血缘关系为基础，都是男子的单系继承。两种方式的差别在于，长子继承制的目的是"传物"，是为了保证财产不分散，关心的是财产的传承；诸子平均析产方式的目的是"传人"，是为了维系血缘亲情，关心的是家庭的延续。

## 第一节　商鞅变法与继承方式的定型

我国最初的继承制度与西欧、日本接近，也是由长子或幼子一个人继承；战国时期开始转向，形成了以诸子平均析产为主干的家产继承方式体系。

在商周时期的分封制度下，贵族的爵位是权力和财产的综合载体，由于权力不能分割，所以世袭的时候只能采取整体性传继方式，由诸子中的一个人继承。① 有关论著讨论过的长子继承或幼子继承制，主要是就天子王位和贵族爵位的传继而言的，财产的继承只是其中的附属内容。事理明确，不用多说。只需补充一点，商朝的王位继承中有"兄终弟及"的方式，这种方式的潜在前提，是所有的儿子对父王的王位有同

---

① 英国法律史学家亨利·梅因曾经指出继承法上的一个规律："主权是传给长子的"，即含有政治权力的家产需要实行长子或幼子一个人继承的方式。《古代法》，沈景一译，商务印书馆 1984 年版，第 133 页。

等的继承权，也正因此，才有长子继承和幼子继承并存，换句话说，这中间已经蕴含着诸子平均（平等）继承的因素。

平民庶人没有爵位，能够传给子孙的只是财产。单纯的财产可以任意分割，不一定非要采取一个人继承的整体性传继方式。不过，商周时期地广人稀，相对于劳动力而言，土地处于次要地位，土地所有权的事实和观念还不充分；特别是平民庶人仍然处在宗法制度的笼罩之中，个体小家庭虽然存在，却不具备独立性，形成家产继承方式的前提还不成熟。至于《礼记·坊记·丧服传》上说的"父母在，不敢有其身，不敢私其财"，以及"昆弟之义无分"，主要是一种说教，不一定是历史事实。当然，不是说当时的平民庶人家庭中不存在继产方式，李亚农先生根据甲骨卜辞中商王武丁的儿子、妻妾都有自己的土地的记载推论说："析财异居，这是殷人普遍实行的制度，而且实行得非常彻底"；商周时期不仅王室贵族，而且在"庶民的宗法中，长房、二房、三房、四房等等继承财产的权力大致相同，地位也大致相等"[1]。说得很肯定，可惜没作具体论证。

由于时代久远，已经难以找到直接的资料来证明当时的分家析产状况，只能从家庭规模和结构的变化推论一下。根据考古发掘的商周遗址的居室结构来看，有单间、双间和多间三种，比如商代，双间和单间结构的占80%以上[2]，说明当时多是一夫一妻制小家庭，间或有父子两代及兄弟同居的扩展型小家庭。既然不再以父母兄弟同室而居的大家庭为主了，家产就可能不是整体性传继，因为小家庭的组成是以父家庭的不断分异，即诸子析产为前提的。这也与李亚农先生的推论相吻合。

比较明显的是，到了春秋时期，随着宗法制度的松弛，个体小家庭的独立性越来越大。《管子》在《问篇》中有"余子父母存，不养而出离者几何人"一条，仍然与大宗"宗子"对称为"余子"小宗，实际上已经是就小家庭的诸子析居而言了。据刘向解释，"出离"的含义是"谓父母在分居也"，分居，应当以析产相伴随。孔子认为，大禹之后

---

[1] 李亚农：《殷代社会生活》，上海人民出版社1955年版，第34页；《李亚农史论集》，上海人民出版社1962年版，第14页。

[2] 张渭莲：《商文明的形成》，文物出版社2008年版，第57、85页。

"天下为家，各亲其亲，各子其子，货力为己"，不如以前了，所以主张用礼义教化"以笃父子，以睦兄弟，以和夫妇"①，讲的都是小家庭内部的事情。谢维扬先生根据《左传》中的史实推论说，到春秋后期的襄公、昭公和哀公时期，贵族家庭以兄弟同居为主，有"从兄弟"的较少，有"再从兄弟"的更为罕见；庶民阶层中也是以小家庭即直系血缘关系为主了。② 随着宗法制度的松弛，大家庭演变为小家庭已经是一种发展趋势。

进入战国时期以后，家庭小型化的趋势更加明显。孟子为地处鲁南的滕国规划井田制度，让人们"死徙无出乡，乡田同井，出入相友，守望相助，疾病相扶持，则百姓和睦"，所反映的乡村组织已经不是宗族而是乡、井等行政编制了，所以不说同姓，而说"百姓"和睦了；"方里而井，井九百亩，其中为公田，八家皆私百亩"③，乡井之下是"家"（也称为"室"，或称为"家室"或"室家"），每家有田百亩（休耕制下相当于可耕田33—50亩，折合今制约为9.5—14.4亩），正是粗放耕作时代小家庭的经济基础。孟子还为梁惠王设计了家庭的职能——"仰足以事父母，俯足以蓄妻子"，并且具体化为"百亩之田，勿夺其时，数口之家，可以无饥矣"④。几乎同时的李悝也说，魏国的家庭是"一夫挟五口，治田百亩"⑤……证明当时的"家"已经是以一对壮年夫妇为中心的三代小家庭，不是父子兄弟同居的大家庭了。这主要是山东（太行山以东）地区的情形。

商鞅刚到秦国的时候，由于秦人与西戎杂处，比山东地区落后，仍然处在"父子无别，同室而居"的阶段。⑥ 商鞅是卫国人，他把秦国的这种习俗看作是"陋习"，应该是与他所生活过的卫国的习俗相比较而言的，表明当时卫国所在的中原一带（黄河中游地区）也不再是父子兄弟同居，已经是与山东地区相似的小家庭了。

商鞅为了增强秦国在争霸战争中的实力，扩大农业劳动人手和士兵

---

① 《礼记·礼运》。
② 谢维扬：《周代家庭形态》，中国社会科学出版社1990年版，第五章、第七章。
③ 《孟子·滕文公上》。
④ 《孟子·梁惠王上》。
⑤ 《汉书》卷24《食货志》。
⑥ 《史记》卷68《商君列传》。

的来源，需要改变这种状况，就用行政力量强行拆散了父子兄弟同居的大家庭，使之"如鲁、卫矣"，推行与山东、中原一样的小家庭。① 为此，商鞅在变法中采取了三个相互配套的具体措施：一是直接取缔父子兄弟同居的大家庭，第一次颁布变法令的时候就明确规定，"父子兄弟同室内息者为禁"，改变同居陋习，"更制其教，而为其男女之别"，并辅之以经济制裁手段，"民有二男以上不分异者，倍其赋"②。迫使秦人改变了生活起居方式，每家只能有一个壮年男子，儿子成年或结婚以后就要另立户头。二是实行统一的户籍法，使"四海之内，丈夫子女，皆有名于上，生者著，死者削"③，严格管理的同时，也使新组成的小家庭获得了在官府版籍上独立户头的资格，脱离了宗法制度的束缚。三是实行连坐相纠之法，让民户每五户或十户相互监督，纠告不合法令的家庭组织形式，用法律手段稳定住了新建立的小家庭。

在前后几次颁布的变法令中，商鞅都没有规定专门的家产析分方式的条文。但是，强令父子兄弟分居即建立小家庭，已经包含着析产的内容和具体方式，因为第一，儿子与父母分居、另立户头的时候必然带走一份家产，有几个儿子陆续带走几份家产，等于把家产由一个父家庭所有变成了若干个子家庭所有，由整体传用变成了析分继承，这就形成了"诸子析产"的方式。第二，每个儿子单立户头之后都要生产、生活、纳税、服役，负担相同，加之血缘关系相同，从父家庭中分出去的财产也应该大致相同，这便在"诸子析产"中加进了"平均"因素，形成了诸子平均析产方式。

在大量的平民庶人从宗法制度的束缚下解脱出来，变为独立户头的小家庭的同时，商鞅还废除了世卿世禄制度，使贵族阶层的权力与财产逐渐分离，多数贵族失去了原有的特权，只剩下了财产；传给子孙的时候，不一定非实行长子继承制不可了。这样，除了天子的王位和少数贵族的爵位继续由一个人（长子或其他儿子）继承外，贵族的财产传继也渐渐地与平民庶人一样，由诸子平均析分了。

由这个过程可以看出，商鞅在秦国强制推行小家庭，从而导致了家

---

① 《史记》卷68《商君列传》。
② 《史记》卷68《商君列传》。
③ 《史记》卷68《商君列传》。

产继承中的诸子平均析产方式，并且通过废除分封制度，使贵族阶层的家产传继方式与之趋同了。直到后来在更大范围内推行这套制度，依靠的仍然是行政力量。不过，商鞅的这些做法顺应了历史发展的趋势，因为随着社会历史的自然进程，宗法制大家庭必然解体，必然让位于小家庭，春秋战国时期社会的发展已经达到了这样的临界点，如前所述，山东和中原地区已经自发地出现了由大家庭向小家庭转变的趋势。商鞅在秦国推行的制度与这个转变趋势是一致的，只是由于秦国相对落后，商鞅利用行政手段猛推了一掌。

商鞅这一掌推得有些过猛，使秦国的小家庭变得太小了。本来，古代小家庭具有生产、生活、生育的三重职能，应该能够上养父母，下育儿女，当时各地自发形成的以一对壮年夫妇为中心的三代家庭最为适宜；按照商鞅的规划，为了不突破一个小家庭只有一个壮年男子的规模，必须离弃父母或儿子一方，只能组成两代小家庭。据云梦出土的秦简来看，商鞅变法以后，秦人居室的典型布局为"一宇二内"，即一个作为活动场所的堂屋，两个内室，父母、子女各居其一，没有祖父母的居室。其中一枚竹简记载，一个小军将犯罪后家里被搜查，只有"妻、子、臣妾，衣、器、畜产"，并专门说明"甲封俱此，毋它当封者"[①]，没有别的人和财产了。表明没有父母与之同居，是两代人小家庭，正符合商鞅的设计。组成这样的两代人小家庭，必须是父母在世的时候就分家另居，如同贾谊所说的"秦人家富子壮则出分，家贫子壮则出赘"。这样一来，会给生产和生活带来诸多不便，使血缘亲情遭到破坏，"借父耰锄，虑有德色；母取箕帚，立有诟语。……不同禽兽者亡几耳"[②]，丢弃了血缘亲情和人伦之道。

商鞅变法之后，苏秦说齐国临淄有 7 万户，"臣窃度之，户三男子"，可得 21 万士兵。[③] 平均每户 3 个可以当兵的成年男子，应该是每个家庭中至少有三代人，两代人达不到这个标准。赵国的荀子认为齐鲁地区的家庭结构合理，秦国的不好，"不如齐鲁之孝具敬父者"[④]。由此

---

① 睡虎地秦墓竹简整理小组：《睡虎地秦墓竹简·封诊式》，文物出版社 1978 年版，第 249 页。
② 《汉书》卷 48《贾谊传》。
③ 《战国策·齐策一》。
④ 《荀子·性恶篇》。

可以知道，两代核心小家庭只是秦国的模式，是商鞅矫枉过正的结果，与当时东方各国自然形成的三代小家庭相比，属于特殊的形态。统一六国后，秦始皇沿用商鞅之法，巡视四方整齐风俗，就包括推行这种两代人的秦式小家庭。由于秦朝存在的时间短，这种家庭模式没来得及推开，更没有达到人们所习惯的程度，所以，入汉以后仍然把"子壮则出分"的行为视为"败俗"。从西汉初年开始，小家庭的规模有所扩大，不再限于一家一个男丁，而是通行原来山东、中原地区的三代家庭了。具体到家产继承方式上，仍然是诸子平均析产，不同的是，不再要求父母在世的时候就分财异居，因财产利害而使"天下父母不相聊"了。①为了维系家庭中的人伦亲情，开始倡导父母去世以后再分家的方式。至此，诸子平均析产方式才完善和稳定了。

以上说的只是诸子平均析产方式的形成过程，不是形成的原因。为什么我国形成了诸子平均析产方式，而不是长子继承？是个很难说清楚的问题。我的初步看法是：我国古代的财产所有制形式是家庭所有制，财产所有权的基本单位是家庭，不是个人②；家庭中的每个男性成员都是家产的平等的、相同的所有者，不能把全部财产给了某一个人，所以继承的时候只能有两种方式，除了整体性继承即累世同居共财，就是诸子平均析分。

## 第二节 传统家庭规模与继承方式

我国古代家庭的传统模式是三代五口之家。"三代"是结构，由祖父母、父母和第三代组成；"五口"是规模，是动态的平均，在父母老死、儿女婚嫁、分家异居等各个阶段上人口数不相同，总的来看，尤其是全社会看来，是这样的规模。

西汉的贾谊、晁错规划财政税收的时候，经常以"五口之家"为例，③云梦秦简反映的秦代每家人口为4.67，说明到秦汉时期这种家庭

---

① 《汉书》卷32《张耳陈余传》。
② 邢铁：《中国古代社会经济研究——家庭经济专题》，天津人民出版社2007年版，第84—88页。
③ 《汉书》卷24《食货志》。

规模已经固定了,尽管有两代、三代的不同。此后历代正史《食货志》《地理志》中的有关数字,也反映出大致相同的规模。直到民国初年李景汉先生在河北定县搞社会调查,统计出每家的平均数仍然是5.8口,并且认为,这是有代表性的数字。[①] 至于古代民间喜欢"五男二女"的风俗,只是一种"期望"家庭或富裕家庭,与实际生活中的普通家庭有距离。

此间有四个特殊时期,晋朝、唐朝和金朝每家平均6口以上,宋朝仅有两口。限于笔者的认识范围,晋朝和金朝的具体情况不能多说,唐朝和宋朝的记载可以解释一下。按两唐书推算,唐代平均每户6.03口,敦煌文书甚至反映出每家9.36口,大大高于平均标准数。其实,这是唐朝的"相冒合户"习惯造成的假相。唐代法令限制生前析分,甚至规定父母、祖父母在世的时候分家异居要"徒三年"[②],为了不与法令冲突,即使已经分家,登记户口的时候仍然按祖父或父亲的大家庭来算,所以每家的平均人口数就显得大了。关于宋朝每户平均仅为两口的问题,李心传在《建炎以来系年要录》中解释说是"偷籍"造成的,从实际情况看,应该是与唐朝相反的"诡名子户"所造成的假相,为了降低户等、逃避赋役,无论是否分家,都分开登记,所以每户的人口就少了。还有,宋代的口即是丁,并且只是男丁,老幼妇女不计算在内,户籍上登记的数字只反映每家有两个男丁,不是全部家庭人口,两个男丁的基础人口数还是5口左右。

家庭规模与家产继承方式应该是互为因果的关系,很难分清主次先后;在这两者的背后,有更深一层的起决定作用的原因,这便是家庭的维系必须使人手(劳动收入)与人口(消费支出)保持平衡,在供养需要与供养能力的限制之间达到稳定的平衡。为了集中起见,以唐宋时期为例推算一下。

先看自耕农家庭。

均田制下按"一夫"即一个男丁为单位授田,口分田是虚数,永业田才是实际授田数,所以从北魏到唐朝不论露田(口分田)如何变化,桑田(永业田)一直稳定在20亩,从敦煌户籍所记载的实际授田情况

---

① 李景汉:《定县社会概况调查》,中国人民大学出版社1986年影印本,第四章第三节。
② 《唐律疏议》卷12《户婚》。

看，所满足的也首先是这 20 亩永业田。永业田原称为桑田，并不像通常解释的那样只种桑树，而是既种桑树又种粮食的田地，扣除桑树树荫下不能耕种的部分，20 亩桑田可以当作 10 亩普通农田使用。① 如果"五口之家"有两个男丁，可以有桑田 40 亩，当作 20 亩普通农田使用；按亩产 2 石计算，20 亩普通农田可以收获 40 石；缴纳两个丁的租粮 4 石，剩余 36 石。按照"日食米一升，岁用绢一匹"的标准②，人均日食米 1 升（合今 1.3 市斤），按带壳的谷物计算则为 2 升，即每人每年食用 7.2 石，36 石粮食正好可以养活 5 口人。

再看佃农家庭。

即使在均田制推行的北朝到唐中叶，租佃关系也没有消失，且不说大量的均田之外的私有土地，就是均田范围内的土地也可以出租。唐中叶以后，租佃关系进一步发展，以至于原来作为外乡人称谓的"客户"，渐渐成了佃农的专用名称，尤其到宋代，被通称为"佃客"了。当时每个男劳力的耕田限量为 10 亩，"五口之家"有两个男劳力，可以租耕 20 亩，收获 40 石粮食；佃农客户不用给官府缴税，要给地主缴"泰半之租"约 20 石，剩余 20 石，只能养活 3 口人，不够用。不过，大多数佃农客户租地的同时还要租牛而耕，租用一头牛，与两个男劳力合作耕种，可以耕田 50 亩，收获 100 石；交五成地租加一成牛租共 60 石，剩余近 40 石，就可以维系"五口之家"的生活了。这就是宋代关于"借人之牛，受人之土，佣而耕者，谓之客户"说法的来历③，也是佃农客户与自耕农家庭一样，维系"五口之家"规模的经济基础。

总之，人口多了供养不起，缩小家庭规模也不行，因为家庭的职能必须服从社会的需要，完成最基本的抚养老小的任务，上卡下限，供养能力与供养需要便在"三代五口"之处找到了平衡支撑点。

秦国推行两代家庭，汉代扩展为三代家庭，还与当时的农业生产技术有关。秦国的时候关中处在锄耕阶段，一个人使用一张锄就可以耕种，所以规定一家只能有一个男丁，形成了两代之家；汉代推行牛耕，

---

① 桑田含义的分析和有关数据的推算，参见邢铁《均田制与租庸调关系的辨析》，《云南民族学院学报》1991 年第 2 期。
② 《宋史》卷 293 《王禹偁传》。
③ （宋）洪迈：《容斋随笔》卷 4 《牛米》。有关数据的推算，参见邢铁《宋代的耕牛出租与客户地位》，《中国史研究》1985 年第 3 期。

无论一牛单放或多牛耦耕，耕作的时候至少需要两个人配合，一家一个男丁已经不够用，必须有两个以上，相应地就需要三代五口之家了。汉代以降直至近代，农业生产工具和技术没有质的提高，"三代五口"之家的模式也就没有发生明显变化。

历代都有一些累世同居的大家庭，称为义门、义居。早在汉代，便有伦理说教倡导不分家异居，几代人生活在一起，类似先秦时代的宗法大家庭。"汉张披，五世同居"①；蔡邕"与叔父从弟同居，三世不分财"②……这种大家庭的维系是很困难的，除了供养能力的限制外，人多心杂也是一个解体因素。隋朝的长孙平主持一个同居共财大家庭，曾私下对人说："不痴不聋，未堪作大家翁"③，必须装傻装聋有肚量；还有唐朝的张公艺，是当时最负盛名的义居大家庭的家长，唐高宗问他治家之道的时候，他老泪横流，连写了一百多个"忍"字。

在这种大家庭中，媳妇们往往是分家的主要鼓动者。东汉李充兄弟六人同居，其妻却私下挑唆说"妾有私财，愿思分异"④；隋朝瀛州刘君良"累代义居，兄弟虽至四从，皆如同气，尺布斗粟，人无私焉"，妻子却用家雀争斗的例子，劝刘君良分了家；⑤ 姑苏冯氏三兄弟同居很和睦，老三结婚后妻子想分开过，就对老三说"今仲常欲私我。……季怒，遂逼其兄析居"⑥。该分不分还有可能闹出人命，宋代叶元的"同居兄乱其妻"，结果被叶元"缢杀之，又杀兄子"⑦。与其这样，还不如早点分开。

即使不这么极端，长期同居共灶也很难做到。隋朝的元褒"家素富，多金宝"，少年丧父后一直和哥哥们过活，哥哥们商议分家的时候，他"泣谏不得"，只好"脱身而出"，什么也没要。⑧ 宋代的李吕回忆说，父亲死后寡母持家，与叔伯们在一起生活，"赀粮䉼，略无彼此之异，复积其余以广阡陌。后先夫人与叔母相继以寿终，视家赀已十倍于

---

① 民国《南昌县志》卷40。
② 《后汉书》卷60《蔡邕传》。
③ 《隋书》卷46《长孙平传》。
④ 《后汉书》卷81《李充传》。
⑤ 《旧唐书》卷188《刘君良传》。按，"四从"即同一个曾祖父的孙子、第四代堂兄弟。
⑥ （宋）范正敏：《豚斋闲览·人事》。
⑦ 《宋史》卷200《刑法》。
⑧ 《隋书》卷50《元孝矩传附孙褒传》。

前。既免丧，始议应诸子分法，裂而为四"①，同居了一段时间，还是按父辈的老四股分开了。还有祝确家，"其邸肆生业几有郡城之半，因号半州。……诸弟求析其产，公为涕泣晓譬不能夺"，仍然坚持要分，只好分了，"诸弟得财皆散去"②。祝确想同居也不成了。

江州陈氏在唐朝被封为"义门"，到北宋初年已经是聚族3700余口的特大家庭，号称"族聚三千余人世间第一，居同五百多载天下无双"。由于人口多消费大，朝廷在旌表的同时，还经常给予一些免除税粮之类的实惠。到了嘉祐七年实在难以维系，宋仁宗就下令让其分开了，在朝廷使臣的监护下，用拈阄的方式，按房系分成了291个"庄"，随即迁往各自的地盘，从江州走向了北到山西、陕西，南到海南、广东，走向了全国各地，这便是传说的"天下陈氏出江州"③。最终还是分了。

话说回来，自汉代以降，乡村民户家庭普遍稳定在三代五口的模式上，家产继承方式也完善并稳定下来了。虽然与商鞅的办法稍有差异，由生前析分为主变成了身后继承为主（详后），相应地家庭结构也由两代变成了三代，基本原则和性质相同，具体方式也相同，沿用的仍然是商鞅之法。诚如顾炎武所说，商鞅倡行的析产分居之法的确是"寝淫后世，习以为俗"了。④ 自商鞅变法之后，诸子平均析产方式一直在民间通行，并且发展为一套完整的家产继承方式体系。

---

① （宋）李吕：《泊轩集》卷6《孝友亭记》。
② （宋）朱熹：《晦庵先生朱文公文集》卷98《外大夫祝公遗事》。
③ 许怀林：《陈氏家族的瓦解与"义门"的影响》，《中国史研究》1994年第2期。
④ （清）顾炎武：《日知录》卷13《分居》。

# 第二章　诸子平均析产

诸子平均析产，即所有儿子平均分配家产的方式，是我国传统家产继承方式的主体内容。这是基于直系血缘关系的男子单系继承制，凡是同一父亲的儿子不论长幼，甚至不分嫡庶，都有相同的家产继承权。

所谓析产也称为"分家"，包括"析分"和"继承"两个意思，前者指父母在世的时候儿子们随着长大成婚而分家析产，另立户头；后者指父母去世以后弟兄们分遗产，这才是严格意义上的继承。有时候析分和继承方式连续使用，有时候单独使用后一种方式，由此形成了诸子平均析产的两种主要方式。

## 第一节　多次性析分方式

多次性析分是父母在世的时候陆续析分的方式，[①] 包含了析产与继承两项内容。通常每家有两个儿子，最多不超过四个，在这种方式下，每个家庭的析产次数为儿子数+1，分三到五次家产。

如果《礼记·坊记·丧服传》所说的先秦时期"异居而同财"可信的话，似可以这样理解：儿子结婚后便与父母分开生活，先分走一部分家产；到父母去世以后兄弟分家的时候才彻底分清。这就是多次性析分方式。

可以肯定的是，商鞅变法中所推行的已经是这种方式。一个家庭有"二男"以上必须"分异"的规定，和由此形成的"子壮则出分"的习惯，就是指随着儿子们长大成婚而陆续分财异居。到了汉代，这种习惯

---

[①] 多次性和一次性析分方式之说是马新、齐涛先生归纳的，见《略论中国古代的家产继承制度》，《人文杂志》1987年第5期。

仍然存在，《晋书》卷30《刑法志》所引述的《魏律序略》说，曹魏曾经"改汉旧律。……除异子之科，使父子无异财也"，改了之后才"父子无异财"了，可见两汉时期父子之间是要分家的；《汉书》卷28《地理志》说许多地方都有"生分"的习惯，颜师古解释说，"生分"就是"父母在而昆弟不同财产"，父母在世的时候就分开了。还有当时"察孝廉，父别居"的谚语①，都反映出这种情况。

江苏仪征胥浦101号汉墓出土的竹简中，有一件西汉平帝元始五年的《高都里朱凌先令券书》，②用"先令"即遗嘱方式分配家产，其中提到了这个家庭多次分家的过程：

> 元始五年九月壬辰朔辛丑（亥），高都里朱凌（庐）居新安里。甚接其死，故请县乡三老，都乡有秩、左、里附田谭等为先令券书。
>
> 凌自言：有三父，子男女六人，皆不同父。（欲）令子各知其父家次，子女以君、子真、子方、仙君，父为朱孙；弟公文，父吴衰近君；女弟弱君，父曲阿病长宾。
>
> 妪言：公文年十五去家自出为姓，遂居外，未尝持一钱来归。妪予子真、子方自为产业。子女仙君、弱君等贫毋产业。五年四月十日，妪以稻田一处、桑田二处分予弱君，波（陂）田一处分予仙君，于至十二月。公文伤人为徒，贫无产业。于至十二月十一日，仙君、弱君各归田于妪，让予公文。妪即受田，以田分予公文：稻田二处，桑田二处。田界易如故，公文不得移卖田予他人。
>
> 时任知者：里附、伍人谭等，及亲属孔聚、田文、满真。
>
> 先令券书明白，可以从事。

这是以"妪"即老母亲的语气叙述的，因为家里的男主人已经去世。这家有三个儿子：子真、子方和公文，由"妪予子真、子方自为产业"可以知道，老大和老二已经先后析产异居了。公文是最小的儿子，本来

---

① （晋）葛洪：《抱朴子外篇》15《审举》。
② 扬州博物馆：《江苏仪征胥浦101号汉墓》，《文物》1987年第1期。并参见同期陈平、王勤金先生释文。

应该等他结婚或母亲去世以后再分家产,当时情况比较特殊:父亡母老,公文与两位兄长同母异父,而且因为犯罪正在服刑,所以先立下券书(可能此时"妪"已经病重,所以用遗嘱的方式立之),约定现有的家产暂时由两个女儿仙君和弱君代管使用半年,到期(可能是公文服刑期满)归还后,再由母亲分给公文。这个家庭已经分了两次家,这个券书是第三次析分,是专为老三公文搞的。由"公文不得移卖田予他人"推测,可能母亲准备与公文一同生活,公文的这些田地中包括母亲的养老田,母亲去世以后,这份养老田还要在三个兄弟之间进行第四次即最后一次析分。

东晋南朝时期,望族琅琊王氏的家产也经过了多次析分。王骞在钟山大敬爱寺旁边有良田80余顷,据《梁书》卷7《太宗王皇后传》说,是当年"晋丞相王导赐田也",是祖上传下来的。王骞是王导的第四代子孙,王骞的父亲王昙首有兄弟五人,《宋书》卷63《王昙首传》记载,当年"兄弟分财,昙首唯取图书而已",没要田产,到王骞这一代怎么继承了王导当年的赐田了呢?最大的可能,应该是王昙首在最后一次分家的时候分得的。① 如果是这样,那么,至少在王骞的父亲王昙首这一代,家产是经过了多次析分的。估计所说的"兄弟分财",是在四个哥哥陆续分开以后,作为幼弟的王昙首,结婚后分家的时候没像各位乃兄那样要田产,只要了图书;在其父王珣去世后,五兄弟最后一次分遗产的时候,王昙首则继承了该归自己的田产,由此才传到了他的儿子王骞手中。

据说南朝刘宋孝建年间,江南地区"士大夫以下,父母在而兄弟异籍,十家而七矣;庶人父子殊产,亦八家而五矣"②,都习惯了生前析分的方式了;《隋书》卷29《地理志》说,川蜀一带的人"薄于情理,父子率多异居"。其实,不只是江南和川蜀,其他地区也是这样。

唐代名相姚崇饱读诗书,受过孝悌教育,在分家析产问题上却很实际,他把家产"预为定分,将以绝其后争",把儿子们陆续分了出去。③

---

① 这一层的分析参考了日本学者越智重明先生《汉六朝的家产分配和二重家产》一文,孙言诚译,《中国史研究动态》1982年第5期。
② 《宋书》卷82《周郎传》。
③ 《旧唐书》卷96《姚崇传》。原文说姚崇"令诸子侄各守其分",包括侄子,估计是姚崇的父辈未分家,到姚崇这一代还在一起生活,姚崇却让下一代分开了。

并且在《遗令戒子孙文》中告诫后世子孙，该分开的时候就分开，不要贪图虚荣，勉强同居，最终使亲骨肉为争家产反目为仇。普通人家更是愿意早点分开。同时，官府按户等的高下征派税役，田产多丁男多的家庭户等高，税役负担重，也迫使民户尽可能早地分家异居，以减缩家庭中的人口和田产，降低户等，减少税役。

北宋统一之前，南方各政权辖区内大都通行"生分"的方式，广南"伪刘时凡民祖父母、父母在，子孙始娶便析产异爨"；西川、山南诸道在孟氏统治时期也是如此。① 入宋以后，仍然是"父母在堂已各居，止或异财。本父母既亡，则争分而兴怨"②；蔡襄说当时闽南地区的风俗是"迨至娶妇，多令异食"③；李惟清说泉州、漳州一带"先人之坟土未干，私室之风规大坏，弟兄列讼，骨肉为仇，官俸私藏，同居异爨"④；马亮说杭州、江陵地区有"士民父祖未葬而析居"的现象⑤；章惇就曾经因为"父尚在而别籍异居，绝灭义理"，遭到同僚的弹劾⑥……所反映的都属于多次性析产方式。据苏轼说，各地这种"富人子壮则出居"已经是普遍现象⑦；李心传也说"自大宋有天下垂二百年，民之析户者既多"⑧。因此，袁采在家训中嘱咐子孙，不要勉强维系大家庭，"兄弟当分，宜早有所定。兄弟相爱，虽异居异财，亦不害为孝义"⑨。这里所说的"宜早有所定"，就是说不必等父母去世以后再分了。

在南宋时期的案例《名公书判清明集》中，记载的多次性分家析产的案例就有十余处，如：陈文卿先抱养一子，后来又有了两个亲生儿子，他先"自以产业析而三之，文卿既死之后，（妻）吴氏又以未分之业析之"；寡妇阿宋有三个儿子，"户下物业除三分均分处，尅留门前池、东丘谷园，又池一口，充阿宋养老"，死后再由三个儿子最

---

① 《宋大诏令集》卷198《禁西川山南诸道父母在别籍异财诏》。
② （宋）李元弼：《作邑自箴》卷9《劝谕榜》。
③ （宋）蔡襄：《蔡忠惠公集》卷29《福州五戒文》。
④ 《宋史》卷483《世家六》。
⑤ 《宋史》卷298《马亮传》。
⑥ 《宋史》卷345《刘安世传》。
⑦ （宋）吕祖谦：《宋文鉴》卷104，苏轼《劝亲睦》。
⑧ （宋）李心传：《建炎以来系年要录》卷88，绍兴五年四月辛丑。
⑨ （宋）袁采：《袁氏世范》卷1《兄弟贵相爱》。

后均分。① 该书所记仅为南宋时期东南一地的案例,其他时期和地区也是这样。有一方宋代墓志记载说,管万的儿孙们虽然还没有分家,他"预为诸郎、诸孙计,各筑异居于所居之侧,其三室既成矣",接下来该给小儿子管迪准备了,管迪说"亲在而异居,吾所甚愧",管万"竟成其志,弗强也。迨终丧,异籍之后",管迪才"始谋治居第"②。都是先让儿子们分开住,父母去世后再彻底分清。还有后面将要提到的《宋世分书》,其中说"余(按:留下)三分老身养赡送终,并应门户。待老身天年之后,所遗三分照前均分",也是这种方式。

宋代律令对多次性析分方式是禁止的,皇帝经常发布诏令,对广南、川峡地区的"生分"习俗予以制止,对那些"诱人子弟,求析家产"的要擒拿问罪,严重的要流配。③ 同时还进行正面教育,号召人们孝慈敦睦,"况犬马尚能有养,父子岂可异居?"④ 但是,在实际生活中多次性分家方式一直很流行。

元代有个案例记载,彰德路褚克衡告其兄褚克衍,说当年分家的时候"留与母阿刘并老娘娘阿田养老事产,有兄褚克衍拘占,不肯分剖",是说多次析分过程中的最后一次不够平均;有司审理后认为,"阿刘阿田际出养老财产,今身已死。……理合诸子均分",褚克衍虽为长子,也不能独占。⑤ 元朝还具体规定,祖父母、父母在世的时候分家异居为"别籍",是不允许的;而暂时分一部分,祖父母、父母亡后再最后分清则是可以的,把每个儿子的第一次分家产称为"支析"⑥;还专门规定了最后分清的时间,"凡民间弟兄遇父母亡没未曾大葬者,不许析居。须候葬毕,方许分另";甚至"虽已葬讫,服制未终而分异者并行禁止"⑦。规定得相当具体,但没有禁止多次性析分方式。

明朝弘治八年的一件《四大分文书》记载说,"将祖遗田地、房屋

---

① 《名公书判清明集》卷3《母在不应以亲生子与抱养子析产》、卷9《买主伪契包并》,中国社会科学院宋辽金元史研究室点校,中华书局2002年修订版。以下简称《清明集》。
② 《宋故管公立道墓志铭》,陈柏泉编《江西出土墓志选编》,江西教育出版社1991年版,第54页。
③ 《宋史》卷8《真宗纪》。
④ 《宋大诏令集》卷198《禁西川山南诸道父母在别籍异财诏》。
⑤ 《通制条格》卷4《户令》。
⑥ 《通制条格》卷3《户令》。
⑦ 《元典章》卷19《户部五·家财》。

基址、坟山并家财什物"详细登统,"除各分子孙自各房资置买庄田外,其余一应祖产,品作四分"①。所谓"各分子孙自各房资置买",即初次分家以后各个小家庭自己置买的田产,最后一次分家的时候不算入总财产数之内;所谓"其余一应祖产",似乎包括原来已经分开了的田产,可能是原来的分配不太公平,所以最后一次分清的时候,连同各个儿子原来分得的田产和留在父母手中的部分一起合计,打乱重分了。嘉靖年间的一件《议分合同》中记载,邹昂、邹昊兄弟二人早已各自娶妻生子,分立门户,父母死后没有马上最后一次分家,仍然"同居过活";为了防止侄辈争执,兄弟二人到晚年才最后分清,把"各房衣物、家伙相平,照旧不动",初分以后各自的家产不打乱重分,只把兄弟二人未曾分过的(即原来父母留用的部分)分开:"前房屋东边门面二间,直抵门后,系昂受业;西边门面一间居中,直抵林宅墙界,系昊受业。……并无偏匿,两下再无不尽纤毫私蓄。"②经过这第三次分家才彻底分清了。

万历年间福建永春《荣房陈氏族谱》记载的多次性分家的详细过程,陈家兄弟四人,第一次"始与伯光祖分异,伯住牛地,二伯、三伯、父(按:作谱者之父,排行老四)迁于官路兜,兄弟仍旧同炊",老大分出后,其余三兄弟仍旧同住一处;第二次是三兄弟分家,"伯与父商议分议",将粮田"俾补均平,品作三份均管,各得三十一石零"③。由于父母已经去世,四兄弟分了两次就分清了。

明朝范钦创建了宁波"天一阁"藏书楼,为了使藏书事业传继下去,制定了"代不分书、书不出阁"的戒规。范钦晚年给两个儿子分家的时候,把大儿子和守寡的二儿媳叫到一起,把所有家产分为两份:一份是万两白银,另一份是"天一阁"藏书,令二人挑选。④这似乎是一次性分家,长子范大冲决定要"天一阁"时说准备拨出自己的部分良田来保养和补充藏书,说明两个儿子此前曾经分过家,各有各的田

---

① 转引自[日]仁井田陞《中国法制史研究(家族村落法)》,东京大学出版会1962年版,第五章第三节。
② 转引自[日]仁井田陞《中国法制史研究(家族村落法)》,第五章第三节。
③ 转引自郑振满《明清福建的家庭结构及其演变趋势》,《中国社会经济史研究》1988年第4期。
④ 余秋雨:《文化苦旅》,知识出版社1992年版,第118—119页。

产，这一次是最终分清。

清代这种方式也很普遍，保留下来的析产文书也比较多，在此且不胪列，只引证一个实例：名士张英在家训《恒产琐言》中，具体记载了自己参与分家的过程，"先大夫戊子年析产，予得三百五十余亩。后甲辰年再析，予得一百五十余亩。予戊戌年初析灶，始管庄事"。初次析产（应当是张英结婚时）在戊子年，甲辰年（应当是父母去世后）再析，相隔了十六年，并且初次所分多，最后所分少；其中说"予戊戌年初析灶"，在初分后十年，再分前六年，可能是初分的时候只是明确一下这350亩归张英，仍然由父亲掌管，十年后（应当是张英兄弟中最后一人结婚分家，或其父母年迈无力经管时）才真正拨归张英，让张英另立户头"始管庄事"，又过了六年，才最后分清。

多次性析分的时候存在一个问题，先分出去的长子和最后分出去的幼子，往往相距十几年甚至二十几年，先分出去的各个子家庭与父家庭似脱离又未脱离，虽然按习惯规定，此间父家庭所置田产在最后分清的时候算入家产总数，各房自置的田产不算，也经常由此引发一些纠纷。南宋有个案例记载，黄居易的父亲早故，他以长兄身份掌管家业。跟两个弟弟初次分家以后，他"用父母之财（按：即留给母亲的养老部分）私置产业。……于分关内明言私房续置之，与众各无干预"，企图在最后分家的时候独吞，结果被两个弟弟告了官。① 还有的是本来已经分清了又回头纠缠，杭州沈章、沈产兄弟最后分完家产之后，为分产不均打了三年官司，官府难以理断；张齐贤任知州时，见兄弟二人都说对方多占而自己少分，便巧妙地"令甲家入乙舍，乙家入甲舍，货财皆按堵如故，分书则交易之。讼者乃止"②。宋代官府因此专门规定"分财满三年而诉不平……不得受理"③，以防无休止地纠缠。

明清时期仍然有这类规定，持久的争执还是经常出现。山东曲阜武氏三兄弟在光绪二十八年最后一次分家，六年后，老三武玉林仍然声称"家产不清"，要求将已经分开的家产合并重分，否则老大老二各给他

---

① 《清明集》卷10《兄弟之争》。
② （宋）江少虞：《宋朝事实类苑》卷23《官治政绩·张齐贤》。
③ 《清明集》卷5《侄与出继叔争业》。

三百贯钱方肯罢休。兄弟三人为此打起了官司,甚至闹出了人命。① 这类问题在多次析产的实际过程中,尤其是在兄弟多、年龄相差大的富裕家庭中,是很难避免的。

## 第二节 一次性继承方式

一次性继承方式是与三代家庭结构相适应的分家方式。商鞅变法以后直到秦朝,主要通行多次性析产方式。入汉以后,不再强调家有"二男"就要分异,渐渐地由儿子结婚后暂时不分家,发展到父母在世的时候也不分了。同时,儒家孝悌观念的倡导也限制着多次性分家方式,按照孝悌的要求,父母在不应该分家,父母不在了兄弟们也不应该分开;不过,"应该"怎样做和实际上"能够"怎样做是有距离的,既孝又悌的要求过高,一般人难以做到,只能退而求其次:父母在世的时候不分财不异居,父母去世后弟兄们一次性分清。这便是一次性继承方式。

在《后汉书》的列传中这类记载不少,如鲍永与父母兄弟同居,父亲去世以后也没有分家,母亲去世后难以维持了,他便"悉以财与孤弟子",让弟兄们分开了,自己什么也没要;姜齐也与之相似,"其母死,丧礼毕,尽让平水田与兄岑",自己只要低洼田。都是初不欲分,最后被迫分开的时候谦让各位兄弟。换个角度看,都是一次性继产方式。

前面提到,曹魏制定《魏律》的时候曾经"改汉旧律。……除异子之科"。异子之科即儿子长大后必须与父亲分家别籍的规定,说明汉代还有过这样的规定,曹魏时期才废止了。隋朝规定"大功以下,兼令析籍,各为户头"②,所谓"大功",指五服制中孙子们给祖父母穿的孝服,代指堂兄弟辈,是继续和发展了父子不分异的规定,只许第三代分家③,即祖父母在世的时候可以分,父母在世的时候不行。

唐律规定"诸祖父母、父母在而子孙别籍异财者,徒三年",仍然

---

① 中国社会科学院历史研究所整理编辑:《曲阜孔府档案史料选编》第三编第十八册,齐鲁书社1980年版,第576—577、582页。
② 《隋书》卷24《食货志》。
③ 这个规定的本意是限制父子分家,却自相矛盾:第三代堂兄弟们分开的时候,相对于第一代(他们的爷爷)来说不算是父子分异,对于第二代(他们的父亲)来说又属于父子异居了。这个自相矛盾的规定可能是把第一代作为家长、只站在第一代的角度看问题造成的。

是隋朝的"大功"以下才能析籍的政策，比隋制更为严格，必须到祖父母、父母都去世以后才可以分开，实际上是在限制多次性析分方式，推行一次性继产方式。并且规定，必须到服丧期满之后才允许分开，"诸居父母丧，生子及别籍异财者，徒一年"①，只限制父母丧期，祖父母不在此限，规定可谓细致具体。五代时期仍然实行这种政策，后晋的时候甚至走极端，"以孝治为急，见民间父母在昆弟分索者，必绳而杀之"②。宋代也对多次性析分方式予以限制，河北路的"贝州言，民之析居者例皆加税，谓之罚税"③。因为人们明显地感觉到，父子兄弟之间因为分家析产而反目的现象越来越严重，据真德秀说，南宋时期潭州经常有因分家导致不讲"兄弟天伦，古人谓之手足，以其本同一体也。今乃有以唇齿细故而致争，锥刀小利而兴讼"的现象④，所以有必要匡范一下，维系血缘亲情和人伦之道。

　　细绎之，唐朝的《户令》已经把"别籍"与"异财"区分开了，前者指户口单立，后者指析分家产；"异财"之后可以"别籍"，也可以继续与父母"合籍"。律令限制的主要是"别籍"，不管是否"异财"，《唐律疏议》卷12《户婚》讲，如果祖父母、父母让子孙别籍，要把祖父母和父母"徒二年"；疏议专门解释说："但云别籍，不云令其异财，令异财者明其无罪"，就说明了这个区别。⑤ 金朝也规定，"汉人不得令子孙别籍，其支析财产者听"⑥。古代的"家"与"户"不同，"家"是生产生活中的血缘组织，"户"是官方的户口统计单位，官府是从后者着手进行管理的。

　　由于礼法融合的特点，古时候的"法"往往只是提倡而不是强制，不同于现代意义上的法律，有学者称之为"文化理想"⑦，祖父母、父

---

① 《唐律疏议》卷12《户婚》；《宋刑统》卷12《户婚律》。
② 《旧五代史》卷75《高祖纪》。
③ （宋）李焘：《续资治通鉴长编》卷107，仁宗天圣七年四月己酉。以下简称《长编》。
④ （宋）真德秀：《西山先生真文忠公文集》卷40《潭州谕俗文》。
⑤ 《宋史》卷437《程迥传》记载，传主在知县任上审理分家争产的诉讼的时候曾经说"在律：别籍者有禁，异财者有禁"，与《宋刑统》的解释相矛盾。可能是传主不熟悉律文所致，不足为据。
⑥ 《元典章》卷17《户部三·分析》。
⑦ 高永平：《执着的传统——平安村的财产继承研究》，中国文史出版社2007年版，第220页。

母在世的时候不许分家的规定就属于这一类。这类规定主要是一种"号召",一种道德舆论上的限制,在实际分家过程中很难行得通。南朝刘宋时期,周朗看到江南一带"士大夫以下,父母在而兄弟异籍,十家而七矣;庶人父子殊产,亦八家而五矣。凡甚者,乃危亡不相知,饥寒不相恤",觉得很痛心,因此建议"宜明其禁,以革其风。先有善于家者(按:即不分家),即务其赏;自今不改,则没其财"①。虽然彻底,也符合孝悌的传统,结果却是"书奏忤旨",难以为朝廷所采纳。朱熹认为,"如父母在堂不许异财,法意最好",但难以落实,其实朝廷"也只把做文具事行了,皆不期于必行"②,主要是倡导而已。

不过,我们不能因此低估舆论教化的力量,舆论的倡导与人们的血缘亲情结合在一起,会使"礼"的作用大于"法"。尤其是父母在世的时候儿子过早分家异居,会带来一些实际的生活问题,譬如后唐时期的崔贻孙"素有贮积",给三个儿子分家以后,儿子们"各于旧业争分其利",都想多要一些东西,崔贻孙生病的时候"甘旨医药,莫有奉者",气得崔贻孙大骂:"生有明君宰相,死有天曹地府,吾虽考终,岂放汝耶!"③ 还有宋人真德秀说的"今乃有亲见而别籍异财,亲老而供养或阙,亲疾而救疗弗力"现象④,令人心寒。有关的律令和说教也的确能打动人心,唤醒人的良知,尽量推迟分家析产的时间。

唐代均田制令文规定,永业田的户主"身死,则承户者便受之";官员家"其父祖永业田及赐田亦均分"⑤。由所说的继承时间为"身死"之后可以知道,也是按一次性继承的习惯规定的。唐代一方墓志记载,顾谦有六个儿子,到 67 岁去世前,仍然与儿子们一起生活;去世后服丧期满,儿子们在"明年岁在癸巳十一月二十四日乙卯,灼龟析蓍,始遂先志"⑥,似乎是他曾经让分家,儿子们没有分,这时候才分开了;刘弘基一生"不事家产",年迈的时候"遗令给诸子奴婢各十五人,良

---

① 《宋书》卷 82《周郎传》。
② 《朱子语类》卷 106。
③ 《旧五代史》卷 69《崔贻孙传》。
④ (宋)真德秀:《西山先生真文忠公文集》卷 40《潭州谕俗文》。
⑤ 《旧唐书》卷 48《食货志上》;《宋刑统》卷 12《户婚律》引唐《户令》。
⑥ 周绍良主编:《唐代墓志汇编》咸通 109《唐故朝散郎贝州宗城县令顾府君墓志铭》,上海古籍出版社 1992 年版。

田五顷",把其他的财产都给了别人。① 此前没有给儿子们分过家,到晚年一次性分清了。敦煌发现的分家析产文书(包括文书样式),大都是一次性析分的时候使用的,因为各个文书开头都说兄弟们不忍心分开,如今父母不在了,子侄辈渐渐长大,恐怕将来争财反目,所以趁着老弟兄们健在的时候分开;并且都在文书中附有析产清单,写明析分的庄田、屋舍、什物以及牛羊等,所分的家产一应俱全,此前不曾分过,现在一次性分清了。宋代案例记载的"吕文定、吕文先兄弟两人,父母服阕,已行均分";罗谦有三个儿子,"父母身亡,已当服阕,分而为三"②;王鼎的父亲在世的时候从未分过家,"父死,分诸子以财,鼎悉推与其弟"③……都是一次性继承方式。

　　一次性继承方式通常不是父母去世以后,而是父母年迈的时候进行,如上面说的唐朝刘弘基那样。宋代的一方墓志记载,母亲刘氏在病重之际"与先君谋,欲俾应昂兄弟析烟而食,析屋而居"④,也属于这种情况。还有一个案例说,"翁晔、翁显系亲兄弟,其父翁宗珏在日,有田五十八种,于淳熙十二年分拨于二子,各得田二十九种。宗珏庆元六年死,翁晔将所得田二十九种尽行典卖"⑤。翁宗珏在淳熙十二年把田地全部分给了两个儿子,到15年后的庆元六年才去世;没有提母亲,估计分家的时候只剩下父亲一个人,晚年分开后由儿子们轮流赡养。

　　前面提到,历代都大力旌表累世同居共财的大家庭,正如后来顾炎武所评论的,是"名生于不足"⑥,相对于分家析产的情况来说,这种大家庭毕竟太少了。并且也难以长久维持,能做到父母在世的时候不分已经很不容易了。在一般的家庭中,弟兄们在维持中等待机会分家析产,往往有急不可耐的心态。虽然律令规定父母服丧期内分家要"徒一年",实际上限制不住,以至于地方官不得不屡申其制:"勘会有无祖

---

①《旧唐书》卷58《刘弘基传》。《新唐书》卷90《刘弘基传》说是刘弘基生病时候分的家,没有说是不是"遗令"。

②《清明集》卷4《吕文定诉吕宾占据田产》《罗械乞将妻前夫田产没官》。都是按规定在服丧期满以后才分开的。

③《宋史》卷300《王沿传附子鼎传》。

④《有宋彭母孺人刘氏圹记》,北京图书馆金石组编《北京图书馆藏中国历代石刻拓本汇编》第44册,中州古籍出版社1989年版。

⑤《清明集》卷10《兄弟论赖物业》。

⑥(清)顾炎武:《日知录》卷13《分居》。

父母、父母在堂,如祖父母、父母已死,即今孝服满与未满,及有无诸般违碍。如无祖父母、父母及孝服已满,别无诸般违碍,即许均分。"①看来,有的连丧服期也过不了便急着要分家了。

到了明朝,分家析产在人们的观念上已经是极为平常、天经地义的事情,甚至已经没有必要在律令正文即"律"的部分规定该如何分、谁参与分了,只是在补充性的"例"中提及,并且主要是在立嫡违法、立嗣争产、卑幼私擅用财等律文后面附上一些补充性的条例,所以薛允升在《读律存疑》卷9说,明清时期"律不言家产,而例特为补文,以产争继者多,故于财产一层反复言之也"。像前代那样的兄弟分家的时候不取分文,或只取贱旧之物的人也很少见,能做到公平合理、不多取多占便值得夸耀了。明朝人李应升在《碧血集》中有一则写给儿孙的家训,说当年分家的时候"吾向有誓,愿兄弟三分,必不多取一亩一粒",并要求儿孙们效法,将来分家的时候"毫不可多取,以负吾志";清朝的张之洞晚年也给儿孙们讲,自己"自幼不争财产。……汝等须记得此谕,兄弟不可争产"②。说的都很实在,只要求做到不多取、不争,连高调也不唱了。

据郑振满先生搜集整理的清代闽北地区的分家文书看③,一次性析产方式也很流行。嘉庆十四年泰宁县欧阳容轩分家文书记载,容轩兄弟三人,"其父早故,容轩综理家务,两弟惟予命是听。二弟先逝,容轩仍与诸侄同居共炊。至年七十八始主持析产,时儿侄辈俱已成婚。家产则作三股均分,立为福禄寿三房"。道光十一年光泽县古为政的分家文书说,古为政早年代父理家,兄弟六人一直同居;晚年的时候因为兄弟辈"存殁不齐,诸侄亦皆强壮",遂决定分家,将各种物业均分为六份,编号为"神圣善信仪美。"这都是早年立志同居共财,到晚年改变初衷才一次性析分的例子。不唯此种特殊情况,也不只闽北一地,一次性分家方式都是很常见的,康熙年间有个叫周与则的人临终嘱咐子孙:"吾祖宗累世同居,子孙宜法之。必不得已,分产为七,必均"④;光绪

---

① (宋) 李元弼:《作邑自箴》卷9《析户》。
② 《赵凤昌藏札》,国家图书馆出版社2009年版,第三卷,第38页。转引自茅海建《张之洞的别敬、礼物与贡品》,《中华文史论丛》2012年第2期。
③ 郑振满:《清至民国闽北六件分关的分析》,《中国社会经济史研究》1984年第3期。
④ (清) 潘永因:《清稗类钞》卷46《孝友类·周与则待弟》。

年间刘大鹏在《退想斋日记》中说："每见近世,父母在堂,兄弟尚觉和翕;迨父母殁而心遂变矣,或兄憎其弟,或弟恶其兄,概不念同气枝连,相视胜于仇人。每欲荡析离居,由是将家产判为数段,兄弟东西,各操其业"①……反映的都是一次性析产的情况。

无论一次性还是多次性继承,最终分开的时候,儿侄辈已经有很多人,而且各房的人口数量不一样,习惯上还是按父辈的兄弟数均分,不考虑下一代的人数。如果分家的时候父辈兄弟中某个人已经去世,由其儿子代表父亲,称为"代位继承";如果父辈都已经去世,直接按第三代的人数均分,就是"越位继承"了。这个问题留在最后一章介绍。

多次性析分和一次性析分,是诸子平均析产的两种主要方式。从历代令制来看,商鞅变法到秦朝推行多次性析分方式,汉代以降倡行一次性方式,事实上一直是两种方式并存。尽管按传统的伦理说教应当首先尽"孝",与父母同居共财,不能分异,由于生活中的经济、人际关系等原因,很难做到。如前所说,汉代已经有了以"孝廉"著称的士人家中"父别居"的现象,后来更是这样。历代律令只限制多次性析产,不限制父母亡后的一次性析产,就透露出这样的事实:能维持到父母去世或年迈的时候分家已经很不容易了。

尽管律令限制父母在世的时候分家析产,有的时候甚至规定要"徒三年",这只是对违抗父母意愿的强行析分而言的,如果"父母年高,息于经营者,多将财产均给子孙"②;或如明代的析产文书式样(详后)中所说的,父母自己觉得已是"景逼桑榆,宜将家事付诸子管理,以逸余年",在这种情况或借口之下,父母在世的时候分家便不算违法了。在古人看来,父母在世的时候把家产分配之事安排好,防止身后儿子们闹矛盾,也是精明的做法。汉代陆贾生前给五个儿子平分了家产,似乎跟当时提倡的父母去世后再分家不协调,后人评论起来却认为他"预为定分",是洞察世事人心的"古贤达也"③。事实上,如果父母在世的时候儿子们分家不是采用逼迫方式,而是取得了父母的同意,或者是父母主动提出来的,就是既合情理又不违背律令了。

---

① (清)刘大鹏:《退想斋日记》卷2《光绪十八年日记·十月初六日》。
② (宋)袁采:《袁氏世范》卷1《处己》。
③ 《旧唐书》卷96《姚崇传》。

这就给多次性析产方式开启了方便之门，在倡导一次性析产的时候，也是两种方式并存。

笔者尚未见到古代两种析产方式孰多孰少的记录，也没见到可资推算的具体资料。20世纪30年代李景汉先生在河北定县搞社会调查的时候，对东亭社区农家的亲属和婚姻构成作了详细记录[①]，可据此作一推算。在所调查的515户中，第二代都已经结婚而继续与父母同居的有377家，其中25家父母或任何长辈均已去世，只是兄弟同居；第三代都已结婚而继续与父母、祖父母同居，即三代同居的有64家；第四代都已成婚而继续与父母、祖父母及曾祖父母同居，即四代同居的有4家。这样算来，婚后不分家，仍然与长辈同居，将来准备实行一次性析产方式（其中不排除少数累世同居共财大家庭）的共有445家。李景汉先生的主要目的是考察家庭中的婚姻状况，所以将另外70户归为家中只有一代而且已经结婚之类，没说明其中有多少户因贫穷而未成婚、多少户是户绝之家；即使把这70户都算作是儿子结婚后已经分异的，属于多次性析分方式，那么，一次性继承方式与多次性析分方式的比例也将近6.4∶1，以一次性继承方式居多。古时候应该也是这样的。

## 第三节　庶生子的继承权

儿子的身份首先是按父亲来确定的，同一个父亲的儿子们血缘关系相同，都是亲兄弟；在一妻多妾的家庭中，同父不同母的儿子又随生母的身份分成了四类：嫡生子、妾生子、婢生子以及私（奸）生子，后三类通称为庶生子。嫡庶之间的等级差别很大，具体到继承权，宗祧继承一直归嫡长子，身份地位的继承（如恩荫补官）只限于嫡生子，庶生子没资格参与；在家产的继承方面，庶生子的权益也经历了一个从无到有的发展变化过程。

秦汉时期庶生子的地位很低，尽管张家山汉墓竹简中的《二年律令·户律》规定，"诸后欲分父母、子、同产、主母、叚（假）母，及主母、叚（假）母欲分孽子、叚（假）子田以为户，皆许之"，允许孽子（庶子）、假子（前妻之子）参与分家，实际上庶生子的继承权很不

---

[①] 李景汉：《定县社会概况调查》，中国人民大学出版社1986年影印本，第142页。

稳定。《汉书》卷55《卫青传》记载，汉代名将卫青是郑季与平阳侯家的女僮卫媪的私生子，冒姓卫氏，故"为侯家人，少时归其父，父使牧羊。民母之子皆畜奴之，不以为兄弟数"。民母即正妻嫡母，嫡生子们把卫青视作奴仆，不齿于兄弟之列，当然不会让其参与家产的继承了。同书卷53《景十三王传》记载，汉景帝之子常山宪王刘舜"有不爱姬，生长男棁，以母无宠故，亦不得幸于王。……不以棁为子数，不分与财物"；虽然不少人劝"令分财，皆不听"。其实，不只是因为母亲失宠才不分给刘棁家产，歧视庶生子应该是其中的重要原因。

吕思勉先生说，秦汉时期"正嫡之与庶孽，进取之途大有殊异也，以财产论亦然"①，话说的有些绝对，但也基本符合秦汉时期的实际情况。汉代沛郡有个人很富有，家产"二千余万，小妇子年裁（才）数岁，顷失其母，又无近亲。其女不贤，公痛困，思念恐其争财，儿必不全，因呼族人为遗令书：悉以财属（嘱）女，但遗一剑，云儿年十五以还付之"②。按后来的习惯，在没有嫡生子的情况下应该以这个"小妇子"即庶生子为继承人，汉代的时候人们还不习惯这样做，所以没有把家产直接给了这个"小妇子"，只给了他一把剑，让他长大后自己去想办法。

魏晋南北朝时期的观念大致依旧，实际生活中已经有了一些变化。西晋王浚的母亲是个良家女，因为"贫贱，出入沈家，遂生浚"，王浚是私生子，嫡兄王沈"初不齿之"。王沈15岁就死了，又没有其他兄弟，所以"亲戚共立浚为嗣"③。立嗣之后就顶替了王沈的位置，改变了庶生子的身份，有继承权了。甘肃临泽出土的西晋建业元年的《田产争讼爰书》中④，告状的孙香就是个庶生子，与两个堂兄弟打家产官司，只说他们"今自凭儿子强盛，侮香单弱"，两个欺负一个，没有说因为自己是庶生子被欺负；在打官司的过程中，从被告到官府，都没有对这个庶生子流露出歧视的意思。李迁哲家"妾媵至有百数，男女六十九人。……姬媵之有子者，处分其中，各有僮仆、侍婢、阉人守护"，

---

① 《吕思勉读史札记》乙帙《嫡庶之别》，上海古籍出版社1982年版。
② （宋）李昉：《太平御览》卷639引《风俗通》。
③ 《晋书》卷39《王沈传附浚传》。
④ 杨国誉：《〈田产争讼爰书〉所展示的汉晋经济研究新视角——甘肃临泽县新出西晋简册释读与初探》，《中国经济史研究》2012年第1期。

不分嫡生妾生一视同仁，"子孙参见，忘其年名，披簿以审之"①。当然也有顽固守旧之家，北魏的崔道固为"贱出"即庶生子，"嫡母兄攸之、目连等轻侮之。……攸之等遇之称薄，略无兄弟之礼"②，从来不把崔道固当亲兄弟看待。

北齐颜之推在《颜氏家训》卷1《后娶篇》中说，江左即南朝"不讳庶孽"，与嫡生没有差别；北齐即河北地区却"鄙于侧出，不预人流"，南北风俗尚有不同，北方庶生子的地位仍然比较低。唐长孺先生认为东汉已经如此，到北朝时期轻视庶生子之风更厉害了。③ 不过，即使在北方，庶生子也不再甘于低人一头，开始设法反抗了。《北史》卷31《高允传》记载，高遵为"贱出，其兄矫等常欺侮之。及父亡，不令居丧位"，当然也含有不让其享有继产权的用意；高遵找堂兄高允帮助，"允为作计，乃为遵父举丧，以遵为丧主"，把嫡生子们压了下去，争回了自己的名位和权利。这个时期北方还出现了一种新的情况，一个家庭中不是按嫡庶来区分高低，而是取决于哪边人数多，北魏的卢玄有五个儿子，"嫡惟度世，余皆别生。……其庶兄弟常欲害之，度世常深忿恨"，在继产等事情上吃了亏也惹之不起；"及度世有子，每戒约令绝妾孽，以防后患"④。在北方庶生子的实际地位已经不像秦汉时期那样低下了。

唐宋两朝的析产令文规定，"应分田宅及财物者，兄弟均分"⑤，都是只说"兄弟"，没分嫡庶。律令的行文措辞是很严谨的，称"妻妾"的时候分正妻、婢妾，称"妇人"的时候则泛指妻妾；同样的道理，称嫡子、嗣子的时候分嫡庶，称"兄弟"的时候，只是从同一个父亲的角度看，不再从母亲的角度来区分了。有关论著引用过一些相反的例子，如黄崇的父亲年逾花甲以后小妾生了一个男孩儿，"崇以手接男，径掷桶中溺杀之。……盖黄氏赀业微丰，崇畏儿长大必谋分析"⑥；还

---

① 《北史》卷66《李迁哲传》。
② 《魏书》卷24《崔玄伯传附崔道固传》。
③ 参见唐长孺《读〈颜氏家训·后娶篇〉论南北嫡庶身份的差异》，《历史研究》1994年第1期。
④ 《魏书》卷47《卢玄传》。
⑤ 《唐律疏议》卷12《户婚》；《宋刑统》卷12《户婚律》。
⑥ （宋）洪迈：《夷坚志》丁志卷5《三士问相》。

有一个姓李的买了一个小妾，生了一男一女，李某死后其嫡出的长子与妻子商量说，"二子成立，当有婚嫁之累，且分我资产；能置之死地，家资悉我有也"，最后把两个庶出的弟妹都虐待死了。① 确实是歧视排挤庶生子，不过，应该看到，正是因为庶生子已经有了家产继承权，嫡生的兄长们才这样对待他们，否则就没必要使用这种极端手段了。

唐代的一方墓志记载，苏夫人自己生了一个儿子，另有侧室生的三个女儿，"夫人幼则用慈仁抚育，长则丰厚嫁遣，骨肉之内，不辨其他出"②；还有一个姓李的女子嫁孙氏为正妻，"养庶子过己出焉"③。虽然墓志只讲人的优点善行，说的也应该是事实。敦煌文书中有唐宋之际的一份《马军氾再晟状》记载，氾再晟与寡母及三个妹妹过活，"又父在之日，闻道外有一妻，生弟保保，识认骨肉，恩怜务恤，长大成人，与娶新妇，承望同心戮力，共荣（营）家计。保保母后嫁押衙杨存进为妻。其杨存进无子，构詃保保为男，便是走去。数度招唤，回眼不看，口云：随母承受富产，不要亲父贫资"④。这位叫保保的弟弟是其父的"道外"即舍外小妾所生，属于庶生子；嫡生的氾再晟及其母亲、妹妹给了他继承权，但这位庶生子势利眼，嫌贫爱富，投奔到继父家去了。

南宋时期的陈亮在给庶生的弟弟写的墓志铭中说，"昔我先人实生汝而弃汝与他人，力未足以活汝也"，这当然是给父亲遮掩；父亲去世以后陈亮当家，把已经 17 岁的庶弟要了回来。可能是有人不赞成，陈亮解释说，自己如果"不念吾先人之子，则无以自别于禽兽矣"，还特意在铭文中嘱咐："汝父汝兄，相从在此，子孙敢曰非陈氏子！"⑤ 谁也不能说这个庶生的弟弟不是陈家的人。

宋人在家训中也曾嘱咐子孙，如果有"别宅子、遗腹子，宜及早收养教训，免致身后论讼。或已习为愚下之人，方欲归宗，尤难处也"⑥。

---

① （宋）张思政：《括异志》。
② 周绍良主编：《唐代墓志汇编》咸通 118《唐故处州刺史赵府君妻上邽县君苏氏夫人墓志铭》。
③ 周绍良主编：《唐代墓志汇编》大中 125，名佚。
④ 唐耕耦、陆宏基主编：《敦煌社会经济文献真迹释录》第二辑，全国图书馆文献缩微复制中心 1990 年版，第 314 页。
⑤ （宋）陈亮：《陈亮集》卷 36《庶弟昭甫墓志铭》。
⑥ （宋）袁采：《袁氏世范》卷 1《庶孽遗腹宜早辨》。

对庶生子有防范，但还是要接纳。与此前一样，有"抚爱诸庶，不异己出"的贤惠主妇，① 也有歧视庶生子的女人。南汉刘龑就是刘谦生在"外舍"的庶生子，刘谦的妻子"素妬，闻之怒，拔剑而出，命持龑至，将杀之"，但见到刘龑后发现是个"非常儿也"，才没敢动手，只把刘龑的母亲杀了。② 宋代有个姓莫的富翁，"暮年忽有婢作娠，翁惧其妪妒，且以年迈，惭其子妇若孙，亟遣嫁之。已而得男，翁时岁给钱米缯絮不绝"，类似于养了一个别宅子。这个男孩儿十来岁的时候莫老翁死了，有人挑唆其婢说"汝富贵至矣。……汝之子，莫氏也。其家田园屋业，汝子皆有分，盍归取之。不听，则讼之可也"。其婢便让这个小男孩儿戴上重孝去莫家哭灵，"妪骂，欲殴逐之"；嫡生的长兄知道这样做不行，只好接纳了这个庶出的小弟弟，让他"与诸兄弟同寝处"，③ 承认了他的身份和权益。

　　当然，对此也有不同看法，刘清之认为分家析居的时候"无嫡庶之辨，此作律者之失也"，主要是从不区分大宗小宗、不利于祭祀的角度讲的。④ 总的看来，到唐宋时期，人们一般不再阻止这些庶生子归宗，不排除他们的家产继承权了。据有关记载看，在具体操作中还有两个原则：

　　一是分清庶生子是在本家入籍，还是一直在外面单独立户，前者可以参与析产，后者不行。战国秦汉时期有一种称为"偏室"的妾，单立门户，"偏室"的儿子跟母亲生活，可以继承母亲的财产（实际是父亲给母亲的财产），不能直接继承父亲的家产。唐代以后的情况就不同了，天宝年间的一条敕文说："百官、百姓身亡殁后，称是别宅异居男女及妻妾等，府县多有前件诉讼。身在纵不同居，亦合收编本籍；既别居无籍，既明非子息。及加推案，皆有端由。或其母先因奸私，或素是出妻弃妾，苟祈侥幸，利彼资财，遂使真伪难分，官吏惑听。"为统一令制，专门规定："其百官、百姓身亡之后，称是在外别生男女及妻妾，先不入户籍者，一切禁断。辄经府县陈诉，不须为理，仍量事科决，勒

---

① 《河南程氏文集》卷12《上谷郡君家传》。
② 《新五代史》卷65《刘隐传》。
③ （宋）周密：《齐东野语》卷20《莫氏别宅子》。
④ （宋）刘清之：《戒子通录》卷6《高业司送终礼戒子篇》。

还本居"①；反之，如果在其父生前已经与父兄合户，就有了相应的权利。北宋初年的《宋刑统》也沿用了这个规定，越州一个富豪与仆人的妻子私通，在外面"生一子而收养之"，富豪夫妇死后，这个私生子"乃归持服，且讼分财，累年不决"；官府为此专门查对了户口，发现这个私生子虽然没有被领回家，当初"尝以幼子注籍"②，承认了其分家产的权利。

这个规定似乎与上面引述的墓志等处的例子有些矛盾，那些例子都是直接认同庶生子的继产权利，不问其是否在外单独立户。揣测其原因在于，墓志中的例子都是作为应该赞美的善良行为被记载下来的，是超过一般人的容纳程度的行为；案例记载的则是相反的事实，互不相让，发生争执的时候就要按令制的规定来办了，《清明集》卷7在"遗腹"条下面有两个案例，都是在其父去世以后才来认家门，声称是其父在外与旧婢生的儿子，引起了诉讼。结果都被官府否认，理由就是他们年龄已经很大（董三八27岁，陈亚墨45岁），此前没来过，因此怀疑是冒充。这其中就含有此前未同居合籍的问题。

二是官僚贵族和平民百姓家庭有所区别。贵族官僚家庭中的嫡庶差别比较严格，按照礼法的规定，受封人死后所封赐的物品与普通田宅一样，由诸子均分，不分嫡庶；但只能由嫡长子继承爵位，其他儿子特别是庶生子不行，唐代的陈亿按规定应该承袭父亲的爵位，为了把机会让给弟弟，"遂佯狂，以让弟甲嗣爵。后方入仕，邻人告甲非嫡子，不合袭"，被消了爵位。③ 不过，在实际分家过程中，普通田宅可以不分嫡庶一同均分，与特权身份连在一起的田地，如均田制下的勋田的传承④，则显示出了嫡庶之别。

庶生子可以恩荫封官，只有嫡生子才可以袭爵⑤，不过，当时已经有人指出嫡庶的限制不如以前严格了，"古之仕者，宗一人而已，庶子

---

① 《宋刑统》卷12《户婚律》引唐《户令》。按，"或其母先因奸私"一句的"私"疑为"和"之误。
② （宋）郑克：《折狱龟鉴》卷6《证匿》。
③ （清）董诰：《全唐文》卷401，房自厚《对佯狂让弟判》。
④ 邢铁：《从三组敦煌户籍说唐代均田制下的继承问题》，张国刚主编《中国中古史论集》，天津古籍出版社2003年版。
⑤ 《隋书》卷39《贺若宜传》记载，传主让嫡生子贺举袭爵，庶生子贺协等做了小军官。

不得进。……今之仕者，但以才升，不限嫡庶"了。① 科举考试是这样，其他场合也是如此。在没有嫡生子的时候，庶生子继承爵位的权利优先于甥侄，因为爵位是父亲的，庶生子毕竟是父亲的直系血亲。一个叫王畅的羽林将军无嫡生子，只有庶生子，"弃其庶子，收彼侄男"，结果被判令改立，因为"侧男自须绍允，犹子不合承宗"②。侧男即庶生子，犹子指侄儿，绍允即继承宗祧身份爵位。向群先生因此认为，在唐代涉及嫡庶之争的判文中，有半数以上倾向于以德行为标准"立嗣以贤"③，不完全按嫡庶了。

普通民户包括中小官员分家的时候，只涉及财产问题，所以对庶生子比较宽松。唐中叶陕虢观察使卢岳之妻"分赀不及妾子，妾诉之，"说明按法令规定应该有这个"妾子"的份额。④ 宋代潭州"有老妪病狂，数邀知州诉事，言无伦理，知州却之，则悖詈。先后知州以其狂，但命徽者屏逐之。（王）罕至，妪复出，左右欲逐之"，王罕制止，耐心听其诉说；"妪诉本为人嫡妻，无子，其妾有子。夫死，为妾所逐，家资妾尽据之"。显然，这个家庭已经为小妾母子所控制，庶生子成了唯一的继承人。为了给老妪申冤，王罕把家产判给了老妪，但没有按老妪的意思把小妾母子赶出去。⑤ 其实，这只是为了不让老妪流落街头，最后的继承人还是那位庶生子。襄州有个富家的孩子叫张锐，年幼时父母去世，本村一个姓车的谋夺其家产，就把张锐父亲的一个"弃妾他姓子"作为张锐父亲的"外宅子"养了起来；这个"外宅子"长大以后回到了张家，与张锐"既同居逾年，车即寻令求析居"，平分了家产；多亏知州刘元瑜识破了真相，把这个"他姓子"赶了出去。⑥ 这个"他姓子"当初之所以得逞，也是由于真正的外宅子可以享有平分家产的权利。

---

① 《隋书》卷75《刘炫传》。
② （唐）张鷟：《龙筋凤髓判》卷1《羽林将军王畅薨无嫡子取侄男袭爵庶子告不合承》。
③ 向群：《略论唐判所见唐礼法中的继嗣问题》，郑学檬主编《唐文化研究论文集》，上海人民出版社1994年版。
④ 《新唐书》卷163《穆宁传》。《旧唐书》卷155《穆宁传》说是"卢岳妾裴氏，以有子，岳妻分财不及，诉于官"。其实这个小妾只是代子分家。
⑤ （宋）江少虞：《宋朝事实类苑》卷23《官治政绩·王罕》；《宋史》卷312《王珪传附子罕传》。
⑥ 《宋史》卷304《刘元瑜传》。

在南宋后期的《建昌县刘氏诉立嗣事》案例中，田县丞和刘氏私通所生的珍郎是庶生子中名分最低的，在刘克庄主持的多次调整家产分配的方案中，都没有歧视他的迹象。①另一个案例说，刘拱辰是嫡母郭氏所生，刘拱礼、刘拱武是妾母所生，父母去世后三兄弟分家不均引起诉讼，官府审理时认为，三个人"虽有嫡庶之子，自当视为一体，庶生之子既以郭氏为母，生则孝养，死则哀送，与母无异，则郭氏庶生之子犹己子也。……拱辰虽亲生，拱武、拱礼虽庶出，然其受气于父则一也。以母视之，虽曰异胞；以父视之，则为同气"②，因为分家是父子相传，所以应当同等对待。这段话典型地反映出当时人们对嫡庶关系的认识。总的看来，确如苏颂所说，"今士庶之家，子孙罕分嫡庶"③，不论士大夫还是平民家庭，在这方面都与先秦时期不一样了。

在涉及家产继承案的审理中，通常不怎么考虑庶生子的身份问题。《文献通考》卷170记载，宋代广安一个叫安崇绪的人系妾阿蒲所生，父亲死后家产全为嫡妻（母）冯氏占用，他便以冯氏是继室等理由告到官府。官司一直打到朝廷，大臣李昉等43人一致认为，应当把家业"并合归崇绪，冯亦合与蒲同居，终身供侍，不得有阙。……如是，则男虽庶子，有父业可安"④。还有一个叫陈子牧的人，正妻没有生儿子，"立璋孙为子，既而庶生一子瑛孙"，不久陈子牧和所立之子都死了，又一次酝酿立嗣的时候，官府认为庶生子"瑛孙乃子牧亲生之子，子牧之家本非绝嗣"，不能选立别人。⑤直接把庶生子作为嗣子看待了。范仲淹办义庄赈济族人，专门规定"取外姓以为己子"即过继异姓为嗣、本族子弟"在外不检生子"即奸（私）生子不得领米绢⑥，正式聘娶的小妾生的儿子不在此限。

清朝末年的《吴中叶氏族谱》收录的《宋世分书》记载⑦，叶廿八

---

① 《清明集》卷8《建昌县刘氏诉立嗣事》。
② 《清明集》附录2《郭氏刘拱礼诉刘仁谦等冒占田产》。按，"嫡庶之子"疑为"嫡庶之分"。
③ （宋）苏颂：《苏魏公文集》卷15《议承重法》。
④ 并见《宋史》卷200《刑法志》。
⑤ 《清明集》卷7《正妻孤之罪》。
⑥ （宋）范仲淹：《范文正公集·义庄规矩》。
⑦ 转引自[日]仁井田陞《唐宋法律文书の研究》，东京大学出版会1983年版，第603—604页。

有四个嫡生子，三个庶生子，他把全部家产平均分为10份，自留3份养老，7份分给了6个儿子：嫡长子叶椿得两份，是包括长孙的那一份；嫡次子出赘不再参与；其余两个嫡生子和三个庶生子都是各得一份，一视同仁，不显厚薄。

有的家庭不仅不歧视庶生子，还想方设法把在外面的庶生子找回来。范镇的哥哥身后无子，范镇听说其有一个娣妇所生的"遗腹子"，用了两年的时间在川蜀一带寻找，以"体有四乳"的特殊标志找到了这个小孩儿，带回了范家。① 如果说范镇寻找这个庶生子尚有为亡兄继嗣的特殊需要，包拯家的例子就完全出于血缘亲情了。包拯把一个随嫁的丫鬟收房后，又遗弃了这个丫鬟；此时丫鬟已经怀上了包拯的孩子，把孩子生在了娘家。包拯的儿媳妇崔氏暗中照料这个小孩，后来包家把这个孩子要了回来。② 人们都觉得这是很自然的事情，没有什么不妥。

金元两朝在对待庶生子的问题上有些特殊。乔幼梅先生认为女真人有特别歧视私生子的传统，③ 想必在家产继承上也会有所体现。《通制条格》卷4《户令》记载，元朝特别规定，分家析产的时候"诸应争田产及财物者，妻之子各四分，妾之子各三分，奸良人及幸婢子各一分"；并记载了卢提举诸子争产的案例，官府即以此法判分："妻之子卢山驴四分，妾之子卢顽驴、卢吉祥各三分。"在《元典章》卷19《户部·家财》中记有两个析产案例，一个是至元年间大名孙氏兄弟争产，孙成是嫡生，孙伴哥是庶出，官司将家产均分后不放心，请示朝廷有司，"省部相度：孙成，妻之子；孙伴哥，系婢生之子。据（其父）所抛房屋事理，以十分为率，内八分付孙成，二分付孙伴哥为主"。再一个是至大年间江西吴震之父吴彦礼，私通吴震小妾蒋梅英，生下一个男孩儿；后来分家打官司，官府判令此男孩依照奸生子之例，只给家产的1/5，吴震得4/5。这两个案例中庶生子分得的比例虽不相同，也基本符合《通制条格》的规定。

明清时期与金元不同，沿用的是唐宋之制。《大明律例》卷6和《大清律例》卷10都明确规定："凡嫡庶子男，除有官荫袭先尽嫡长子

---

① 《宋史》卷337《范镇传》。
② 《宋史》卷316《包拯传》。
③ 漆侠、乔幼梅：《辽夏金经济史》，河北大学出版社1994年版，第276页。

孙，其分析家财田产，不问妻妾婢生，止（只）以子数均分。奸生之子依子数，量与半分。如无别子，立应继之人为嗣，与奸生子均分；无应继之人，方许承绍全分。"把身份继承和家产继承分别对待，虽然还是不平等，庶生子的家产继承权已经明显增加了。

律令规定是对社会实际存在的追认，在明代的分家过程中确实已经不分嫡庶了。洪武初年福州郭四公的析产文书说①，郭的两个儿子贵卿、子贵，系正妻杨氏所生；外出经商的时候又"与本府管下水吉村吴佛小生一男曰建郎。后佛小身故，癸卯年再往建宁，乃取建郎回家恩养"。这是郭四公在外与吴佛小同居而生的私生子。郭四公死后杨氏主持分家，三个儿子均分三份，并立相连的福禄寿三字阄书，三个人各执一份，不分厚薄；只是"房屋一座，东边一半分与贵卿，西边一半分与子贵，一同居住。西边一座与建郎另居"，建郎与两位嫡兄分居两处，透露出一丝感情上的疏远。永乐年间，漳州"周允文无子，以侄为后。晚而妾生子，因析产与侄，属以妾子。允文死，侄言子非叔子，逐去，尽夺其产。妾诉之。穆召县父老及周宗族，密置妾子群儿子中，咸指儿类允文，遂归其产"②。徐霞客有兄弟三人，幼弟是庶出，父亲晚年嘱咐徐霞客的母亲说："季，吾孽也，授产勿埒两人。"揣其用意，是希望夫人分给这个庶生子家产，可以比两个嫡生子少一些；徐母亲主持分家的时候，却"鼎分田庐者三，其平如砥"③，没有显示差别。

清代也是这样，蓝鼎元《女学》卷4记载，欧公池有两个庶弟，分家的时候父亲想有所区别，多给公池一些，公池的妻子冯氏却深明大义，问公公"嫡庶子为父母服丧，有差等乎？"公公说"一也"；冯氏说"三子皆翁生，服既无差等，财产可独有差等乎？"到这个时期，嫡庶的差别越来越小了。

明清时期对庶生子继承权的认定，仍然沿用着唐宋时期入籍与否的前提标准，即必须与生父住在一起，如果与生母另住他处，则一律以私

---

① 转引自［日］仁井田陞《中国法制史研究（家族村落法）》，东京大学出版会1962年版，第五章第三节。
② 《明史》卷158《鲁穆传》。
③ （明）陈继儒：《豫庵徐公暨配王孺人传》。转引自蒋明宏《明代江南乡村经济变迁的个案研究——江阴徐霞客家族经济兴衰、分家析产及明末织布作坊诸问题探析》，《中国农史》2006年第4期。

生子对待，至多只给其他儿子的半数。前述洪武初年福州郭四公的析产文书中，私生子建郎在生母死后被接到郭家恩养，所以分家的时候才与两位嫡兄相同了。万历年间一个叫叶茂的人没有儿子，雇他人之妻胡氏生了一个儿子叶礼，叶茂之妻妒忌，胡氏一直将叶礼"赁外宅以处"。叶茂死后，侄儿叶超便以叶礼是"在外别生男女"为由，与之争家产。官府以"是真是赝"无凭为借口，没有让叶礼单独继承家产，而是与叶超均分了。① 葛建初《析狱奇闻》卷2有个案例记载，清朝钱塘郑某与酒店妇私通，生下一个儿子，不敢领回家，给了酒店妇一些银两，让母子过活。家中妻妾都没有儿子，郑某死后，族人按习惯选立了一个族侄。这个酒店妇听说后，"怜郑无子，顿深感旧之恩，乃换衣妆，去簪饰，麻布披身。九岁子亦复麻衣如雪，至郑灵前痛哭。郑妻甚骇，诘之妇。妇告以始末，并云彼亲生子尚在，何容他族为耶？"郑妻仍然坚持立嗣。官司打到县衙，知县把家产平分为两份，让两个妇人代表两个儿子拈阄，才平息了争执。这个判决，是比照立嗣习俗（详后第四章）把养子作为"命继"、把酒店妇的儿子作为"私生子"看待的，一人一半，谁也不能独自继承全部家产。

## 第四节　析产的规则和习惯

为了应对家产继承过程中各种各样的具体问题，围绕诸子平均析产的基本方式还形成了一些习惯性的规则和做法。这些规则和做法也是在民间约定俗成，并且由法令规范化了的；有的在所有的家产继承过程中通用，也有的只在特定情况下使用。这类规则和习惯比较繁杂，择其要列举三点。

### 一　绝对平均的析分原则

即使是富裕家庭，分配家产的时候也很难从数量上满足儿孙的要求和欲望，这就需要平均和公正。在一些家产纠纷中，有的人并不是为了多要一份财物，主要是为了斗气——分多分少是次要的，不平均不行，否则损失的不仅仅是财产，更是地位和人格。所谓"不患寡而患不

---

① （明）李清：《析狱新语》卷2《承袭·酷爵事》。

均",描述的往往是一种心态。

平均,是基于所有的儿子,无论嫡庶长幼,都与父亲的血缘关系相同而形成的原则,也是我国家产继承方式的最本质的特征,因为"诸子析分"才需要平均,平均已经含有了诸子析分的意思。不过,平均不只是数量上的相等,也包含着合理的差别,体现权利与义务的对应,在平均的原则下给尽义务多的儿子一些优惠。

平均的另一个含义是程序的公正,并且很早就有了具体巧妙的办法,《慎子·内篇》记载,"夫投钩以分田,投策以分马,非钩、策为均也。……是以分马者之用策,分田者之用钩,非以策、钩有过于人智者也,所以去私塞怨也"。虽然不完全是讲的分家产,所强调的投策(摸缰绳)分马和投钩(拈阄)分田方式,也体现出绝对平均主义的程序追求。

平均,在敦煌的分家文书中称为"亭(停)分""均亭(停)"或"亭(停)支",罗列完毕所分配的家产之后,常有这样的词句:所列的项目"再三准折均亭,抛钩为定。更无曲受人情,偏藏活业"[1]。使用的是传统的拈阄方式,以示没有人情偏袒。分配完整的田宅的时候很难做到绝对平均,又无法拆散,就通过调整其中的部分财物来弥补,唐代张月光、张日兴兄弟的分家文书说,兄弟二人分开以后"又缘少多不等,更于日兴地上取白杨树两根"给了哥哥[2];南宋人袁采嘱咐子孙说,分家的时候,那些不应该由所有的人均分、应该归其中几个人的财物,也要专门在阄书的最后写清楚,或者单独写一个"漏阄"作为附录,让大家都知道;为了表示没有偏颇隐瞒,"虽分析后,许应分人别求均分"[3]。清代福建晋江《浔海施氏族谱》中的族约规定,"分家业必令房族长均产业,定公阄,父母毋私所爱,兄弟无专己有,违者罚金充祠";连城的《马氏族谱》也规定,分家产的时候要"田产屋宇品搭均匀,并无肥瘠之异;拈阄分授,那有多寡之殊"[4]……家训中的这类嘱咐几乎是篇篇可见。

---

[1] 唐耕耦、陆宏基主编:《敦煌社会经济文献真迹释录》第二辑,第169页。
[2] 唐耕耦、陆宏基主编:《敦煌社会经济文献真迹释录》第二辑,第147页。
[3] (宋)袁采:《袁氏世范》卷3《分析阄书宜详具》。
[4] 转引自傅衣凌《明清社会经济变迁论》,人民出版社1989年版,第69页。

为了尽量做到平均，还需要数量与质量的搭配。特别是田地，要考虑肥瘠、位置等因素，力求做到各种因素的综合平均，由此一来，使得地块越来越细碎。元朝至正年间徽州郑安卿的分家文书中记载，郑家原有桑地三段（没说数量），分家的时候"将前项地段肥瘦品搭，分为十五段"①。往往是有几个人参与分配，就把原来的每块地都割成几块，越分越细碎。20世纪30年代李景汉先生在河北定县搞社会调查，发现"每农家所种之地非相连之一块田，乃分为数块，甚至于十余块，散布于村的各方。……在某一大村曾调查了200农家，其中以有6块田地者最多，计26家，其次9块者25家，再次为5块者，最多者为20块"。这个村子的200多户共有地1522块，不满5亩一块的有1070块，占69%；其中1亩以下的49块；平均每块地4.2亩。②这是华北平原上的情形。与之同时，费孝通先生在江苏吴县搞乡村调查，也发现因为平分田地而使得地块特别细碎，费先生称之为"地带"③，不称"地块"，形象地描述了这种析分方式下的田地状况，这应该是多年形成的。

田宅之外的家产也尽量平均，西汉田氏三兄弟分家的时候"金银珍物，各以斛量"就是这样。④清代黔东南山区富裕人家都有大片的杉树林，分家的时候不是按棵或亩分，而是根据参与分家的人数，把整片山林分成若干股，各房分得若干股份。咸丰五年姜沛清家叔侄7人分12股，文书中没有开列各房山林的方位四至，估计仍然是共同经营，获利后按股分钱。⑤民国三十七年姜元瀚家的分家文书说得很明白，"今卖杉木与雄黄罗秀章砍伐作贸，凭中议定价市洋二十五亿八千万整。管立清单合同，将股权叙明拉清"，按四房分配四大股股权，一房一大股；各房又根据各自的实际情况析为若干小股，有的占一小股，有的占半小股，最少的兄弟二人合占半小股。⑥杉树林仍然归姜家共有，只是按大

---

① 张传玺主编：《中国历代契约会编考释》，北京大学出版社1995年版，第674页。
② 李景汉：《定县社会概况调查》，中国人民大学出版社1986年重印本，第十三章第二节。
③ 费孝通：《江村经济》，江苏人民出版社1986年版，第136—137页。
④ （宋）李昉：《太平御览》卷21《义中》。
⑤ 张应强等编：《清水江文书》第一辑，广西师范大学出版社2007年版，第四册第352页。
⑥ 张应强等编：《清水江文书》第一辑，第三册第149页。

小股份来分这笔卖杉木的钱，譬如有一房分得一大股64500元，然后折合每一小股16125元，最少的兄弟二人共得半小股，每人只分得4031.25元。还有四川自贡盐户分家文书记载，由于盐井不能拆开，便按生产盐的时间析分，盐井仍是诸兄弟共有，各房只占有一定时间内的收获，称为"日分"。一代代往下分，越分越细，先是占若干月日，继而占若干时，后来具体到刻、分，如蔡思堂的盐井分到孙子一代，每股只占2时6刻6分6；王庆怡给儿子们分家的时候，有的人占20.853天。[1] 均到了难以实际操作的程度。

分家产不平均被视为不仁不义，为人所不齿，同时也属于违法行为，《唐律疏议》卷12《户婚》既已规定了家产析分不均的处罚方法："同居应分，不均平者，计所侵，坐赃论减三等"，所侵，就是多占的那部分。明代也规定，同居卑幼私自动用家财，每二十贯杖二十，"若同居尊长应分家财不均平者，罪亦如之"[2]。不论老少，凡分家不均、多占家产都被视为与偷盗相近的罪过。

## 二 代位继承和起位继承

在有子嗣的家庭中，亲生儿子（不论嫡庶长幼）都是家产的"第一顺序继承人"。同时，针对"第一顺序继承人"缺位的情况，还排列了所有的继承人的顺序，前面引述过的江陵张家山竹简中记载的秦朝规定为"死夫以男为后，毋男以父母，毋父母以妻，毋妻以子女为后"。所说的"后"就是继承人，按这条律文的规定，第一顺序继承人是"男"，即死者的儿子；没有亲生儿子的时候，父母为第二顺序继承人；没有父母的时候，妻子为第三顺序继承人；没妻子的时候，"子女"即亲生女儿为第四顺序继承人。

这条律文虽然不见于正式史书的记载，从后来的有关律令推断，这个继承顺序自秦汉以来一直被执行着。在《唐律疏议》和《宋刑统》中把第一、第二、第三顺序继承人也规定为儿子、妻妾、女儿，只是剔除了父母一层，代之以立嗣等方式了（这是很实际的考虑，早于父母去

---

[1] 冉光荣主编：《自贡盐业契约档案选辑》，中国社会科学出版社1985年版，第269、1001页。

[2] 《明会典》卷163《刑部》5，卑幼私擅用财。

世的人毕竟不多）。明清律令中规定的顺序基本相同。

在一次性继承或多次性析分最终分清的时候，已经是三代人中的第一代人年迈或去世之后，如果第二代中有人在第一代人之前死亡，分家的时候就需要把第二代和第三代结合起来考虑。按照规定，当家中的第二代有人去世缺位的时候，"兄弟亡者，子承父分"；丈夫去世后"寡妻妾无男者，承夫分"①；意思是从第一代往下排，如果第二代（儿子）在第一代（父亲）之前已经去世，第三代（孙子）可以"承父"继承；如果没有第三代，儿媳守寡不改嫁，也可以"承夫"继承。这都属于"代位继承"方式。

在代位继承中还有一种特殊情况，即唐宋律令上说的"兄弟俱亡，则诸子均分"②。这里说的"兄弟"，指家中的第二代儿子，"诸子"指家中的第三代孙子；如果第二代的儿子全部在分家之前死亡，并且都留下了后代，第三代的孙子们便可以直接从祖父手中继承家产，不分长幼和房系，按孙子的人数均分了。在这种情况下，这些孙子实际上已经被当作儿子来对待了，已经完全取代（越过）他们的父辈的位置来直接继承了，所以这种特殊的代位继承又被法学学者称作"越位继承"③。唐宋律令还举过一个这方面的例子：假如一位老人有3个儿子10个孙子，分家的时候"男但一人见在，依令，作三男分法，添老者一人，即为四份"，已经去世的两个儿子的儿子代父继承，这是"代位继承"；如果"三男死尽，依令，诸子均分，老人十孙，为十一份，留一份与老者"，直接按孙子辈的人数均分④，就是"越位继承"了。

家中的儿子辈即第一顺序继承人全部缺位的时候，孙子辈是"代位继承"还是"越位继承"，没有严格的限定，由家庭协商解决；对于孙子一辈来说，两种继承方式所得的数量却差别很大。我们用实例来说明一下：明朝正德年间的休宁县郑氏叔侄析产文书记载⑤，郑良曙、良址兄弟最后分家产的时候，良址已死，留下了四个儿子；仍然按老兄弟

---

① 《唐律疏议》卷12《户婚》；《宋刑统》卷12《户婚律》。
② 《唐律疏议》卷12《户婚》；《宋刑统》卷12《户婚律》。
③ 通常只讲代位继承，"越位继承"的概念是姚荣涛先生提出的。见叶孝信主编《中国民法史》，上海人民出版社1993年版，第308页。
④ 《唐律疏议》卷17《贼盗》；《宋刑统》卷17《贼盗律》。
⑤ 张传玺主编：《中国历代契约会编考释》，第1101—1105页。

分，把田产分为两份，按当时习惯的计算方式，各得地租 199 秤，良曙一份，良址的四个儿子共同分得一份；对于良址的四个儿子来说，这是"代位继承"。文书只讲到这一步，为了说明问题，我们作一个假设推论：如果郑良曙有两个儿子，到第三代分家的时候，郑良曙的两个儿子各得 99.5 秤，郑良址的四个儿子各得 49.75 秤；如果改变一下方式，假设郑良曙也去世了，实行"越位继承"，让郑良曙的两个儿子和郑良址的四个儿子一起平分 398 秤地租，则每个儿子平均分得 66.3 秤，郑良曙的儿子比"代位继承"时少得 33.2 秤，郑良址的儿子每人多得 16.6 秤。只有在各房第三代的男子数相同的时候，两种继承方式才没有数量上的差别。

### 三 析分家产时的特留份

即使父母都已经去世，最后分家的时候也不能把所有的家产都分光拿净，仍然要留出一部分，称为"特留份"，主要作为长子长孙田和墓田之用。

先说长子长孙田。

吕思勉先生指出，先秦时期的习惯做法是"产业之传授，多与少子；治理之承袭，多与长子。以少子多与父母同居，而长子于治理为便也"[1]，析分家产的时候多给幼子一些，这也是民间说的"皇帝爱长子，百姓爱幺儿"的习惯。不过，从后来的实际情况看，是否多给幼子，没有严格的规定，多给长子长孙则是必需的。通常的做法，是对负有"主祭"之责的长子多给一些，作为操办祭祀的费用。《唐六典》卷 3 在"凡食封皆传于子孙"条下面有一个注文，说"食封人身没之后，所封物随其男数为分；承嫡者，加与一分"。所谓"承嫡者"大都是指的嫡长子。

也有的家庭让幼子主祭，唐朝赵郡李翘有五个儿子，"长子增，次子觐、正叔、觊、正卿五人，皆太夫人所出也。以元和九年七月二十一日，嗣子正卿等"主祭发丧。[2] 一个"等"字表明还有兄长健在，却让

---

[1] 吕思勉：《先秦史》，上海古籍出版社 1982 年版，第 284 页。
[2] 周绍良主编：《唐代墓志汇编》元和 072《唐朝大理评事赠左赞善大夫江夏李府君墓志铭并序》。

幼子挑头主祭了。另一方墓志记载，于某娶郑氏为妻，"生三子五女，长曰璀奴，嫡子薛九，次子同囗"，三个儿子都是郑氏所生，却以老二薛九为"嫡子"，主祭不用长子，也不用幼子，而是用中间的老二了。①无论是哪个儿子主祭，都可以多得一份田产，作为发丧和日后操办祭祀的费用，明朝末年的《盟水斋存牍》卷4《争产叶子辰等状》记载，"子辰、应杰父叔有四，而子辰父为嫡出，且居长；（分家）当日曾议另拨田二十三亩，酬其撑持之劳"②，就属于这种情况。清朝的左宗棠有四个儿子，晚年安排家产分配的时候，"拟作五分，以一为爵田，余作四分均给尔辈。……爵田以授宗子袭爵者"③。所说的"宗子袭爵者"也是指长子，用"爵田"的名义单独留出了一份。

给嫡长孙一小份家产的大都是富裕家庭，流露出古人传延家庭门户的一种典型心态：从自己往下看，有了儿子还不放心，有了第三代孙子的时候才真正有了"传宗接代"的感觉。嫡长孙是第三代的象征，祖父母自然应当有所表示。袁采说"父母于长子多不之爱，而祖父母于长孙常极其爱"④，就有这个原因。

明朝正统年间徽州祁门洪氏分家合同记载，⑤兄弟四人中长男已死，留有一个儿子洪浒，田产作四份均分之前，先拿出10亩作为次子洪宽读书科考之用；第二次分家的时候，本来应该按四股平分，但长孙洪浒考中秀才，便将原来资助洪宽求学用的田地中的8.5亩给了洪浒，其余田产才拿来重分。分配的结果是洪宽得12亩，洪浒得8.5亩，另外两个儿子一个孙子仅各得1亩。实际上，两次分家中洪宽、洪浒多得的部分，也可以看作是以助学名义给予的长子孙田，尽管洪宽是次子，长兄已死，次即为长；洪浒是长孙，同时得到了优待。20世纪40年代费孝通先生在云南乡村搞社会调查，发现也是长子在分家的时候占优势，可以额外得到一份"长子田"，具体数量要"看长子在家里的贡献多少而

---

① 周绍良主编：《唐代墓志汇编》天宝165《大唐故凉州功曹参军于公墓志》。
② 孟黎：《从〈盟水斋存牍〉看明代财产继承权诉讼及其司法实践》，硕士学位论文，西南大学，2010年，第16页。
③ 《左宗棠全集·家书诗文》卷上《家书·光绪二年丙子·与孝宽》，刘泱泱等校点，岳麓书社1987年版。
④ （宋）袁采：《袁氏世范》卷1《祖父母多爱长孙》。
⑤ 张传玺主编：《中国历代契约会编考释》，第1091页。

定。"费先生分析说,"所谓平等原则,并不一定指同胞间分家时所立分单上所得的是否相等,而是在很长的过程中,权利义务的平衡上是否公平"①。长子多得一份田产,是因为在父母的发丧祭祀过程中操心费财多,是应该得到的报偿。

在平均的前提下,对贡献大的儿子还可以破例优待,多给一些。前面引述的明朝初年福州郭氏析产文书中,由于长男贵卿曾经与父亲一起经商、创立家业,分家的时候,以偿还其妻所付佥产"财本"的名义,多给了一些田地。清代福建闽县王氏的析产文书也说,先拿出 2010 两白银为"长子长孙之例",此时长子已经去世,实际上是作为"长孙份"给了孙子家凤;同时对照管家业、经营生意出力最多的次子圣扬予以酬劳,让三房各从其所分的银两中拿出 500 两,长孙家凤自己拿出 1500 两(家凤的"长孙份"实际剩下 610 两),共计 3000 两白银,全部给了圣扬。

再说墓田。

墓田是家族坟墓周围可以耕种的田地,也有的与坟墓不在一起,墓田的收获物专门充作祭祀之用(包括祠堂的祭祀),所以又称作祭田,最初都是分家的时候专门留出来的,后来常有发达了的子孙买田扩展。② 先是亲兄弟家庭共同占有和使用,年代久了变成家族所有,成为族田的一部分了。按照"五世而斩"的传统,通常的墓地只安葬五代以内的祖先,超过五代要另择墓地,所以墓田都不很大。

整体性占用是墓田管理使用的基本原则。这是由实际需要、习惯和家法规定的,同时也受到国法的保护,宋代某家兄弟四人打官司争墓田的时候,官府令其"将赡茔田业开具田段、坐落、亩步、产钱,专置一簿,开载契簿,长位拘收。别立赡茔关约,并经印押,每位各收一本。自淳祐五年为始,租课长房先收,自后轮流掌管,庶息争讼"③,仍然不许分割。官僚家庭的墓田多,朝廷专门规定了不许分割的条令,"故宰相执政官子孙乞分财产者,所属官司体量,乞分人贫乏方听分割。其

---

① 费孝通:《生育制度》,天津人民出版社 1981 年版,第 166 页。
② 邢铁:《唐宋时期的墓田》,武建国等主编《永久的思念——李埏先生逝世周年纪念文集》,云南大学出版社 2011 年版。
③ 《清明集》附录 3《持服张幅状诉弟张载张辂妄诉赡茔产业事》。

居宅、墓地不在分限"①。元朝休宁范氏的一件关于祖坟的"禁约"记载,"国朝明有不许典卖坟地墓木禁例",而且墓田上的租谷等物也要"当首之家收贮,于内先支纳官税粮,余者收贮"②,由长房管理,统一支配和使用。

普通民户分家的时候,因为田地太少往往也把墓田计算在家产之内,但不拆散,分在长子名下整体继承,使墓田与长子长孙田合一。如果不得已需要出卖墓田,不能由长子一个人做主,必须所有的兄弟都同意才行,唐代大和年间杨子县一个叫许伦的人把墓田卖给了徐及,专门说明是"同卖地人亲弟文秀"一同操办的。③ 典出的要定期赎回,卖掉的一旦条件允许,也要尽快买田补齐。

朱熹在《朱文公家礼》中主张,凡是"初立祠堂,则计见田亩,每龛取二十之一,以为祭田";明代蒋伊的《蒋氏家训》中说"拨祭田四十亩,授长儿陈锡,俾我长房子孙,世俸其祀";庞尚鹏的《庞氏家训》也规定"蒸尝房屋、田地、池塘不许分割及变卖,有故违者,声大义攻之,摈斥不许入祠堂"。曲阜孔府的墓田习惯称为祭田,是归衍圣公掌管的最主要的田产,明清时期多达6472.5顷,不仅族规家法严禁出卖,还通过地方官府乃至皇帝御旨予以限制。④ 这当然是大家族的情况,普通家庭要少一些,前面引述的元朝休宁范氏家的墓田只有2亩2分多,郑振满教授收集的清代闽北地区的分家文书中都留有墓田,占总田数的37%。⑤ 实际上,墓田大小没有统一的标准,按各家的贫富状况而定。不过,只要有田地就要留下一些作墓田用。

## 第五节 分家文书概说

析分家产的时候都要订立文书,称为阄书、分关、合同、分书、支

---

① (宋)李焘:《长编》卷414,元祐三年九月乙丑。
② 原件藏安徽省图书馆古籍部,转引自陈瑞《元代徽州宗族祖茔规约二则释读》,《史学史研究》2009年第1期。
③ 周绍良主编:《唐代墓志汇编》大和096《唐故东海徐府君夫人彭城刘氏合祔铭并序》。
④ 邢铁:《明清时期孔府的继承制度》,《历史研究》1995年第6期。
⑤ 郑振满:《清至民国闽北六件分关的分析》,《中国社会经济史研究》1984年第3期。

书，徽州地区也称为分单、分墨、议墨、合墨等，最通常的名称是分家文书。一次性继承时随分随立，多次性析分时在最后一次分清的时候立。订立分家文书的时候要请族中长辈主持，若干族人和儿子们的舅父为见证人，文书用语称为"亲见""见人"或"中人"等，家产多的富庶人家还要请当地官府的人到场；预先把所有应分家产平均分为若干份，写在各个文书中，将文书编上意思相连的字号，如"天地人""忠孝节义"和"仁义礼智信"等，称"串号关书"，让诸子在祖宗牌位前跪拜焚香，当场抓阄；然后把每个人抓到的字号填入相应的文书内，该文书中所列家产便归抓得该字号的人继承。每份文书上都有当事人（父子双方）、见证人的签押，还要到官府备案，交割税役。

分家文书是何时出现的，不好判断。前面提到的汉代《先令券书》和西晋的《田产争讼爰书》提到的分书都写在竹简上。现存最早的纸质分家文书，是敦煌文书中的唐代分家文书实物和"格式"即通用样式，其中的一份分家文书实物为①：

天复九年己巳岁润（闰）八月十二日，神沙乡百姓董加盈、弟怀子、怀盈兄弟三人，伏缘小失父母，无主作活，家受贫寒，诸道客作，兄弟三人久久不溢，今对亲姻行巷，所有些些贫资，田水家业，各自别居，分割如后。

兄加盈兼分进例，与堂壹口，椽梁具全，并门。城外地，取索底渠地参畦，共六亩半。园舍三人亭支。葱同渠地，取景家园边地，壹畦共四亩。又九岁䮷牸（牛）壹头，共弟怀子合。

又葱同上口渠地二亩半，加盈、加和出卖与集，集断作直麦粟拾硕，布一匹，羊一口，领物人董加和、董加盈、白留子。

弟怀子，取索底渠地大地壹半四亩半，葱同渠地中心长地两畦五亩。城内舍：堂南边舍壹口，并院落地壹条。共弟怀盈二（人）亭分。除却兄加盈门道，园舍三人亭支。又玖岁䮷牸牛一头，共兄加盈合。白羊（杨）树一，季（李）子树一，怀子、怀盈二人为主，不关加盈、加和之助。

---

① 唐耕耦、陆宏基主编：《敦煌社会经济文献真迹释录》第二辑，第148—149页。唐昭宗天复仅4年，该文书中说的"天复九年"已经是后梁开平二年了。

弟怀盈取索底渠大地一半四亩半，葱同渠地东头方地兼下头共两畦五亩，园舍三人亭支。城内舍：堂南边舍壹口，并院落壹条，除却兄门道，共兄怀子二人亭分。又参岁黄草捌（？）壹头。

右件家业，苦无什物。今对诸亲，一一具实分割，更不得争论。如若无大没小，决杖十五下，罚黄金壹两，充官入用，便要后检（验）。

润（闰）八月十二日　立分书

（押）盈加董兄　　　见人　阿舅石神神（押）

（押）子怀董弟　　　见人　耆寿康常清（押）

（押）盈怀董弟　　　见人　兵马使石福顺

分家文书存留最多的是明清时期，尤其是清朝后期到近代。明代文集记载了当时通用的析产文书式样，包括多次性析产、一次性析产和庶生子析产的各种方式所用的文书，各引录一则①：

其一为《万锦全书》卷9所记载"又分关"，即多次性析产方式所用的文书：

尝闻：有人无土，胡可依之？有土无人，谁其嗣之？盖嗣为续世之本，必籍土以厚其生；土为块壤之区，必得人以弘其事。……妻某氏，育有二男，长曰泰、次曰玄，甫成人以择配，殊厥居异厥食，系囊岁以分烟。器业均平，若符节之合一；肥硗品致，虽称锤之符同。以嘉靖某年尽所夙创者命二子，各照关以拘收。

自嘉靖某年，初所新立者留老身与继室共享。……二子循一定之规，万世为不拔之业。克谋诸始，斯裕于终。厥子厥孙，钦为未鉴。

这是儿子结婚的时候分过家，两个儿子也都另居，这次所立的分关文书，是把原来留在父母手中的家产再分出一部分。此时两个儿子的生母已经去世，父亲又娶了继室，可能是为了缓和儿子们与继母的矛盾，才

---

① 转引自［日］仁井田陞《中国法制史研究（家族村落法）》，东京大学出版会1962年版，第五章第三节。

将养老田产先拿出一部分来析分，同时还要留下一部分，包括父亲新获得的财物，作为养老日产；待两位老人去世以后还要再分一次。如果是这样，这个家庭要分 4 次家。在多次性析分方式中通常是在最后一次分清的时候立文书，这家情况比较特殊，改在第三次即关键的一次析分的时候订立了。这当然是分关式样所设计的内容，可能是为了说明特殊情况灵活处理，设计的内容特殊了一些。

其二为《家礼简仪》第二册所记"分居关书"，即一次性析产文书：

> 夫创业垂统者父作之仁，而光前裕后者子述之孝。故公艺九世同居，历世旌表；而田真兄弟合爨，感荆复荣。天伦当厚，友爱宜隆。追念吾父母之治家也，昼夜营谋，克勤克俭，庶几家业昌隆，丁粮增盛。生男几人（某名），各娶婚已讫。
>
> 兹因众繁难以综理，于是和同商议，邀请亲姻尊长等，将祖、父及私置田业、房屋、地基、财物等项一应均分，焚香祝天，拈阄为定。各立册一本（几张），付男各收一本，以后宜照应分田业管掌，毋得争长竞短，讲是说非。一以尽人子之孝，一以存骨肉之情，兄友弟恭，不可以强欺弱。
>
> 今凭众写立关书，以为子孙世守之计。如有争竞，执此关书赴官告究。恐后无凭，亲立关书，永为照用。

这份文书式样是以兄弟们的口气共立的，由"追念吾父母之治家"来看，此时父母已不在世；由"将祖、父及私置"田产品搭均分可以知道，此前兄弟几人已经异居，但家产未曾细分，所以现在（可能是父母去世后）要分家了。为公平起见，连各房原用的财物也一并总计，彻底分清了。

其三为《云锦书笺》卷 6 所记的"嫡庶分关"，涉及庶生子的继产权：

> 某家世兹土云有年矣，嫡妻某氏生子几人，续娶妾某氏生子几人，俱各长成婚娶礼毕，而某亦景逼桑榆，宜将家事付诸子管理，以逸余年。

念某生平勤俭成家，承祖、父所置田业若干，房屋若干，理合拨定关规，以杜争端。于是会集族戚，佥谓：嫡妻正室，内助成家，合于未分产业内抽出田地若干，以优嫡子，余遂均分。写立文簿，各拈阄执照。

　　自分之后，自宜安分，毋得争竞，以违父命。汝诸子当思汝父创业之艰难，守成之不易，宜深念之，是为汝约。

这份文书是以父亲的名义订立的，涉及嫡庶问题，以"嫡妻正室内助成家"为由，多给了嫡生子们一些田地。这个设计反映了明代家产析分的实际情况，说明在具体析产过程中嫡庶之间还是有所区别的。

仁井田陞先生在《中国法制史研究（家族村落法）》第二部第十三、第十四章讲，明代至少还有32种书记载了当时的各种分关文书样式。这也可以说是元明清时期通用的样式。清代流传下来的分家文书很多，尤其是以徽州为中心的皖南闽北地区的文书，已经有论著介绍和引用过，这里就不重复引证了。

分家文书通常有两种形式，"有各人止（只）录已分所得田产者，有一本互见他分者。止（只）录已分，多是内有私曲，不欲显暴，故常多事讼；若互见他分，厚薄肥瘠，可以毕见，在官在私，易为折断"，所以"互见"的文书比较多。① 程珌的七世祖（即文书中说的"二府君"）有三个儿子，北宋"仁宗皇帝景祐元年六月，析二府君之田产而三之。……每份为百八十亩，山不与焉"；到185年后，程珌偶然见到了这个分家文书，写了一段跋语附在后面，"一以藏吾家，一以归"堂兄弟家收藏。显然，这是一套写了三份的文书，属于内容相同的"互见"形式。② 还有个案例反映说，莫世明有三个儿子，"昨于存日，将户下物业作三分均分，立关书三本，父知号外，兄弟三人互相签押，收为执照"③。从三本文书都由兄弟三人"互相签押"来看，这份文书也属于"互见"之类。

--------

① （宋）袁采：《袁氏世范》卷3《分析阄书宜详具》。这种互见文书又称为"穿关"，即可以互相监督的文书。见《清明集》附录2《曾适张潜争地》。

② （宋）程珌：《洺水集》卷13《书六世祖析胩后》，四川大学古籍所影印明嘉靖全刊本。这条资料是王曾瑜先生提示的。

③ 《清明集》卷5《物业垂尽卖人故作交加》。

民家的田宅交易文书需要写明田宅的来历，如分家的时候"祖上传来"之类的字样，还要交验分家文书，涉及田宅归属的官司也要呈验分家文书。所以人们都有保存分家文书的习惯，《清明集》卷6《争山》说，有件分家文书已经保存了30年；前面引述的程珌《洺水集》中提到的分家文书是北宋仁宗景祐年间的，程珌看到的时候"距今岁己卯（按：南宋宁宗嘉定十二年）百八十五年矣"；洪迈《夷坚三志辛》卷39《湘潭雷祖》记载说，南宋庆元二年湘潭有个人拿出了"家藏建隆二年上世祖关，分析田产"，已经保存了235年。不过，由于"纸寿千年"之类的技术原因，除敦煌吐鲁番文书外，唐代以前的分家文书实物保存下来的很少。

# 第三章　妇女的家产继承权

我国古代妇女继承家产的时候，并不像男子那样直接继承或析分，使用的大都是一些无继承之名而有继承之实的间接方式。在婆家、在娘家都是这样。因此，考察妇女继承权的时候不能简单地与男子相比较，也不能仅仅以找到法令条文依据的才认定为继承权，应该把实际存在的、已经成为习俗的各种机会和方式都视为继承权的体现。这样考察问题，才会接近历史的实际——诸子平均析产方式只是限制而不是排除妇女的家产继承权，妇女的家产继承权既不像希望享有的那样多，也不像习惯认为的那样少。

## 第一节　在娘家的间接继承

日本学者滋贺秀三先生把话说得很干脆：中国历史上的"宗是一个排除了女系的亲属概念"[①]。从象形文字来看，宗字确实是指一个家族（宀）的男系（示）成员，在传宗接代、继立门户的场合，女儿确实与儿子不同，似乎不算是"后代"；从感情上说，女儿也是"儿"，与儿子一样，都是直系血缘关系，父母不可能只顾儿子，无视女儿的利益，男子的单系继承不可能是绝对的，只能是一种"单系偏重"方式[②]。在我国古代的实际继承过程中，宗祧继承严格限制在嫡长子一人，余子和女儿不得参与；家产的继承则宽松一些，在诸子均分的同时也给女儿留下了一些机会。

通常情况下，有子嗣之家的女儿不能直接继承家产。江陵张家山竹

---

①　[日]滋贺秀三：《中国家族法原理》，张建国等译，法律出版社2003年版，第19页。
②　费孝通：《生育制度》第十三章对此有详述，天津人民出版社1981年版。

简《奏谳书》第180简有一条秦朝的律文,专门讲继承人的法定顺序,"故律曰:死夫以男为后,毋男以父母,毋父母以妻,毋妻以子女为后"①。第一继承人为"男"指儿子,第四继承人"子女"指女儿;女儿在没有男儿的时候才能继承,而且排在了祖父母和母亲的后面。前引江苏仪征出土的西汉《先令券书》中,把稻田借给两个女儿用半年,到期归还,由母亲主持分给儿子,也印证了这一点。唐朝已经明确规定,"诸身丧户绝者,所有部曲、客女、奴婢、店宅、资财,并令近亲转易货卖,将营葬事及量营功德之外,余财并与女"②。这就从法律上限制了女儿在娘家有儿子或养子的情况下的家产继承权。

日本学者岛田正郎先生有个影响很大的说法,认为南宋时期江南地区的家产分配已经存在着"男女平等,或近乎于平等的原则"③,是从一个特殊的案例中得出的结论,很难成立。这个案例名为《建昌县刘氏诉立嗣事》,主要是围绕立嗣问题讲的,不是我们所关注的女子的继承权问题;审理者的主要目的,是阻止强横的小叔父子以立嗣的名义抢占家产,尽量照顾作为弱者的寡母孤女的利益。④ 因此,不能把孤女所得份额的增多简单地等同于继承权的扩大,把特例当成一般情况。

日本学者柳田节子先生认为,宋代妇女尚有一定的家产继承权,"妇女财产权的逐渐丧失,是在明清以来朱子学成为国学,连科举制也以朱子学为基础以后才开始的"⑤。就笔者所接触的有关资料来看,元明清时期妇女的家产继产权与宋代相比,并没有明显的不同(详下),揣其原因,在于家产继承方式主要是一种民间习俗,有其自身的延续性和稳定性,受朝代更替、统治思想变化等因素的影响并不明显,没有像

---

① 张建国:《有关秦汉时继承权的一条律文》,《光明日报·史林》1996年12月17日。
② 《宋刑统》卷12《户婚律》引唐《丧葬令》。
③ [日]岛田正郎:《南宋家产继承上的几种现象》,《大陆杂志》第30卷第4期,1956年。
④ 《清明集》卷8《建昌县刘氏诉立嗣事》。并参见邢铁《南宋女儿继承权考察——〈建昌县刘氏诉立嗣事〉再解读》,《中国史研究》2010年第1期;柳立言《妾侍对上通仕:剖析南宋继承案〈建昌县刘氏诉立嗣事〉》,《中国史研究》2012年第2期;《南宋在室女分产权质疑》,台北《"中央"研究院历史语言研究所集刊》第82本第3分册,2012年。
⑤ [日]柳田节子:《关于南宋家产分割中的女子继承部分》,《刘子健博士颂寿纪念宋元史研究论文集》,东京同朋社1989年版。

赋役制度那样呈现出明显的阶段性变化。

女儿直接继承娘家父母家产的机会虽然很少，用无继产之名、有继产之实的间接方式继承的机会却比较多。民间通行的间接继承方式主要有三种，试依次述之。

### 一　奁产陪嫁

奁是古代妇女用的梳妆匣，因为奁匣是陪嫁女儿的必备之物，给女儿的首饰细软也放在奁匣中，所以习称娘家陪送的所有贵重物品为奁产。获取奁产陪嫁，是诸子平均析产方式之下女儿间接参与娘家家产分配的最常用方式。

奁产中有日用衣物、首饰，也有钱财和随嫁田。早在《左传》哀公十一年就有记载说，某侯王曾"赋封田以嫁公女"，杜预解释说"封田之内，悉赋税之，即以赋税充妆奁之资，可无疑矣"。东汉李充与兄弟同居共财，妻子想分家，对李充说"妾有私财，愿思分异"[1]，所说的"私财"可能也是从娘家带来的奁产。

唐宋时期规定，兄弟分家的时候，如果还有未出嫁的姐妹（在室女），必须给她们留出将来专用的妆奁，数额为未婚兄弟聘财的半数。有时候还不止半数，范仲淹的义庄规定，嫁女儿给30贯、娶儿媳妇只给20贯[2]；湘阴县的郭氏义庄也规定，"男议婚钱十千，再婚减其半；女议嫁者钱三十千，再嫁减其半"[3]，妆奁甚至比聘财多。

议婚的时候女方给男方"草帖式"，开列三代之后，最主要的一项内容就是"奁田、房卧若干"[4]；订婚的"定帖式"与之相似，只是把"奁产"和"房卧"并列为两项。吴自牧在《梦梁录》卷20记载说，南宋的婚帖"具列房奁：首饰、金银、珠翠、宝器、动用、帐幔等物，及随嫁田土、屋业、山园等"，其中"房奁"是总说，列举的九项是具体内容，"及"字前面的六项是必不可少的。明朝人叶盛在《水东日

---

[1] 《后汉书》卷81《李充传》。
[2] （宋）范仲淹：《范文正公集·义庄规矩》。
[3] 《石门文字禅》卷22《先志碑记代》。转引自廖寅《宋代两湖地区民间强势力量与地域秩序》，人民出版社2011年版，第158页。
[4] 张晓宇：《奁中物——宋代在室女财产权之形态与意义》附录《南宋文集所见婚启定书》中提供了46种婚帖的资料线索，江苏教育出版社2008年版。

记》中记有一个南宋理宗景定元年的"订婚状"抄件①,与吴自牧记载的内容相同:

> 郑太师府佥判位本贯开封府开封县,今寓平江府昆山县。
> 三代
> 曾祖：南皇仁国信所亲属；
> 祖：端皇任修职郎池州司法参军,
> 祖母：赵氏,前知兴国军与燔姊；
> 父：元德见拟将士郎,
> 母：王氏,前军器监薄中实系沂国文正公后。
> 亲祖姑：长适前湖南运使陈贵谨,
> 　　　　次适见任淮西运司帐管卢复孙；
> 从伯：元方见任从政郎、前严州桐庐县丞,
> 　　　元哲见任将仕郎待铨；
> 从叔：元寿见任儒林郎新宜差信州军事判官。
> 主婚：从叔祍竦,见任朝奉大夫、前知宝庆军府事,主管建康府崇禧亲；
> 　　　　　　　蠕,见任朝奉郎、前监尚书六部门。
> 本位长女庆一娘,年一十四岁,十二月十一日巳时生。
> 今与潘少卿宅知县万八新恩为亲。
> 奁租五百亩,
> 奁具一十万贯（十七界）,
> 绨姻五千贯（十七界）。
> 景定元年二月初三日元德具状。

作为父母,总是尽量把奁产送得多一些,既是为了体面,也是对女儿的一份情感。袁采在家训中嘱咐子孙做事情要事先有计划,其中专门讲"至于养女,亦当早为储蓄衣衾妆奁之具,及至遣嫁乃不费力"。并举例说"今人有生一女而种杉万根者,待女长,则鬻杉以为嫁资,此其

---

① （明）叶盛：《水东日记》卷8。这是明朝中叶天顺六年郑家的六世孙所抄的祖上的订婚状原件,寄请叶盛作跋语,叶盛收进了自己的文集中。这条资料是高楠博士提示的。

女必不至失时也"。同时又说"嫁女须随家力,不可勉强。然或财产宽余,亦不可视为他人,不以分给"①,本来是讲的奁产陪嫁,却直接说是"分给"了。有一首名为《新嫁别》的诗说"母躬蚕桑父锄犁,耕无余粮织无衣。十年辛苦寸粒积,倒箧倾囊资女适"②。贫穷人家也不能例外。民间习称娘家人参加婚礼为"送饭",是象征意义上的奁产陪嫁;民间所说的"好男不吃分家饭,好女不穿陪嫁衣",也是把陪嫁和分家等同看待的。

父母年迈的时候安排后事,也常把未出嫁女儿的陪嫁奁产作为一项重要内容。赵鼎在家训中嘱咐子孙不许分家,各项开支要统一掌握,专门规定"每正初合分给时,即契勘当年内诸位如有婚嫁,每分各给五百贯足,男女同",各房女儿出嫁与儿子娶妻一样,给500贯作妆奁。他被流放到岭南以后,还对一个特别宠爱的小女儿放心不下,专门嘱咐家人说:"三十六娘,吾所钟爱。他日吾百年之后,于绍兴府租课内拨米二百石充嫁资。"③ 李介翁只有一个庶生女儿良子,临终的时候"指拨良子应分之物产。……以待其嫁"时充作奁产。④ 钱居茂在遗嘱中把家产的一部分专门"摽拨,与女舍娘充嫁资",后来族人为了争这份家产打官司,官府认为钱居茂的做法是合乎情理的。⑤ 寡妇赵氏的前夫在遗嘱中,让其用家产的一部分"充女荣姐嫁资"⑥。还有郑应辰遗嘱给女儿各130亩地⑦,也属于妆奁。显然,陪嫁奁产成了父母关照女儿的头等大事。宋代有个吝啬富人不肯给儿子们分家,死后儿子们打官司争家产的时候,"其处女亦蒙首执牒,自讦于府庭,以争嫁资"⑧,女儿自己争奁产,把获取陪嫁奁产视为一种法定权利了。

奁产的种类和数量没有统一标准,"贫富不同,亦从其便";由于贫富悬殊,"贫穷父母兄嫂所倚者,惟色可取,而奁具茫然"⑨。甚至有

---

① (宋)袁采:《袁氏世范》卷2《事贵预谋后则失时》、卷1《女子可怜宜加爱》。
② (宋)范浚:《香溪集》附《范蒙斋遗文》。
③ (宋)赵鼎:《家训笔录》,第21项、第27项。
④ 《清明集》卷7《官为区处》。
⑤ 《清明集》卷5《争山》。
⑥ 《清明集》卷9《已嫁妻欲据前夫屋业》。
⑦ 《清明集》卷8《女合承分》。
⑧ (宋)司马光:《温公家范》卷2《祖》。
⑨ (宋)吴自牧:《梦粱录》卷20《嫁娶》。

的贫穷人家由于"资财遣嫁力所不及,故生女者例皆不举"①,在一些地区因此形成了溺女婴的风俗。富裕人家则可以为女儿出嫁大摆阔气,宰相张尧佑仗势逼进士冯京为婿,并且"示以奁具甚厚"②;另一个进士黄左之成了富豪王生的女婿,"得奁具五百万"③;前面引述的南宋景定年间郑家的订婚状中,奁田即多达500亩;大将杨沂中的女儿出嫁时的奁产不见记载,有了小孩以后的杨沂中"拨吴门良田千亩以为粥米"④,可以想见当初奁产的规模。

从有关实例来看,一般的富户给女儿的奁田也不少,秦桧结婚的时候还不太富贵,妻子也从娘家带来了20万贯的奁产。⑤ 吴和之妻"王氏原有自随田二十三种,以妆奁置到田四十七种"⑥;虞某娶陈氏,"得妻家摽拨田一百二十种,与之随嫁"⑦。当时一"种"为一亩,是王氏有奁田70亩,陈氏120亩。另一个案例说,"息娘原随嫁奁田,每年计出租谷六十六石"⑧,按每亩收租1石为率,一般富户的嫁女奁田可达六七十亩。⑨ 至于通常的自耕小农家庭可能为10亩左右,余姚人孙介"初有田三十亩,娶同县张氏,得奁资十亩,伏腊不赡,常寄食,授书自给"⑩。属于比较常见的情况。

元代徽州吴兰友女儿出嫁的时候,指拨四块地作为女儿的"浆洗衣服用度",并"以为手(首)饰之资"⑪,没说具体亩数,只说其中两块地可收租16秤和5秤,1秤为20斤,两块地合计420斤,按亩收租1石(约100斤)计,为地4亩2分;四块地可能为10亩左右。明朝初年同一地区的一件批山契记载,汪卫位的女儿出嫁时,将一块15步

---

① (宋)李心传:《建炎以来系年要录》卷117,绍兴七年十二月庚申。
② (宋)祝穆:《古今事文类聚》前集卷26《不娶贵戚》。
③ (宋)洪迈:《夷坚志》卷4《黄左之》。
④ (宋)周密:《齐东野语》卷6《向氏粥田》。
⑤ (宋)徐梦莘:《三朝北盟会编》卷142《炎兴下帙》。
⑥ 《清明集》卷10《子与继母争业》。
⑦ 《清明集》卷8《立诏穆相当人复欲私意遣还》。
⑧ 《清明集》卷13《叔诬告侄女身死不明》。
⑨ 南宋时期曾经把给女儿的奁田与田产交易等同视之,收取"嫁资"税,见(宋)李心传《建炎以来系年要录》卷149,绍兴三十一年十一月王之望奏。
⑩ (宋)沈焕:《定川遗书》卷1《承奉郎孙君墓志铭》。
⑪ 刘和惠:《元代文书二种引证》,《江汉论坛》1984年第6期。

（约合15市亩）的山地批给女婿名下，却说是"以作妆饰之资"[1]，是作为奁田给女儿的。这都是中等之家的陪嫁。富豪高官则多得多，明人李应升在《碧血集》嘱咐儿子，其妹妹"偿嫁与中等贫家，须与妆田百亩"，以补其用度；明末清初吴三桂嫁女，专门在江西"买田三千亩，大宅一区，充其女奁产"[2]；雍正年间大臣年羹尧在济宁买田19顷，作为女儿入嫁孔府的随嫁田[3]；乾隆年间的一份分家文书记载，全部田产共折银64280两，六个儿子分家的时候还有两个妹妹未出嫁，专门留出了1840两作"两妹完婚妆费"，[4] 每人的奁产达920两白银。还有，清朝某官员的妻子因其"外姑剧爱之，割千亩为奁赠"[5]，数目也很惊人。

出嫁之后还可以各种名义追加奁产，明初永乐年间祁门县一份产业文书记载，胡仕有两处山林（只记四至，未详亩积），"因管业不便，自情愿批与女婿洪宽名下永远为业。本家子孙日后即无（听）家外人异言争论"[6]。由不让本家子孙争论、签押处有"男胡阴周"可知胡仕有子孙；所谓"管业不便"显然不是真正理由；给女婿只是名义，实际上是给女儿。徐霞客家分家的时候给未出嫁的女儿留出8顷地，作为日后的嫁妆；当时另一个女儿已经出嫁，发现"妆奁不敷"，太少了，又追加了4顷。[7] 清朝嘉庆年间山阴县一份立嗣文书载，寡妇张王氏只有一个女儿，已经出嫁，选立夫家侄儿来圻为嗣，约定将来分家的时候"除肜山羽字四百三十六、七号田七亩零，给已出嫁女俞张氏外，其余尽归来圻承受"[8]，这七亩地也是追加的奁田。道光年间林则徐兄弟分家，其父把田产分给两兄弟的同时，"又念长女邓门、次女翁门、五女

---

[1] 转引自栾成显《徽州府祁门县龙凤经理鱼鳞册考》，《中国史研究》1994年第2期。
[2] （民国）徐珂：《清稗类钞》卷38《婚姻类·王永康娶吴三桂女》。
[3] 中国社会科学院历史研究所整理编辑：《曲阜孔府档案史料选编》第三编第七册，齐鲁书社1980年版，第372页。
[4] 转引自郑振满《明清福建家族组织与社会变迁》，湖南教育出版社1992年版，第55页。
[5] （民国）葛建初：《析狱奇闻》卷1《讼师》。
[6] 张传玺主编：《中国历代契约会编考释》，第1089页。
[7] 《梧塍徐氏宗谱》卷五六。转引自蒋明宏《明代江南乡村经济变迁的个案研究》，《中国农史》2006年第4期。
[8] 张传玺主编：《中国历代契约会编考释》，第1624页。

程门妆奁本薄,现已孀居,将龙门口四橺店面分给三人碎用,以补从前所不足"①。给三个女儿追加了一些奁产。

以上是历代奁产陪嫁的大致情况。其间最能体现奁产是女儿参加娘家家产析分的间接方式这一特性的,是其对奁产的终身所有权。

汉代既有"弃妻畀所赍"之说②,即离异的时候,丈夫应该放弃妻子当年的随嫁奁物,让妻子带走;《唐律疏议》卷12《户婚》具体规定,分家的时候"妻家所得之财,不在分限",奁产带到婆家后一直与其他财产分属,归夫妻小家庭,其实是归妻子。宋代的刘拱辰与两个弟弟同父异母,分家的时候刘拱辰只把部分家产"析分为三,以母郭氏自随之田为己当得,遂专而有之,不以分为二弟";两个弟弟告官,县官认为他们二人非郭氏所生,"不当分郭氏自随之产,合当全与拱辰"③。郭氏嫁到刘家数十年,去世后儿子还能分清哪些田地是她的奁田。一个叫江滨叟的人想休妻子虞氏,诬告虞氏私拿家中财物,"及勒令对辩,则又皆虞氏自随之物",不算偷夫家之产④,也表明这一点。欧阳修的妹妹抚养其夫前妻之女,此女后来嫁给了欧阳修的侄子,带去不少奁产,包括随嫁田;有人状告欧阳修兄妹之举是贪占夫家之财,结果官府查明,带去的奁产其实是欧阳修的妹妹用自己当年的"奁中物买田"为之⑤,是欧阳家的财产物归原主,不是夫家的财产,别人无由干涉。

到元朝,虽然改嫁的时候不能带走奁产了(详后),同时仍然规定,分家的时候"妻家所得财物,不在均分之限"⑥,与唐宋时期相同。明朝初年,吉州泰和县的肖家在筑城之役中被诬陷,为了输粟赎罪,"更倾赀产,至斥妇女妆奁,得钱钞若干"⑦,也反映出奁产是单独存放的,不到特殊时候不使用。崇祯年间,徽州休宁朱廷鹏给孤孙女酉英10石租的田地作奁田,带到了婆家;直到112年后的清朝乾隆年间,酉英的孙子考虑到"其田因路途遥远,收租不便",才卖给了酉英娘家

---

① 原件藏福州市林则徐纪念馆,转引自《文物》1985年第12期。
② 《礼记·杂记》郑注。
③ 《清明集》附录2《刘拱礼诉刘仁谦等冒占田产》。
④ 《清明集》卷10《夫欲弃其妻诬以暧昧之事》。
⑤ (宋)李焘:《长编》卷157,仁宗庆历五年八月甲戌。
⑥ 《元典章》卷19《户部五·家财》。
⑦ (明)刘崧:《槎翁文集》卷2《五荆传》。

的本家朱某①，也是一直单另的。还有乾隆年间于敏中"给伊女儿、孔宪培之妻银一万两，置买庄田四处，计官亩十六顷八十五亩一分有零"；于氏晚年在给儿子的遗嘱中说，"吴寺、泉头、石井三处，是汝外祖与我治的私产三处。……着给孙媳妇方氏掌管，以作房内使用"②。几十年过去了，四处夻田仍完整地保留着三处，并且明确地称之为"私产"，以所有者的身份单独给了所钟爱的孙媳妇。直到近代，山东地区乡间分家的时候，"大率除养老、祭田、公物外皆兄弟均分。……女子无论已嫁未嫁，皆不得预"；但是，"惟妇人夻资及新妇所收拜钱，则为私有"③。继续沿袭着古老的习俗。

## 二 立嗣外甥外孙

没有亲生儿子的家庭为了门户的延续，经常采用立嗣的方式，俗称"过继"。在选择被立嗣人的时候，按照民间习俗和法律，只能依照"亲属推广法"在近亲范围内选择：一是本家昭穆相当之人，即本家的侄儿或侄孙；二是外甥外孙，即本家姐妹或女儿的儿子。外甥外孙是仅次于侄儿侄孙的立嗣候选人，在实际立嗣过程中，甚至不一定排在侄儿侄孙之后。

舅舅立外甥、外祖父立外孙为嗣的习俗，从社会学的角度看，属于"隔代母系继替"④，等于是女儿或姐妹的代理人回娘家继承家产、继立门户了——当初出嫁的时候娘家有（或者还有希望有）子嗣，后来没有了，自己有责任为娘家继产承户，又不能分身，就让自己的儿子代之了。对此，在下一章具体考察。

## 三 招婿入赘

在有女无子而又不准备立嗣养子的家庭中，女儿便成了家产的实际继承人。不过，女儿只能在未出嫁的时候继承全部家产，如果父母去世

---

① 转引自章有义《明清徽州土地关系研究》，中国社会科学出版社1984年版，第75—76页。

② 中国社会科学院历史研究所整理编辑：《曲阜孔府档案史料选编》第三编第三册，第132页。

③ 《莱阳县志》。转引自山曼等《山东民俗》，山东友谊出版社1988年版，第229页。

④ 费孝通：《生育制度》，天津人民出版社1981年版，第158页。

的时候已经出嫁，按宋代以后的户绝法规定，只能继承家产的 1/3 至 1/2，其余的归族中近亲或没官；即使未出嫁的时候继承了全部家产，出嫁携带也会受到种种干预。如果女儿想永久地继承娘家的全部遗产，就必须承担起传宗接代、继立门户的义务，这便需要招婿入赘。

赘婿出现很早，在《诗经》中就有反映，《邶风·匏有苦叶》说"士如归妻，迨冰未泮"，高亨先生解释说"归妻"就是赘婿，"士如归妻"是说男人如果出赘到了妻子家；《小雅·我行其野》说"婚姻之故，言就尔居，尔不畜我"，是以男人的口气说的，这个男人就是赘婿。[①] 还有《王风·葛藟》中的"终远兄弟，谓他人父；终远兄弟，谓他人母；终远兄弟，谓他人昆"，也是说当赘婿的男人离开本家父母兄弟后，在妻子家遭人白眼。《周礼·地官·媒氏》说的"凡娶，判妻入子者，皆书之"，判是婚书，所谓"入子"也是指的赘婿。出土的《秦律》中有规定："自今以来，叚门逆吕（旅），赘婿后父，勿令为户，勿鼠（予）田宇。三（世）之后，欲士（仕）士（仕）之，乃（仍）署其籍曰：故某虑赘婿，某叟之乃（仍）孙。"[②] 已经有了"赘婿"的专门称谓。

商鞅变法之后，随着"家富子壮则出分"，便有了"家贫子壮则出赘"的现象[③]，赘婿也多了起来。云梦秦墓出土的秦始皇二十四年的两封木牍家信中，即有入赘现象的反映。两封家信分别是黑夫、惊和中三兄弟之间的通信，黑夫和惊在外从军，两封信都有惊问候其妻家的内容，问候妻家的"两老"，嘱咐妻子要"勉力视瞻丈人"。黄盛璋先生推断，这是因为惊的妻子住在娘家，惊是赘婿[④]，正在充军戍边。

有时候还有一些特殊的赘婿，秦汉时期的"赘子"，即穷人典质于富家作奴仆的男子。这种"赘子"如果超过三年"父母赘而不赎，主家配以女（按：指女婢），则谓之赘婿"[⑤]，继续在主家，并为主家生养下一代奴婢，仁井田陞先生称之为"劳役婚"[⑥]。还有个别地方有子嗣

---

① 高亨：《诗经今注》，上海古籍出版社 1982 年版，第 48、265 页。
② 睡虎地秦墓竹简整理小组：《睡虎地秦墓竹简》，文物出版社 2001 年版，第 292—293 页。
③ 《汉书》卷 48《贾谊传》。
④ 黄盛璋：《云梦秦墓出土的两封家信与历史地理问题》，《文物》1980 年第 8 期。
⑤ 《汉书》卷 64《严助传》注引如淳语。
⑥ ［日］仁井田陞：《中国法制史》，牟发松译，上海古籍出版社 2011 年版，第 164、193 页。

也招婿入赘，如宋代"川峡富人多招婿，与生子齿，富人死即分其财。故贫人多舍亲而出赘"①；湖湘一带"生男往往多作赘婿，生女反招婿舍居"②。据《清稗类钞》卷38记载，自战国以来，山东中北部地区一直有长女不嫁之俗，源于齐国的"巫儿"，甚至可以在娘家主祀，"至本朝（按：指清朝），青州犹有此风"。这都属于特殊情况，一般都是在有女无子、需要女儿传宗接代的时候才招赘。

唐初的"户绝财产法"和开成年间关于"已出嫁者，令文合得资产"的补充规定，都没有说已经出嫁的女儿继承一部分还是全部家产③；《宋刑统》卷12追记这条令文的时候，北宋官员建议加上"有出嫁女者，三分给与一分，其余并没官"，似乎唐代还没有数量规定，无子嗣之家的女儿无论已经出嫁还是待字闺中，都有权继承全部财产，所以就没必要一定招婿入赘了。开成年间的补充规定接着说，"其间如有心怀觊望，孝道不全，与夫合谋有所侵夺者，委所在长吏严加纠察。如有此色，不在给与之限。"这是针对已经出嫁的女儿说的，所以尽"孝道"具体指的是给父母养老送终，不包括传宗接代、继立门户的内容；也就是说，与前后各代相比，唐代女儿在继承娘家的户绝资产的时候义务少，权利大。

将各代打通比较，赘婿记载最多的是元代，这在《通制条格》和《元典章》中可以清楚地观察到。《通制条格》卷3《户令》说"目前作赘婿之家往往甚多，盖是贫穷不能娶妇，故使作赘。虽非古礼，亦难革拨。此等之家，合令权依时俗而行"。官府无法改变，因为这已经成为"时俗"了。元人徐元瑞《吏学指南·亲姻》记载元朝招赘婿的方式有三种：一是终身在女方家中，并且改从女方的姓氏，子女姓氏也随女方，称为养老婿或入舍婿；二是不改姓，女方父母去世后携带妻儿回原籍，留下一个儿子继承女方门户，称为归宗婿或舍居婿；三是夫妻结婚以后仍然分住在各自的父母家中，到女方父母去世后再商定在何处安家，称为出舍婿。这是当时的习俗，也为官府所认同，元朝律令规定，"若招女婿，（须）指定养老或出舍、年限，其主婚、保亲、媒妁人等

---

① （宋）李焘：《长编》卷31，太宗淳化元年九月戊寅。
② （宋）范致远：《岳阳风土记》。
③ 《宋刑统》卷12《户婚律》"户绝资产"条引唐文宗开成元年敕文。

画字"①，订立相应的作赘文书；至元年间还规定"民间富实可以娶妻之家，止（只）有一子不许作赘。若贫穷只有一子，立年限作出舍者听"②；在孤女继承遗产的时候也规定"候长大成人招召女婿，继户当差"③……都反映出元朝时候的赘婿数量多，而且种类分明。当然，这种分类并非从元朝才有，在《宋会要》和《名公书判清明集》中也经常出现这些名目，至迟在宋代已经是这样了。到明朝以后不再细分，通称为"养老女婿"，也不要求改姓了。

这三种赘婿都要承担为女方父母养老送终的义务，并且有直接或间接地继立女方门户的责任；只有第一种赘婿能继承全部家产，因为这种赘婿连自己都改从女方姓氏，不可能离开女方家庭了；后两种只能继承部分家产，按照宋代的规定，舍居婿只能在"分居日比有分亲属给半"④。不同种类的赘婿之所以有不同程度的继产权，显然是基于其（实际是其妻）对女方家庭和父母所尽义务的不同。

元代还有一种"年限婿"，规定好婚后在女家的年限，年限到了才能带着妻儿离开女家，另觅居处。徐元瑞把年限婿排在第二位，可能是因为年限婿比较多。明朝崇祯年间，山东曲阜张成岗状告称："身男小张妮与杨翟寰作年限女婿，被伊将男打伤，淹死井内"⑤，就属于这一类。不过，所谓年限婿，往往是出不起聘财以劳役抵之，类似先秦时期的"赘子"，而且娶的多是女方家中的女婢或丫鬟，不是女儿，清代的《成案续编》卷10记载了乾隆年间的一件年限婿文约，主要内容为：

> 立招年限仆婿文约人杨德，情因无钱娶妻，情愿出招陈天佑名下婢女小招赘为夫妇，言明佣工一十二载，成婚领回。自进门之后，如有走失拐带年限，不干陈人等事；如有天灾流行，各听天命。恐后无凭，立文约存照。

---

① 《通制条格》卷3《户令》。
② 《通制条格》卷4《户令》。
③ 《元典章》卷19《户部五·家财》。
④ （宋）李焘：《长编》卷332，神宗元丰六年正月乙巳。
⑤ 中国社会科学院历史研究所整理编辑：《曲阜孔府档案史料选编》第二编第一册，第88页。

这是入赘到主家，以主家的婢女为妻的奴仆式赘婿，并且要服役满12年以后才可以结婚，把妻子带回自己家。

清代福建乡间尤其是下层民户中，当赘婿人的很多，傅衣凌先生考察的过仙都中圳林文佃家，四代12个男子中只有3个人在家娶妻，5个人未娶，4个人出赘到了别人家；尤其是第十八代的6个儿子，老大、老三和老四没有娶妻，老二、老五和老六出赘，都没有在家娶妻；五个人没有后代，老六是改姓的养老婿，有后代，却已经姓叶，不是林家之后了。① 当然，这家的情况有些特殊。儿子多的穷人家让几个儿子出赘，却是常有的现象。

招赘婿的家庭通常只有一个女儿，或者是几个女儿中的一个招赘婿，其他女儿正常出嫁。也有个别家庭同时招两三个赘婿，女儿女婿们便像儿子一样，一起平分家产。明初洪武年间徽州祁门王阿许分产文书记载②：

> 五都王阿许不幸夫王伯成身故，并无亲男，仅有三女。长女名关弟娘，昨曾招到十八都曹孟芳过门为婿，与关弟娘合活，长下外甥添德，年纪十一岁。第二女寄奴，招聘到同都洪均祥到家，成婿合活，亦有孙柳相，年纪七岁。第三女佛奴，招到□都谢允忠到家，与女佛奴娘成家合活。俱各立事。
>
> 昨阿许同夫伯成克勤克俭，陆续置受些小田地。今思年老，若不标分各人管业，诚恐日后互相争战（竞）不便，今将户下应有田山、陆地、屋宅、池塘、孳畜等物品搭，写立天、地、人三张，均分为三，各自收留管业。
>
> ……

所有田产由三个女婿（实际是女儿）像"诸子"一样均分，并且是拈阄分定的，共同保证分家之后要照顾好岳母，"永接香火，奉祀祖先"，继立门户。与一般兄弟分家相比，签押处仅有岳母（岳父已故），没有

---

① 傅衣凌、杨国桢：《明清福建社会与乡村经济》，厦门大学出版社1987年版，第306页。

② 张传玺主编：《中国历代契约会编考释》，第1086—1088页。

女儿女婿签押。

还有的在招赘婿的同时又立一个嗣子,这种家庭的遗产分配原则是"养子与赘婿均给",谁也不能独占。嗣子通常是本家的侄儿,其实是本家近支与赘婿(女儿)争家产。即使不立嗣子,本家侄儿也往往与之争夺,元代有个案例记载,元贞年间卫辉路获嘉县贾拾得告状说:"故伯父贾会首与拾得等全家祖庄住坐,后为天旱他处趁熟。回还,有伯父招到养老女婿张威,将房舍地土昏赖,不令拾得为主。照勘得,贾拾得不曾附籍。本部议得,张威虽于贾会首户下附籍,合将应有事产令侄贾拾得两停分张,同户当差。部省准拟。"①侄子以祖父不曾给父辈分家为由,与伯父家的赘婿争分家产,居然成功了。这种情况很多,明朝因此规定了预防的办法,"如招到养老女婿者,仍立同宗应继者一人,承奉祭祀,家产均分"②,以缓和赘婿与族人之间的矛盾。

赘婿的地位历来很低,前面引述的《秦律》规定,赘婿不得做户主,不授予田地,三代以后的子孙才可以做官,并且要注明是赘婿之后。秦汉时期把赘婿与刑徒等并列,排在"七科谪"即充军戍边的七种人的第三位。③在女方家族中,赘婿更受歧视,被视为"如人疣赘,是剩余之物也",是多余的人。④民间"称赘婿如布袋",表面上是取"补代"的谐音,其实是说赘婿"如入布袋,气不得出"⑤。清代曲阜孔府的《世家谱格册》规定六种人不准入谱,第三种是"赘婿奉祀者"⑥,入赘到孔家的赘婿不准入谱,不算是孔家的人。

赘婿在女方家族中受歧视的原因,在于他作为外姓人继承了本来不该属于他的财产,抢夺了女方家族中旁系子弟的潜在的继承权。尽管实际上是本家族的女子在间接继承家产,名义上却是因为招了赘婿才得以继承,族中的潜在竞争者们便把气冲这块挡箭牌出了。鉴于此,招婿入赘的时候首先要经族人同意,有时候还立下字据,名义上是让族人监督

---

① 《通制条格》卷4《户令》。
② 《明会典》卷20《户口二·婚姻》。
③ 《史记》卷6《始皇本纪》。
④ 《史记》卷126《滑稽列传》。
⑤ (宋)朱翌:《猗觉寮杂记》上。
⑥ 中国社会科学院历史研究所整理编辑:《曲阜孔府档案史料选编》第三编第一册,第251页。

女儿和赘婿履行养老送终、继立门户的义务,实际上也是让族人正式承认接纳,防止日后挤对干预。

## 第二节 在婆家的"继管"

人们习惯认为妇女地位低,主要依据的是儿媳妇在婆家的情况,并且主要从寡妇再嫁问题来认识的。这种习惯认识主要来源于现代文学作品,不是古代的历史记载,古代妇女的地位虽然不如男子,也不像人们习惯认为的那样低。前面提到,日本学者柳田节子先生认为,妇女地位在宋代突然降低,主要是理学的影响。其实,理学在两宋时期的影响并不大,二程讲的"饿死事小,失节事大"只是一种"隐喻"意义的说教,倡导妇女守节的本意是政治上的,是以寡妇守节来比照规劝大臣忠君,后来的理解把主次弄颠倒了。

古代的妇女在参政、社交方面不如男子,从家庭地位来看,作为女主人,在当家理财方面不比男子低。当然,当家理财是义务,继承家产是权利,两者不是一回事。只要丈夫在,分家的时候出面继承财产的是丈夫,承立门户的也是丈夫,都不会是妻子。以媳妇的身份在婆家继产承户,通常发生在丈夫去世以后的场合,表现为寡妇继产承户。

### 一 寡妇守节"继管"家产

寡妇有的是儿媳身份,有的可能已经成了婆婆,作为婆婆的寡妇在家庭中的地位是很高的,是一家之主,无须多说,这里只考察守寡儿媳继产承户的情况。

据《唐律疏议》关于"诸祖父母、父母在而子孙别籍异财者,徒三年"的规定看,把父与母并列,就是说父亲去世之后母亲健在,儿子也不能分家,否则即是犯罪。这类律令虽然不可能真正执行,起码说明,孤儿寡母承受家产的时候,名义上是儿子代位继承,实际上寡母是遗产的真正掌管者,前面提到的一些析产文书,有的就是父亲早故,寡母以家长的身份为儿子们分家的。最有名的是明朝万历年间浙江黄茂梧之妻顾若璞,嫁到黄家不久丈夫去世,她便"涉历"家事;两个儿子长成后为之婚配,然后趁"年力未迈,一一清分",亲自制定了《与二子析产书》,告诫儿子要孝悌节俭。晚年的顾若璞还主持修撰《黄氏宗谱》，掌管祭田①，俨然是一家之主。

在一些析产文书和案例中，有的曾被认为是寡母越过儿子直接继承家产，需要略予辨析。敦煌出土的唐宣宗大中七年的一件析产文书说：②

> 癸酉年十月五日申时，杨将头遗留与小妻富子伯师一口，又镜架匮（柜）子，又舍一院；妻仙子大锅一口；定千与驴一头，白叠袄子一，玉腰带两条；定女一斗锅子一口；定胜鏊子一，又匮（柜）一口。（后缺）

杨将头有妻（仙子）、妾（富子），从名字判断，定千、定女和定胜是兄弟姐妹，这个有儿女的家庭分家的时候也给了寡妻妾一些财产。细审之，这不像是通常的分家析产，因为：第一，所分的只是柜子、锅及衣服之类的细碎物品，最值钱的是一头驴，没有提田宅，这个有妻有妾的"将头"不可能就这点家当；第二，这道文书不是以杨将头的口气订立的，像是他人转述的记录，不是正式分家文书。所以，这份文书讲的很可能是正式分家即析分田宅之外的补充，把日常生活用品分配一下，正式析分的田宅之类不会给女儿，更不会给妻妾。

在清代四川自贡盐户的析产文书中，也有妻子与丈夫分家产的，王云沧的家产被均分为两份，夫妻各得其一，"不相干与"；蒲赐鱼的妻子也与其"割别井权，独自谋生，互不相侵"③。这都是由于丈夫骄侈挥霍，族人为保其家业不至荡尽而强行析与其妻一份的，防止像王云沧那样，与妻子分家后数年内将自己的一份挥霍一空，又乞食于其妻。总的看来，这都属于特殊情况。

在此，简单说一下妾婢继管家产的问题。

在一妻多妾的家庭中，守寡的妻子与妾婢如何分配家产，法令和习俗都不见有具体的规定，往往是按照各家的实际情况办理。正妻继管家产名正言顺，也比较可靠；妾婢年轻，容易生异心，是被防范的对象。唐人于义方家训性质的《黑心符》，主要就是讲如何防止被妾婢以及年

---

① 周武主编：《中国遗书精选》，华东师大出版社1994年版，第315—316页。
② 唐耕耦、陆宏基主编：《敦煌社会经济文献真迹释录》第二辑，第154页。
③ 冉光荣主编：《自贡盐业契约档案选辑》，第1002、268页。

轻的续弦夫人谋财败家,专门嘱咐后代子孙"万一不幸中道鼓盆,巾栉付之侍婢,米盐付之诸子",主要的财权应当让儿子掌握,这样失偶续弦或纳妾的老翁才可以"坐享宴安"。袁采在《袁氏世范》中专门列了"婢妾常宜防闭""婢妾不可不谨防"和"美妾不可蓄"等条目,特别强调"暮年不可置宠妾",以防身后出麻烦。

唐宋之际的文书《孔员信三子为遗产纠纷上司徒状》记载[①],"孔员信在日,三子幼小,不识东西。其父临终,遗嘱阿姨二娘子,缘三子少失父母,后恐(不?)成人;忽若成人之时,又恐无处活命。嘱二娘子比三子长识时节,所有些资产,并一仰二娘子收掌。若也长大,好与安置"。由所说的"三子少失父母"可以知道,这个"阿姨二娘子"是孔员信的小妾,三个儿子都非其所生;孔员信去世前嘱托这个小妾先把全部家产掌管一段时间,等嫡妻所生的三个儿子长大以后再分还给他们。但是"其阿姨二娘子日往月直,到今日,其三子只日全不分配。……如此不割父财,三子凭何立体?"所以三个儿子打官司要求其归还家产。文书同时又说,孔员信在世的时候,已经给这个小妾"与留银钗子一双,牙梳壹,碧绫裙壹,白绫壹丈五尺,立机一匹,十二综细褐六十尺,十综昌褐六十尺,番褐一段,被一张,安西缥二丈,绿绫□□□一□职(织)机壹,柜壹口并□匙全,青钿镜子一,白絁渧裆一领"等用品。在这个文书中,哪些是给三个儿子的暂时由小妾保管的家产,哪些是给小妾的家产,一清二楚;值得注意的是,给小妾的财物中不包括田宅,只是些日用物品,与前面提到的杨将头文书相同。

南宋中期杜杲知六安县的时候,有个人立下遗嘱,让小妾与两个儿子均分家产,"二子谓妾无分法",杜杲认为按照"子从父令"的古训,应该遵循父亲的遗愿;同时又加上一条:"然妾守志则可,或去或终,当归二子。"[②] 这个判决被视为礼法周全的最好的范例。另一个案例说,邢坚被立为嗣子的时候才十来岁,养父母都已死去,由舅舅和"母婢"即父亲的侍婢(收房丫鬟或小妾)王燕喜照料,后来邢坚与叔叔邢栴发生财产纠纷,叔叔告诉官府,说邢坚的舅舅与王燕喜通奸,并一起挑

---

① 唐耕耦、陆宏基主编:《敦煌社会经济文献真迹释录》第二辑,第154页。
② 《宋史》卷412《杜杲传》。

唆邢坚。官府杖责了邢坚的舅舅，"燕喜勒令日下议婚遣嫁"①，把代子继管家产过程中越权起异心的小妾赶了出去。很明显，妾婢继管家产的权利不如正妻，因为她们改嫁的可能性更大。

我们接着说正妻。

在父亲去世的家庭中，名义上"子承父分"，继承家产的是儿子，寡母却是先于儿子的实际继承者，先以媳妇的身份，继而以婆婆、祖母的身份掌管家产，地位越来越牢固，儿子真正掌握家产继承权，需要到寡母年迈或去世以后。有论著指出，战国时期孝的对象只是父亲，秦汉以后讲究孝敬父母，才包括了母亲。② 唐宋律令规定"祖父母、父母在"不得分家，专门加了"母"字，就反映出这种事实。宋代一个叫张介然的人死后，"其妻刘氏尚存，其长子张迎娶陈氏，早丧而无子。盖刘氏康强，兄弟聚居，产业未析，家事悉听从其母刘氏之命"③，也说明同样的情形。我们对寡妇的这种没有继承之名却有继承之实的现象，很难用确切的概念来界定；由于她们是以儿子年幼的时候代管的形式出现的，姑且称之为"继管"④，《户婚律》中的"女户"，即妇人为户主的家庭有的就属于这一类。这是从官方税役的角度说的。从门户传承的角度看，是儿子正式承立门户之前的一种过渡形式。

宋代的陈阿江有两个儿子，陈阿江死后一段时间未分家，长子安国私自出卖田地，被弟弟安节告官；官府认定其私自盗卖的证据，是卖田契约中"其母及安节不曾着押，皆陈安国假写"⑤，即陈安国私自代其母亲和弟弟签押；李焘任双流县知县的时候，"有不白其母而鬻产者，焘置之理"，也是说的父亲死后的情况。⑥ 还有一篇判词明确地说，在寡母和五个儿子组成的家庭中，出卖田地的时候"合令其母为契首，兄弟未分析，则合令兄弟同共成契"，或者"合从其母立契，兄弟五人同

---

① 《清明集》卷7《生前抱养外姓殁后难以摇动》。
② 李现红：《秦汉时期士人与宗族关系研究》，博士学位论文，北京大学，2012年，第三章第三节。
③ 《清明集》卷7《争立者不可立》。
④ 费孝通先生在《禄村农田》中称之为"暂时的保管"，社会科学文献出版社2006年版，第83页。
⑤ （宋）黄榦：《黄文肃公勉斋文集》卷40《判语》。
⑥ 《宋史》卷388《李焘传》。

时着押"①。说明在丈夫去世、儿子承立门户的家庭中寡母有权介入家产的处理。但这只是"监证"意义上的介入，还不是所有权。

　　元代出卖田宅的时候，如果父亲不在了，大都是母子同书签押，有学者分析发现，并不是因为儿子幼小，儿子成年后出卖田宅也必须经寡母同意。②在明清时期闽南的契约文书中，有一批以林门蒋氏、陈门汤氏、李门陈氏等名义立字的文书原件，其中出卖田宅的文书都写着诸如"立卖断契人王门黄氏，有承夫民田一段。……保此田系氏承夫业，并无叔兄弟侄争执及不明等情为碍"；典租田地文书称"承夫有田一段"出佃，都是以所有者的口气为之。这类文书，仅在杨国桢先生辑录的《闽南契约文书综录》中即有25件③，其中有一件甚至不是以"某门某氏"的家庭主母的口气，而是以"媳妇"名义立之，称"立杜绝契人招福房侄良媳妇。……此田系是自己应得物业，与他人等无干"，并有房兄、宗侄、祖母作为见证人签押。所谓"杜绝"就是"卖断"，继管权与继承权已经混同了。

　　在孤儿寡母为当事人的家产诉讼案中，以儿子的名义为之，出面的大都是寡母，甚至可以直接以寡母的名义打官司，对这种做法历代律令和习俗都予以认同和保护，比如宋代，尽管有的地方官规定"非单独无子孙孤孀，辄以妇女出名"打官司，官府不予受理④，事实上并不这样执行，有个案例记载，寡妇阿张"自丧夫后主掌家计，鞠养儿女，实为夫家增置田产"，并为儿子娶妻阿曹。不料儿子早殁，族人趁机与之争产。婆媳二人诉于官府，官府受理后认为，婆媳二人"归闾丘家有年，而不离宗，遂给闾丘物业付阿张、阿曹掌管"⑤，斥退了族人。阿曹尚有一子，是当然继承人，打官司的时候却是以婆媳二人的名义出面的。

　　前面提到的清代钱唐郑某案件中，郑某之妻与酒店妇争家产，县官审断的时候把家产分为两份，写了两个纸阄，让两个妇人代表各自的儿

---

① 《清明集》卷9《母在与兄弟有分》。
② 杨淑红：《元代民间契约关系研究》，博士学位论文，河北师范大学，2012年，第220—221页。
③ 《中国社会经济史研究》1990年增刊号。所引文书见第68、74、142、143、145、151、155、171、178、183、203、205页等，媳妇卖田文书见第206页宣统二年契。
④ 《清明集》附录5《词讼约束》。
⑤ 《清明集》卷6《争田业》。

子抓阄。酒店妇的儿子当时已经9岁,妻子所立之子也不会太小,都可以抓阄了,县官却让两个妇人(寡母)代为拈之,应该是基于当时的习惯做法,含有请寡母代管的意思。不唯平民家庭,官宦之家的析产争讼也常有寡母直接出面,清朝乾隆年间的一个案例记载①,山东济宁人李钟柏死于福州通判任所,兄弟分家的时候儿子年幼,由寡妇刘氏出面,分得白银3万两。后来得知家产有百余万两,刘氏便亲自出面到济宁府衙控告,小叔每每给其二三万两以搪塞。官司一直打了许多年,刘氏老了以后才由儿子出面了。

寡妇对家产不仅有继管权,还有指派经营权。徽州商人家的寡妇掌管家产的时候,可以安排儿子继承父业,继续经商,大商人曹文修、方文箴、朱楷等都是奉母命下商海的。有的还亲自经营亡夫之业,大盐商汪石病死后汪夫人主持内外诸事,盐业照旧兴隆。乾隆南巡的时候,汪夫人独自出万金修亭台楼池,乾隆游览后大加赞赏。② 不唯徽商,江苏吴县有家"顾三娘子砚店",最初是顾德麟靠磨制"早砚"的独特技术起家,顾德麟死后"媳邹氏守节,传业尤精"③,把夫家的技艺继承了下来,此砚后来又称为"老亲娘砚"。一般说来,在寡母年迈或去世以后,儿子才能成为遗产的继承人,实际上已经不是从亡父手中,是从寡母手中继承的。有时候官府专门规定,"若母寡子幼,其母不得非理典卖田宅"④,即透露出寡母这种继管权力之大的情形。

寡妇守节不嫁为舆论所赞扬,继管亡夫家产也受到法律的保护,"妇人夫在日已与兄弟叔伯分居,各立户籍之后夫亡,庄田且以本妻为主"⑤。在实际继管过程中,却常与族人发生直接冲突,因为寡妇如果改嫁,立嗣之事由族长决定,自然会选本族子弟,不会引来外姓;不立嗣,户绝财产也可以由本族子弟瓜分一部分。现在寡妇因为守节,名正言顺地继管了财产,这些人便无望了。尤其是亡夫的亲兄弟,更是直接的利害相关者,往往采取两种手段抢夺寡妇的财产。

---

① 吕小鲜编选:《乾隆年间山东济宁李氏家族争讼家产案》,《历史档案》1993年第4期。
② 王波:《明清时期徽州妇女的重商精神》,《文史知识》1995年第7期。
③ 彭泽益主编:《中国工商行会史料集》,中华书局1995年版,第175页。
④ 《元典章》卷19《户部五·家财》。
⑤ (清)徐松辑:《宋会要辑稿·食货》61之58。

一是利用叔嫂收继婚方式，由亡夫兄弟娶寡妇为妻，把家产带过来。最初这是北方少数民族的传统，在中原汉民族中也存在，在《礼仪·坊记·丧服传》中有"继父同居者"之语，"传"解释的时候，提到了"所适者亦无大功之亲"的前提条件；所谓"大功之亲"，指堂兄弟以内的本家近亲，这句话的意思是说，丈夫死后，如果改嫁的时候找不到合适的叔伯兄弟，只好外嫁他人。就是说的古老的"收继婚"习俗。敦煌文书中的《唐天复八年吴安君违嘱文书》记载，"吴安君、侄吴通子同为一户，自通子小失慈父，遂便安君收索通子母为妻，同为一活，共成家业"①，也是小叔"收继"寡嫂的例子。甚至有了妻室的兄弟仍然可以收继，元朝大德年间，河南一个叫刘乖乖的女子嫁与李五儿，不久"五儿身故，李四十系一父母所生，小叔虽有妻室，即系应（收）继之人"②，将刘乖乖收继为妻了。清代甘肃地区男多女少，所以"兄死妻嫂，弟死妻其妇，比比皆是"③。当然，这属于不光彩的"陋俗"，主要存在于中下层家庭中。

二是用诬陷手段把守节之妇逼走，把家产留下。宋代岳州李家"以赀雄，其弟死，妻誓不他适。兄利其财，嗾族人诬妇以奸事，狱成"，把弟媳赶了出去。④洋州李甲的哥哥去世后寡嫂不改嫁，与儿子相依度日，李甲却"诬其兄之子为他姓，赂里妪之貌类者，使之认为己子。又醉其嫂而嫁之，尽夺其奁橐之蓄"⑤。元代真定苏氏"生子德政，四岁而寡。夫之兄利其资，欲逼而嫁之"⑥，当然是连儿子带走了。这类逼嫁寡妇的案件很多，所以自唐代就规定："其夫丧服除，而欲守志，非女之祖父母、父母而强嫁之者，徒一年。期亲嫁者，减二等。各离之，女追皈前家。"所谓"期亲"就是亡夫的本家近支，如果这些人逼守节之妇改嫁，除了治逼嫁者之罪外，还要让守节之妇回原亡夫之家，继续

---

① 唐昭宗天复只有四年，所署"天复八年"已经是后梁开平元年。该文书收录在日本武田科学振兴财团编《杏雨书屋藏敦煌秘笈影片册一》，大阪武田科学振兴财团杏雨书屋2009年版，第348—351页。转引自仝小红《秦汉至唐宋时期遗嘱制度的演化》，《历史研究》2012年第5期。
② 《通制条格》卷3《户令》。
③ （清）赵翼：《檐曝杂记》卷4《甘省陋俗》。
④ （宋）桂万荣：《棠阴比事原编·泽民讯僧》。
⑤ （宋）魏泰：《东轩笔录》卷11。
⑥ 《元史》卷201《烈女传二》。

掌管家产，支立门户；至于逼嫁者罪减二等，可能是为了缓和守节之妇回去后与族人的关系。规定可谓细致周到。不过，直到清末民初，仍然"有不肖亲族，往往觊觎资产，串通痞棍，强迫抄醮"①，不顾同胞之谊和伦理道德，把寡妇逼走。

最后附带说说"舅权"问题。

媳妇在婆家被人欺负的时候，可以让娘家兄弟姐妹（儿女们的舅舅、姨姨）来保护自己；在习俗观念上，也认为娘家人的帮助是正当的，这种现象在人类学上被称为"舅权"行为。② 特别是在寡妇守节继管家产的过程中，娘家人的帮助更为必要。宋代一个叫蒋森的人死后，其妻叶氏与养子蒋汝霖争夺家产，蒋汝霖有族人作后台，叶氏则在娘家兄弟叶十乙秀的谋划下"擅割其田为三：汝霖得谷一百七十硕，叶氏亲生女归娘得三十一硕随嫁，叶氏自收谷五十硕养老。归娘既是叶氏亲生，又许嫁叶氏姊子郑庆一，由是叶、郑合为一党，而汝霖之势始孤"，叶氏又把养老田遗嘱给了女儿归娘。③ 先是舅父干预，接着"两姨成亲"，巧妙地借助娘家兄姊的力量，把蒋森遗产的近半数占有了。

清代有个案例记载，陈涌金有四个儿子，"长与三皆娶于吴，以女兄弟为先后。……长子无嗣，遗一女阿猫。（次子）美思有二子，伦序相当，大陈吴氏与阿猫不欲，欲以（三子）贡元妇小陈吴氏子为后"④。老二老三都有儿子，按习惯当按长幼为序；之所以绕过老二之子选立老三之子，显然是由于老大之妻与老三之妻是亲姊妹，等于是把老三与小陈吴氏之子过继给了大姨。这样一来，陈家财产的半数就由吴氏姊妹牢牢控制住了。孔府第七十二代衍圣公之妻于氏掌管府中大印的时候，"信用母家族属，以于氏之人干预孔家之事"；七十六代衍圣公死后其妻陶氏专制孔府大权十余年，也是靠娘家兄弟的协助，"陶氏的几个兄弟，九舅、三舅、十一舅都常来常往。……孔府的许多事情他们都插手。孔府的土木兴建，物品购买，应酬送礼等等，一概都要过问。族里人对此很有意见，也是敢怒不敢言"⑤。这些娘家兄弟不是来帮忙，已

---

① （民国）《川沙县志》卷18《方俗志·漫谈》。
② 费孝通：《生育制度》，第105页。
③ 《清明集》卷5《继母将养老田遗嘱与亲生女》。
④ （民国）葛建初：《枹狱奇闻》卷1《陈涌金案》。
⑤ 孔德懋：《孔府内宅轶事》，天津人民出版社1982年版，第61页。

经反客为主了。

娘家人的帮助固然重要，其发挥作用的基础是自家姐妹在婆家的家产继管权，通常情况下，他们只是来帮助实现和巩固这种权利的。

**二 招接脚夫**

寡妇守节不改嫁，独自承立亡夫的门户，时常受人挤对欺凌，实际生活中也有诸多不便，因此便有了一种类似女儿招婿入赘的方式——可以在婆家招一个男人上门，帮助自己料理家务，抚养前夫遗下的子女。这个男人通常被要求改从妻子前夫的姓氏（元代以后甚至姓名一起改），称之为接脚夫，俗称坐地招夫。这表明古人也是很实际的，家庭门户的支撑和传承比所谓"守节"更重要。

招接脚夫的习俗始于何时，难以准确判断，前面提到，在《礼仪·坊记·丧服传》中有"继父同居者"之语，"传"解释说，这是因为"夫死，妻稚子幼，子无大功之亲。与之适人，而所适者亦无大功之亲。所适者以其货财为筑宫庙，岁时使之祀焉"。所谓"同居"即与之组成家庭，意思是说，丈夫死后，如果遗孀改嫁的时候找不到合适的叔伯兄弟，只好外嫁他人；为了亡夫家的祭祀和传宗接代，又不能带儿女随新夫去他处居住，所以就让新夫（即儿女的继父）来亡夫家居住，并由新夫负责筑庙祭祀，承担生产生活义务。如果这个解释符合原意，这应该就是最早的接脚夫。商鞅变法以后"家贫子壮则出赘"的赘婿中，可能也有入赘到寡妇家的。前面提到的江苏仪征出土的西汉《先令券书》中老妪的第二、第三个丈夫，可能就是入赘到了老妪的婆家。

接脚夫在唐代以前确实很少，笔者没有见到直接的记载，唐人白敏中戏称其妻为"接脚夫人"①，想必是由接脚夫演绎而来的。还有王梵志诗中说的"撩乱失精神，无由见家里。妻是他人妻，儿被后翁使。奴事后郎君，婢逐后娘子。……钱财他人用，古来寻常事"②，描写的是一个离家很久被妻子以为已经死亡、后来又回到家的人，见妻子在家里已经与另一个男人过日子了，而且这个"后翁"俨然就是一家之主。也像是妻子招了上门的接脚夫。

---

① （宋）王谠：《唐语林》卷7《补遗》。
② 项楚：《王梵志诗校注》，上海人民出版社1991年版，第45页。

郭东旭先生说招接脚夫是宋代的"新创举"①，有些夸张，宋代有关接脚夫的记载确实比较多，也称为"接脚婿"②，而且第一次从法令上对接脚夫有了解释，"在法：有接脚夫，盖为夫亡子幼、无人主家设也"③。并且把接脚夫与女儿招的赘婿、户绝之家立的养子、续弦夫人带来的前夫的儿子归为一类，元丰年间河北地方官"乞义子孙、析居婿、随母子孙、接脚夫等，现为保甲者，候分居日比有分亲属给半"，宋神宗同意"著为令"④。宋代的律令还专门规定，接脚夫对妻子前夫留下的家产只有使用权，没有所有权和继承权，"其前夫庄田，且任本妻为主，不得改立后夫名。候妻亡，其庄田作户绝实施"；后来又补充规定，寡妇"召接脚夫者，前夫田宅经官籍记讫，权给，计值不得过五千贯"⑤，超过的部分没官，而且这也是"权给"，接脚夫死后仍然要作为户绝资产处理。这主要是针对没有子女的寡妇家庭说的。如果前夫有子女，接脚夫进门之后担负起了抚养前夫子女的义务，前夫的遗产就可以由其夫妇全部占用，妻子死后接脚夫还可以继续占用，只是不能带走或出卖；待妻子和前夫的子女长成后，把这些遗传归还给他们的子女。

有的时候接脚夫似乎成了家庭中的真正的主人，宋代有个姓王的寡妇招许文进为接脚夫，"许文进用王氏前夫之财，营运致富"，后来许文进病重的时候还让义子写下遗嘱，以主人的身份"分付家事"⑥。还有一位焦生，在客居洛阳期间"有同里民姓刘，家亦丰实。姓刘者忽暴亡，有二女一男，长者才十余岁。刘之妻以租税且重，全无所依。夫既葬，村人不知礼数，欲纳一人为夫，俚语谓之接脚。村之豪儒，以焦生块然，命媒氏于刘之妻言之。刘妻知焦生于州县熟，许之。未半岁，纳之为夫。焦久贫悴，一旦得刘之活业，几为富家翁，自以为平生之大遇也"。妻子死后焦生"为之饭僧看经，造功德至备"⑦，继续在妻子家享用这些财物。这是对其所尽义务的报偿，体现的是权利与义务相一致的

---

① 郭东旭：《宋代法制研究》，河北大学出版社 1997 年版，第 435 页。
② （宋）周密：《癸辛杂识》别集卷上《林乔》。
③ 《清明集》卷 9 《已出嫁母卖其子物业》。
④ （宋）李焘：《长编》卷 332，神宗元丰六年正月乙巳。
⑤ （清）徐松辑：《宋会要辑稿·食货》61 之 58；《清明集》卷 8 《夫亡而有养子不得谓之户绝》。
⑥ 《清明集》卷 8 《背母无状》。
⑦ （宋）张齐贤：《洛阳缙绅旧闻记》卷 5 《焦生见亡妻》。

原则。这种情况很少，多数接脚夫只是妻子的帮手而已。

寡妇招接脚夫入居家中之后，尽管已经不再守"节"了，由于没有放弃前夫留下的家庭义务，只是招了一个帮手来帮助她完成这些义务，因此应该与守节不嫁一样享有继管亡夫家产的权利；事实上，却比独居守节继管更容易遭到族中近亲的刁难。寡妇本来是外姓人，又招进来一个外姓人，比本家的姑娘招赘婿更难为族人接受。宋代有个案例说，丁昌的寡妻阿甘与一个三岁的养子生活很艰难，所以招了接脚夫，不料有个叫朱先的人告状说丁昌是绝户，县衙便"拘没"了阿甘的家产。州衙复审的时候认为不妥，"前谓阿甘已召接脚夫，不应复为前夫抱子，便欲籍没其业，则尤未安。妇人无所依倚，养子以续前夫之嗣，而以身托于后夫，此已在可念之域，在法初无禁绝之明文"，于情于法都应该是允许的；"纵使此子不当养，阿甘系召接脚夫，亦有权给之条，未当拘没也。"① 判文只说这个告状的朱先是个无赖，没有说与丁昌、阿甘是什么关系，肯定是财产利益相关者，多亏州司的洞察，阿甘和接脚夫才没被剥夺家产赶出家门。

另一个姓赵的寡妇就没有这么幸运，"赵氏先嫁魏景宣，景宣既没，赵氏能守柏舟共姜之志，则长有魏氏之屋，宜也。今已改嫁刘有光，遂以接脚为名，鹊巢鸠居"，占据了魏景宣的房屋。尽管赵氏与刘有光持有"招夫入舍之约"，但魏景宣的哥哥说他们是"权借本家成亲"，而且兄弟尚未正式分家，所以"其屋系同居亲共分，法不应召接脚夫"。官府审理后认为"赵氏改嫁，于义已绝，不能更占前夫屋业"②，判令刘有光携赵氏回刘家，不再算是接脚夫妇了。赵氏也只好放弃了前夫魏景宣的家产继管权。

阿风先生认为"接脚夫一词，多见于宋元"③。前面提到元代赘婿多，其中可能也有一些是寡妇招的接脚夫。《窦娥冤》第二折说张驴儿的父亲"本望做个接脚"，与蔡婆婆结为夫妻，应该就是当时这种社会现象的反映。

---

① 《清明集》卷8《夫亡而有养子不得谓之户绝》。按，"则尤未安"疑为"则尤未妥"。
② 《清明集》卷9《已嫁妻欲据前夫屋业》。
③ 阿风：《试论明清徽州的接脚夫》，朱诚如等主编《明清论集》第一辑，紫禁城出版社1999年版。

明代徽州地区还有一种奴仆性质的接脚夫,有个佃仆文约说:"住佃吕三身故,遗妻林氏□菊香,子二人,长有寿,次保寿,俱各幼弱,难以成□,应主耕种田地。蒙主因身(指立约人、接脚夫汪梦喜)未婚,许多(?)入赘林氏,抚养二子,应主交租。凡吕三名下住屋田地……尽身承管"①,连同对主家的义务都承担下来了。当佃仆遗孀接脚夫的条件很苛刻,类似卖身为奴。另一件文约称,崇祯年间一个叫胡天得的人"因家贫不能娶妻",被地主汪承恩招为其佃仆陈六郎遗孀七厘的接脚夫,更名陈学寿,并向主家保证"自招赘之后,百凡悉遵主家法度,安分生理,应主供役;支撑陈姓门户,永承陈姓宗派。……并不得暗将陈姓钱谷私养本姓老母"②。吕三和陈六郎承佃的土地应该由其遗孀继续佃种,由于孤儿寡妇难以生产生活,更无法"应主交租",主家才为之招了帮工式的接脚夫婿。这类接脚夫只是在耕种劳作等尽义务的场合顶替了前夫,谈不上继管家产的权利。况且,这类佃仆家庭也没有多少需要管理的家产。

以上是寡妇在婆家继管家产、支立门户的两种方式。如果既不守节独居,又不招接脚夫,而是要改嫁他处,就不能继管亡夫的家产了,只能带走当年从娘家带来的随嫁奁产。不过,这个口子一开,就为寡妇携带前夫家产改嫁提供了可乘之机,不少女人早早地把丈夫的财物记在自己的名下,谎称是用奁产购置的;一旦夫亡改嫁,便名正言顺地携之而去了。宋代有个案例记载,贡士吴和中娶了续弦夫人王氏后,吴和中"续置田产,所立契券,乃尽作王氏妆奁。……吴贡士溺爱,一听其所为"。不久吴和中病死,"未几,王氏挈囊橐再嫁。……王氏原有自随田二十三种,以妆奁置到田四十七种,及在吴收拾囊箧,尽挈以嫁人"。吴和中前妻的儿子告宫,官府明明知道"王氏所置四十七种之田,系其故夫己财置到。……然官凭文书,索出契照,既作王氏名成契,尚复何说!"③只好作罢。这种情况很多,特别是在老夫少妻、有年轻的续弦妻子的家庭中。以至于袁采在家训中专门告诫自己的子孙:"作妻名置

---

① 转引自傅衣凌《明代徽州庄仆文约辑存》,《文物》1960 年第 2 期。
② 转引自刘重日等《明清徽州庄仆制研究》,中国社科院历史所明史室编《明史研究论丛》第一辑,江苏人民出版社 1982 年版。
③ 《清明集》卷 10《子与继母争业》。按,"及在吴收拾囊箧"一句不通,似有脱文。

产，身死而妻改嫁，举以自随者亦多矣"①，千万别干这种傻事。

寡妇改嫁携带奁产的情况在元代发生了变化，大德七年规定："今后应嫁妇人，不问生前离异、夫死寡居，但欲再适他人，其元（原）随嫁妆奁财产，并听前夫之家为主。"之所以如此改制，并非元代妇女地位降低了，是出于当时的一种特殊需要：元朝初年到南方做官的北方人死在任所的很多，"抛下妻妾，改适他人，将前夫应有资财人口席卷而去"②，官员们不安心，都不愿去南方任职，所以才作了这样的规定，以解除南下官员们的后顾之忧。明清时期没有改回去，妇女的奁产所有权被削弱甚至被剥夺了。不过，这只是针对改嫁所作的限制，在平常的生产生活中，奁产仍然归妇人掌管，因为元朝也有"妻家所得财物，不在均分之限"的规定。③ 并且，与宋代以前相比，除了这一点，元明清时期妇女在其他方面的家产权益没有明显变化。

---

① （宋）袁采：《袁氏世范》卷1《同居不必私藏金宝》。
② 《通制条格》卷4《户令》。
③ 《元典章》卷19《户部五·家财》。

# 第四章　立嗣继承

所谓立嗣继承，民间称为过继，即无儿无女或有女儿但不愿招婿入赘的家庭，为了不使身后户绝，认领一个他人之子作为养子，也称为嗣子，使之负担与亲生儿子相同的养老送终、承立门户的义务，享有与亲生儿子相同的继承家产的权利。

严格说来，立嗣子与立养子是有区别的，嗣子是为了宗祧继承而立，只有大宗才立，小宗不用立；养子则是为养老送终、继立门户而立，没有亲生儿子的家庭都可以立。① 战国以降，随着宗法制的衰落和个体小家庭的普遍建立，嗣子与养子混同了，都是就继立小家庭门户、继承小家庭的财产而言了。

我国历史上的立嗣继承方式，应该是随着个体小家庭的确立、直系血缘观念的强化而出现的。《诗·小雅·小宛》中有"螟蛉有子，蜾蠃负之"之句，"传"解释说"螟蛉，桑虫也。蜾蠃，蒲卢也"，都是虫类；"笺"解释说"蒲卢取桑虫之子负持而去，煦妪养之，以成其子"。所以就以"螟蛉"为养子的代称了。《诗经》传、笺的作者都是汉代人，可以知道两汉时期立嗣养子继立门户、继承家产已经是习惯做法了。

## 第一节　被立嗣人的选择

选择被立嗣人的时候，原则上由立嗣人即户绝之家的家长做主，而

---

① 西方学者称之为对血缘关系的"合法的虚设"。见［美］安·沃特纳《烟火接续——明清的收继与亲族关系》，曹南来译，浙江人民出版社1999年版，第4页。这个定义不完全符合中国的历史实际，在中国的无论习俗和法令都不允许随便立没有血缘关系的人，只能按照"亲属推广法"进行挑选，把血缘关系疏远的"拟制"成亲近的，不能把不存在的血缘关系"拟制"成血缘关系。

且有不同情况下由不同的人来做主的具体规定:"立嗣合从祖父母、父母之命";如果"夫亡妻在,则从其妻";如果"一家尽绝,则从亲族尊长之意"①……由于涉及家产的问题,不能像社会学上说的那样,把不存在血缘关系的人随意地"拟制"出血缘关系,不能完全凭家长或某个个人的意愿选择,还有着选择范围的严格限制,尽量寻找血缘关系近一些的人来代替,不能选择毫无血缘关系的人,通常都是按照"亲属推广法"在两个方向上选择。

一是侄子或侄孙,即本家兄弟的儿子或孙子。

《唐律》规定"无子者,听养同宗于昭穆相当者",不能选立别人,否则就是违法;② 北宋初年所修的《宋刑统》照录了《唐律》全文,天圣年间又专门强调"无子者,听养同宗之子昭穆合者"③。所谓昭穆相当相合之人,就是辈分合适的本家子弟。

选立最多的是侄儿,因为立嗣子比较常见,也比较方便,立嗣孙的比较少。在众多的侄儿中,以亲兄弟的儿子(胞侄)为先,"兄弟之子谓之犹子,亦谓此奉承报孝,有子之道,与亲子不相远"④;如果亲兄弟的儿子不能选立,再选堂兄弟的儿子(堂侄)或本家远房兄弟的儿子(族侄)。这是与昭穆相当原则并行的"先亲后疏"原则。⑤ 并且,"养同宗昭穆相当者,其生前所养,须小于所养父母年齿。"⑥ 如果侄儿辈没有合适的人,"养侄孙以奉祭祀,惟当抚之如子,以其财产与之;受所养者,奉所养如父"⑦。为了昭穆相当,并且考虑血缘关系的远近,立胞侄最方便,立堂侄或侄孙的少,立族侄的更少。

东汉末年的诸葛亮无子,过继其兄诸葛瑾的儿子诸葛乔为养子,就是按这个传统做法行事的。上面所引的北宋天圣年间的令文,是孟开为了过继自己的侄孙而提到的,他同时还向皇帝讲"晋侍中荀觊无子,以兄之孙为孙",如今他也想这样选立,"请如开所乞"。这是有官位的人

---

① 《清明集》卷7《争立者不当立》《已有养子不当求立》。
② 《唐律疏议》卷12《户婚》疏议引《户令》。
③ (宋)李焘:《长编》卷303,神宗元丰三年三月乙丑孟开追述天圣令之语。
④ (宋)袁采:《袁氏世范》卷1《友爱弟侄》。
⑤ 周玼:《中国立嗣制度之研究》,《新生命》第三卷第一期,1928年;陈鹏:《唐宋继承法研究》,《法律评论》第十五卷第三、四期,1947年7—8月。
⑥ 《清明集》卷7《双立母命之子与同宗之子》。
⑦ (宋)袁采:《袁氏世范》卷1《立嗣择昭穆相顺》。

家选立养子，比较严格，也反映出民间对选立胞侄之外的人的限制。

白居易曾经有一个儿子阿崔（崔），三岁夭折，只剩下一个女儿。据《旧唐书》本传说，因为"无子，以其侄孙嗣"；《白氏长庆集》中的自撰墓志铭也说"乐天无子，以侄孙阿新为后。"清朝雍正年间白家重修家谱的时候，请所属河南府知府张汉作序，张汉却专就白居易立嗣一事作了详细考证，"余始读之而疑焉。夫先生兄弟已伯仲叔季矣，季弟虽早亡，然犹有伯与叔者存，侄辈固自有人，而先生有宁舍侄而以侄孙为嗣之理乎？"① 陈寅恪先生也写过一篇《白乐天之先祖及后嗣》的考证文章，认为的确是先立了侄孙阿新，不久死去，后来才立了侄儿景受为嗣；之所以在开始的时候"越序"立嗣，是白居易夫人杨氏对侄孙阿新"钟爱"的缘故。② 且不管到底立的是谁，这两家的考辨起码说明一个选择被立嗣人的通行原则：有胞侄一般不能"越序"立侄孙辈，更不能随意立别人。

司马光也是这样，没有儿子，也没有合适的胞侄，只好以"族人之子"司马康为子；司马康倒是有两个儿子，一个夭折，另一个也早死，都没有留下后代，只好又为司马康选立了一个"从孙"即侄孙。③ 王安石的独生儿子王雱早逝后，也选立了一个族侄为嗣。宋代一个叫谢文学的人，控告其寡嫂黎氏立嗣不合理不合法，就是因为越过了其子（即黎氏亡夫的胞侄）五六冬郎，选立了较远的堂兄谢鹏之子五八孜，④ 已经算是族侄了。元朝至元年间一个案例称⑤，大都路一个叫王德用的人告嫂子的状，也是因为寔不肯选立自己的儿子王斌，准备立别人，结果官府判令王斌入继，继承家业。

在需要立嗣的时候，立不立还可以商量；立，就要合理合法。所以，在选立族中子弟的时候要按族谱画出"宗枝图"排列顺序，公平选立，称为"通族公举"。有的立嗣文书中还要专门说明，除此人外"五服之中，别无可继之侄"⑥。然后呈报官府，从原父母家中除名，把

---

① 白书斋：《白居易家谱》，中国旅游出版社1983年版，第18页。
② 陈寅恪：《元白诗笺证稿》，上海古籍出版社1978年版，第320页。
③ （宋）邵伯温：《邵氏闻见录》卷18。
④ 《清明集》附录2《谢文学诉嫂黎氏立嗣》。
⑤ 《元典章》卷19《户部五·家财》。
⑥ 张传玺主编：《中国历代契约会编考释》，第1626页。

户籍改在养父母家。

《大明律》规定:"其乞养异姓子以乱宗族者,杖六十。若以子与外姓人为嗣者,罪同,其子归宗。其遗弃小儿,年三岁以下,虽异姓仍听收养,即从其姓。"① 与唐宋时期的规定相同。到明朝后期发生了一些变化,弘治年间的《问刑条例》规定:"凡无子立嗣,除依律令外……其或择立贤能及所亲爱者,若于昭穆伦序不失,不许宗族指以次序告官,并官司受理。"② 据《大清律例·户律》记载,乾隆年间的新例也规定,"无子立嗣,若应继之人平日先有嫌隙,则于昭穆相当亲族内,择贤择爱,听从其便。如族中希图财产,勒令承继或恣意择继,以致涉讼者,地方官立即惩治,仍将所择贤爱之人断令立继"。并且把打破习惯顺序的选立方式称为"爱继",按照习惯顺序选立的称为"应继"③。都是倾向于给立嗣人更多选择的权力,减少族人的干涉。特殊情况下为了摆平关系,还可以把双方推荐的立嗣人都过继过来,称为"并继"④,类似于两个儿子,权利和义务相同。

在此,应该提一下"兼祧"方式。

通常情况下"孤枝不立",即只有一个儿子不能出继;有时候亲兄弟们都是只有一个儿子,不愿选立堂兄弟等人的儿子,也可以让独生子出继,同时继承父亲和叔(伯)两家的家产和门户,这就是兼祧制度,俗称"两头大"。具体方法是,他仍旧住在亲生父母家,长大以后父母家、叔(伯)家各为其娶一房妻子,都算正妻;他轮流到两个妻子处居住,哪边的妻子生的儿子算哪边的后代,然后各自继承各自爷爷的家产和门户。

这种特殊的立嗣方式始于何时难以确考,唐宋时期还不太流行,即使诸兄弟都只有一个儿子,也尽量不搞兼祧,一个叫方天禄的人死后无子,其兄方天福把自己的独生儿子过继给他,这个儿子仍然住在方天福这边,想按兼祧方式处理,官府认为不妥,因为"方天福之子既是单

---

① 《大明律》卷4《户律·立嫡子违法》。
② (明)张卤辑:《皇明制书》卷13《问刑条例》。
③ 张佩国:《近代江南乡村的宗祧继承与家产纠纷》,张国刚主编《中国社会历史评论》第四辑,中华书局2002年版。
④ 孟黎:《从〈盟水斋存牍〉看明代财继承产权诉讼及其司法实践》,硕士学位论文,西南大学,2010年,第21—23页。

丁，亦不应立，若以方天福之子为子，则天禄之业并归天福位下，与绝支均矣"，等于是让方天禄绝户了。① 还有一个叫王怡的，也是死后无子，没有亲兄弟，"王广汉，从兄弟也，使其是时已有两子，则以近亲而言，固不当舍其子而立远族。只缘此时王广汉次子未生，族人以王怡不可绝嗣，同共商议"，才立了远房族侄。② 当时王广汉已经有一个儿子，双方都没考虑过兼祧方式。

到明清时期，兼祧方式多了起来。嘉靖皇帝继承的是堂兄正德皇帝的皇位，继位后立庙时，按礼法应当称其伯父弘治为皇考，称生父为皇叔，嘉靖皇帝不肯这样做，由此引起了朝廷的"大礼之议"，嘉靖皇帝只好两边都称皇考，这便成为一人兼祧两支了。《大清律例·户例》根据乾隆四十年的《独子承祧例》专门规定立嗣的时候"如可继之人亦系独子，而情属同父周亲，两厢情愿者，取具阖族甘结，承继两房宗祧"，兼祧成为律令认同的方式了。很快，地方官就有据此断案的，汪辉祖《汪龙庄遗书·病榻梦痕录》卷下载有乾隆五十三年的一个案例，寡妇郑宋氏无子，想过继亲侄郑观，族人说郑观"无兄弟，且父死，不宜后他人。宋诉县及州，越四年，诉本道，发余（按：指汪辉祖）关讯。余先关卷核之曰：（观）宜嗣宋无疑。……今例提出继，天子之命矣，又何讯焉？"郑观虽然是独生子，也可以兼祧出继，族人不能干扰。清朝嘉庆年间山东曲阜孔府档案中有个案例记载：③

  缘刘信与刘侃系同父异母兄弟，刘信等之父刘克法一支两祧，先娶妻王氏，承祧本支；嗣娶妻李氏，承祧伊伯刘芷一支。分居各度。王氏生子刘信，李氏生子刘侃。刘克法故后，嘉庆二年刘信刘侃之祖母张氏，邀同亲族，将祖遗产业分晰，各管各业……

这是典型的兼祧实例。按照传统习惯和律令规定，兼祧者必须承继两门之后，各房的财产由各房子孙分别继承，兼祧之人不能把其所承祧的两

---

① 《清明集》卷8《检校婺幼财产》。
② 《清明集》卷8《父子俱亡立孙为后》附《所立又亡再立亲房之子》。
③ 中国社会科学院历史研究所整理编辑：《曲阜孔府档案史料选编》第三编第六册，第451页。

房资产合一,更不能以自己的名义占有。可见,在兼祧方式中,兼祧之人得不到财产上的实惠,至多只能是在养父那边的儿子幼小的时候"代管"一段时间。

被立嗣人的第二个选择范围,是外甥或外孙,也就是亲姐妹或女儿的儿子。

历代律令都规定,立嗣的时候不准用"异姓男",否则要徒一年,连其原生父母都要受罚,据说这是因为"异姓之男,本非族类",立嗣不可靠①;甚至有所谓"国立异姓曰灭,家立异姓曰亡",以及"养异姓之子……祖先神灵不歆其祀"之类的说法。② 就实际情况来看,这里说的"异姓"的"姓"不是通常意义上的姓氏,而是指的血缘关系;所谓"异姓"是指没有任何血缘关系的人,不包括外甥外孙在内。外甥外孙是仅次于胞侄的立嗣候选人,甚至可以同胞侄竞争。如前一章所说,这种选立外甥外孙为嗣的传统习俗,是在诸子平均析产方式之下,有子嗣之家的家长留给已经出嫁的女儿的间接继承娘家家产的机会;从社会学的角度解释,属于"隔代母系继替",等于是女儿或亲姐妹让自己的儿子回娘家,代替自己去继承家产和继立门户。

法令有的时候对选立外甥外孙的习俗有些限制,主要针对的是官僚贵族家庭的爵位继承。汉代规定,继承爵位的只能是亲生儿子,不仅外甥外孙不行,连侄儿甚至亲孙子也不行,经常有人因为继承者"非子"即不是合格的继承人而被夺爵③,这主要是为了抑制诸侯势力(削藩)而采取的措施,其他时候执行起来不太严格。晋朝贾充封鲁国公之后,亲生儿子夭折,以外孙韩谧为嗣,有大臣上书弹劾其非法,晋武帝下诏说:"吾退而断之,外孙骨肉至近,推恩计情,合于人心",让韩谧继承了封号。④ 唐朝的司空图没有儿子,"以其甥荷为嗣,荷官至永州刺史",凭司空图的恩荫补官上去的;"以甥为嗣,尝为御史所弹,昭宗不之责"⑤,也

---

① 《唐律疏议》卷12《户婚》;《宋刑统》卷12《户婚律》。
② 《清明集》卷8《叔教其嫂不愿立嗣意在吞并》;(宋)袁采:《袁氏世范》卷1《养异姓子有碍》。
③ 参见《史记》卷35《樊哙传》、卷18《高祖功臣侯者年表》,《汉书》卷69《赵充国传》、卷16《高祖功臣表》、卷15《武帝王子侯表》和卷17《武帝功臣表》。
④ 《晋书》卷40《贾充传》。
⑤ 《旧唐书》卷190《司空图传》。

没免其外甥的官。由晋武帝、唐昭宗的态度可以看出，这种限制执行起来有很大的灵活性，原因在于，外甥外孙与舅父外公"骨肉至近"。这主要是唐代以前的习惯，后来贵族家庭的特权少了，限制也松弛了。

明朝的《宗藩条例》只是规定"亲王无后，以兄弟及兄弟之子嗣，不得以旁继"①，排除了外甥外孙，仅限于亲王即皇帝的兄弟一级，一般公侯则不这样严格。清人薛允升《读律存疑》卷9的按语说，一般人家"本宗及远房无人承继者，取外姓亲属之人承继，似亦可行。古来名人以异姓承继者，不知凡几，亦王道本乎人情意也"。所谓"外姓亲属"主要是外甥外孙。曲阜孔家作为大官僚大贵族，专门规定"凡无子者，当以亲房亲侄为继，不得负养螟蛉，及以姑表妻侄之子为嗣，冒姓混宗"②，并一直严格执行。这是为了维系"圣裔"血统的纯正，属于特殊例子。

在民间的实际立嗣过程中，对外甥外孙一直没有实质性的限制，通常所说的"异子不异孙"，含义之一就是儿子辈可以区分为儿子、女儿、赘婿或养子，到了再下一代就没有了区别，都是孙子了。早在汉代，人们就认为，外甥外孙作为本家亲姐妹或女儿的儿子，与儿孙一样同这个家庭"有骨肉属娷"③，并不比本家侄儿侄孙疏远。唐代姚崇对待儿子、侄儿和外甥没有区别，"外甥自非疏，但别姓耳"（这里所说的"但"不是"但是"，是"仅仅"的意思），并且让外甥与儿侄们连名，视为一体；裴武抚养"甥侄"，一视同仁，还给了失去父亲的外甥任奕、任异兄弟一些家产；崔慎讲其家有"中外亲族"数千口时，包括"兄弟甥侄"三百余人。④ 有位张氏夫人抚育失去父母的外甥如同自己的儿子，"每长筵家会，语诸亲曰：子如甥焉，甥如子矣"⑤，夫人去世后，外甥与亲生儿子一同"皆服缞"，行孝子大礼；另一位张氏夫人教子有方，"夫人母弟一人，先已殀殁，厥子以考亲

---

① 《明史》卷82《赵贞吉传附殷士儋传》。
② 中国社会科学院历史研究所整理编辑：《曲阜孔府档案史料选编》第三编第一册，第53页。
③ 《汉书》卷2《惠帝本纪》注引如淳语。
④ （宋）王谠：《唐语林》卷1《德行》、卷3《方正》。
⑤ 周绍良主编：《唐代墓志汇编》贞元127《唐故左威卫和州香林府折冲都尉朝议大夫兼试大理评事赐紫金鱼袋上柱国君夫人清河张氏墓志铭并序》，上海古籍出版社1992年版。

祖，举家合葬"，① 外甥对舅父的感情也类同于父子。

敦煌发现的唐末宋初的《养男契约格式》中，有一种专门过继外甥用的，开头说："百姓△专甲，先世不种，获□（果）不圆。今生孤独壹身，更无子息。忽至老头，无养人（人养）侍。所以与亲商量，养外甥某甲，易姓名为如。"② 可见立嗣外甥和外孙已经是经常性的选择了。宋代的魏了翁"祖父娶高氏，生七子男，其第六子曰孝璹。以祖母之兄高黄中无子，自襁褓中取孝璹为子"，高黄中算是过继了外甥魏孝璹，改名高孝璹。而且魏家和高家相互过继很频繁，包括魏了翁，其生父是魏（高）孝璹，出生在高家，后来回到魏家成了魏（高）孝璹的胞兄的嗣子。以至于魏了翁自己都说魏高两家"虽云亲表，实同本生"③，已经很难分清楚了。

《清稗类钞》卷38记载一个案例，说是某人在沙老翁的鸡蛋行学做生意，为娶沙老翁之女设一计谋：他收买一个老乞丐与之装作甥舅关系，然后故意与沙老翁"散步于街，见道旁一老丐，遽呼曰：舅在此，何以寒至此耶？觅舅久矣，今诚天作之合也。……告翁曰：此吾舅，家本巨富。因乏嗣，思以吾为子。而族人多无赖，利其鐾，没其产。舅素懦，忿而不能与之争，遂出亡。及出，而族人益无忌惮，产垂尽矣。吾义无坐视，为之控于官，清厘之，渐有端绪，惟觅舅而久不遇，不图于此遇之"。沙老翁便让老丐寄住家中。他把老丐毒杀后，以人命案要挟沙老翁，沙老翁只好与之"私了"，把女儿嫁给了他。此人之所以如此设计，沙老翁之所以上当，说明当时立嗣外甥是常见的现象。

台湾国学文献馆编印的《中国族谱序例选刊》收录了10姓的族谱，从"凡例"看，也有几家有限制以外甥外孙为嗣的规定。细绎之，所限制的只是四个具体场合：一是强调本族侄儿的优先权，外甥外孙排在其后；二是只许支系（小宗）立嗣外甥外孙，嫡派长房则不许，并且被立之人不得充族长；三是在家谱中注明其由来，在原宗谱中除名，使其不能再归还本宗；四是选立外甥外孙之后如果下一代无子嗣，则不许

---

① 毛汉光主编：《唐代墓志铭汇编附考》第十八册第1730种，《张氏志》，台北《"中央"研究院历史语言研究所专刊》之八十一，1984—1994年陆续出版。
② 唐耕耦、陆宏基主编：《敦煌社会经济文献真迹释录》第二辑，第194页。
③ （宋）魏了翁：《鹤山先生大全集》卷23《申尚书省乞荫补表侄高斯谋状》、卷91《哭叙州弟》。

再立嗣任何人，任其户绝。所以，并不是绝对不允许立嗣外甥外孙。

冀南平原地区新河城西的《贾姓三氏家谱·继嗣谱序》中，有清朝嘉庆十九年的《则例》，规定"若异姓过继者，本非一脉，但已继先嗣，亦不可没。故敬承先志，仍续继嗣谱于后，而于同姓有别。令后子孙观之，知宗派不乱也"①。所谓"异姓过继者"主要指外甥外孙，毫无血缘关系之人极少。这算是家法。就法律而言，到清代才明确规定，立嗣的时候如果本宗"实无昭穆相当之人，准继异姓亲属"；或者"其取于异姓者，或出嫁姊妹之子"②，才把外甥明确划在被立嗣人的选择范围之内了。其实，这只不过是对民间习俗的追认。

与之相似的，还有寡妇让自己娘家兄妹的儿子来其婆家立嗣继产的，这是过继女方娘家的甥侄，也是允许的。宋代有个案例记载，黄廷吉身后无子，兄弟四人中只有长兄廷珍有三个儿子，廷珍与廷吉一直不和，加之其子不肖，廷吉之妻阿毛不肯选立，便"问其表姑廖氏家乞子法郎，立为廷吉后，名曰黄臻"③。按辈分推算，法郎是廖氏的儿子，廖氏是阿毛的表姑，法郎原来称阿毛为表姐，现在应该称养母了。④ 这是越过胞侄，立的自己娘家人之子。后来打官司的时候，官府判定再立一个侄子，与法郎都作为廷吉的养子，义务同担，家产均分。元朝大德年间，江西一个叫肖念七的人将儿子过继给其兄肖干八为嗣，肖干八之妻"肖阿谢将伊兄谢五四男谢彦孙私立为嗣"，改名肖福九，立的也是娘家侄子。为此肖念七之妻告状，官府认为肖福九立嗣之后一直照顾肖阿谢，支立门户，而肖念七之子未曾尽此义务，因此判定肖福九为合法的养子。⑤ 在明清时期的徽州文书中，限制入谱的几种人就包括"侄继姑家"⑥，还有前面提到的曲阜孔府也规定防止"妻侄"乱姓冒宗，说明这种情况不在少数。这可以看作是女儿的儿子回娘家立嗣的衍化方式、反向操作：不是让自己的孩子回娘家，是把娘家的孩子过继到了自

---

① 这是 1995 年冬天笔者在岳父贾茂森大人家看到的手抄复印本。
② 《大清律例·户部则例·户口继嗣门》；（民国）徐珂：《清稗类钞》卷 42《风俗类·立嗣》。
③ 《清明集》卷 7《双立母命之子与同宗之子》。
④ 给本家同辈过继当养子，降低一辈，属于"昭穆不顺"，却是允许的。
⑤ 《元典章》卷 17《户部三·承继》。
⑥ 张道胜：《明清徽州宗族文书研究》，安徽人民出版社 2008 年版，第 175 页。

己的婆家。

在古代的实际生活中，过继外孙比过继外甥的更多，大都是有计划地与嫁女一并进行，即在有女无子之家，女儿出嫁的时候就明确约定，将来的第一个男孩为外祖父过继。不唯中原民间，塞外蒙古人也有这种习俗，并且规定被立嗣的外孙必须改从外祖父的姓氏，不改姓者只能得到部分财产[1]，因为不改姓意味着只给外祖父母养老送终而不传宗接代，只尽了一部分义务。据说古希腊、印度等也有这种习惯。[2] 这样看来，在血缘关系与家产继承上，不同的民族有着相同的心态和处理原则。

以上是选择被立嗣人的两个主要限定范围。

律令和习俗对被立嗣人的选择还有一层特别限制，即只能选立平民良人，不能选立奴仆身份的人及其子孙，"养杂户男为子孙者，徒一年半，养女杖一百。官户各加一等，与者亦如之。若养部曲及奴为子孙者，杖一百，各还正之"[3]。宋代一个叫黄以安的人死后无子，其兄以宁为其选立了本家仆人之子，被叔父诉于官府。官府判词称："以宁何忍以仆之子为弟之子？非特辱其弟，辱其叔，亦自辱其身，而上辱祖先矣。"[4] 下令解除了关系。元代有个案例记载，鄂州人万洪无嗣，买了一个男仆，过继为养子，改名为佛儿。万洪死后，其侄子万永年为此告状，官府查明之后，判令万佛儿解除继立关系，归回原宗，把家产"以十分为率，量以二分给与佛儿，以充养育归宗之资，余听万永年承继"[5]。如果是一般良人，万洪生前既然已立为养子，别人就不能争夺了；万永年能够通过告状赶走万佛儿，是因为万佛儿原是"买到人口"，即驱口身份。明清时期的律令也规定，尤其是旗人，不论有没有世袭官爵，一概不许选立奴婢之子，否则要给予惩罚并且解除关系。作这种限制是必要的，这不只是歧视奴仆，也是实际需要，因为没有良人身份的人被选立之后很难支撑门户。

---

[1] 吕光天：《论解放前牧区蒙古族的家庭与婚姻》，《社会科学战线》1985年第3期。
[2] 顾尔索：《家族制度史》，黄石译，开明书店1931年版，第107页。
[3] 《唐律疏议》卷12《户婚》；《宋刑统》卷12《户婚律》。杂户、官户、部曲都是半奴隶。
[4] 《清明集》卷7《不当立仆之子》。
[5] 《元典章》卷17《户部三·承继》。

在立嗣的时候，可以选立毫无血缘关系之人的，只能是被遗弃的孤儿。《通典》卷69记载汉魏时期就有"四孤论"，即可以破例收为嗣子的四种人："遇兵、饥馑有卖子者；有弃沟壑者；有生而父母亡，复无缌麻亲，其死必也者；有俗人以五月生子妨忌不举者。"对这四种幼婴，如果"家无儿收养教训成人"，即立为养子，是允许的。同卷记载董仲舒在评论一则养子争议的时候也说："夫拾儿路旁，断以父子律"，就是依据"四孤论"而言的。唐宋时期规定，"其遗弃小儿年三岁以下，虽异姓，听收养，即从其姓"①。特殊时候还可以放宽到15岁，唐高宗曾令"雍、同、华州贫窭之家，有年十五以下不能存活者，听一切任人收养为男女"②；南宋初年也规定，"遭金人及贼寇杀虏，遗弃下幼小，自十五岁以下，听行收养，即从其姓"③。并先后三次重申此令。

此外，民间还有一种认"干亲"的收养方式。这种干儿子不改姓，不到干父母家中去住，也没具体的义务和权利，只是名义上的过继。这种方式最初起源于迷信，为防止婴儿夭折，将其"过继"给地方神灵、山石或树木，"过继"给某个有名望地位的"命硬"之人，后来发展成了一种拉关系的手段，看到某人已经发迹，想与之交往，"得便其攀缘于异日，夸耀于他人也，乃以子女寄拜甲之膝下，而认之为干亲。其与人言，亦必曰某为舍亲"④。这种方式在上层社会中流行的时候，往往成为政治联姻的前奏。这已经超出本章的考察范围了。

## 第二节 立嗣手续和文书

人们通常是在确信自己已经没有了生育儿子的能力之后，并且多是在年迈的时候才考虑立嗣的。官府曾专门规定，"年及四十无子之人方听养子。……不得年小豫先抱子"⑤，以防天长日久出变故。在选定被立嗣人之后要订立继嗣文书，俗称过继文书、过继单，要写明原委、被立嗣人的权利和义务，并由当事人、族中近亲等以"见人"的身份一

---

① 《唐律疏议》卷12《户婚》；《宋刑统》卷12《户婚律》。
② 《旧唐书》卷2《高宗本纪》下。
③ （清）徐松辑：《宋会要辑稿·食货》68之122。
④ （民国）徐珂：《清稗类钞》卷42《风俗类·义儿》。
⑤ 《元典章》卷17《户部三·承继》。

同签押。

敦煌残卷中的立嗣文书，是现存最早的立嗣文书实物，在此各引录一道。①一是吴再昌的《立养子文书》，已经难辨年月，仁井田陞先生考证为唐朝后期之物：

> 百姓吴再昌先世不种，获果不圆，今生孤独壹身，更无子息。忽至老头，无人侍训养。所以五亲商量，养外甥某专甲，易姓名为如。自后切须恭勤，孝顺父母，恭敬宗诸，恳苦力作。待养六亲，成竖居本，莫信闲人构闪，左南直北。若不孝顺者，仰至亲情，当日趁却，更莫再看。两共对面平章为定，更无改亦（易）。如若不凭言约，更生翻悔者，便召五逆之罪。恐人无信，故勒私契，用为后凭。
>
> △年月日△专甲养男契。

另一道文书是北宋初年史氾三的《立嗣约》，虽然个别字有脱漏，有几处语义费解，还是可以看到立嗣文书的基本内容和结构：

> 乾德二年甲子岁九月二十七日，弟史氾三前因不备，今无亲生之子，请屈请叔侄亲枝姊妹兄弟团座商量，□□欲议养兄史粉堆亲男愿寿，便作氾三覆（腹）生亲子。自今已□（后），其叔氾三切不得二意三心，好须匀当，收新妇荣聘。所有□（家）资地水活□（业）什物等，便共氾三子息并及阿朵准亭愿寿各取一分，不令偏并。若或氾三后有男女，并及阿朵长成人，欺屈愿寿，倚大猥情作私，别荣小□□故非理打棒，押良为贱者。见在地水活业，各取壹分，前件兄弟例，愿寿所得麦粟债伍拾硕，便任叔氾三自折升合，不得论算。其□□分，愿寿自收，任便荣（营）活。其男愿寿后收□妇渐渐长大，或不孝顺父娘，并及姊妹兄弟，且娶妻亲之言，不肯作于活之计，猥情是他愿寿亲生阿耶，并及兄弟姊妹招换，不□上下，贪酒看肉，结般盗贼，他人更乃作□者，空身趁出，家中针草，一无□数。其□债麦粟伍拾硕，升合不得欠少，当

---

① 唐耕耦、陆宏基主编：《敦煌社会经济文献真迹释录》第二辑，第172—174页。

便□付。氾三将此文书呈告官中，倍加五逆之□（罪）。

今对亲枝众㾑，再三商议，世世代代子孙□（男）女，同为一活。押字证见为凭，天转地回，不（下缺）。

这两道文书，一个立嗣外甥，一个立嗣胞侄，符合通常的选择范围的规定。两道文书还有两个相同之处：所谓"自后切须恭勤，孝顺父母，恭敬宗诸，恳苦力作，侍养六亲"和"便作氾三覆（腹）生亲子"，都是说养子有了与亲生儿子相同的义务（史氾三文书写了养子的继产权，吴再昌文书没写，可能是史氾三家中还有女儿清朵等人，需要说清楚；吴再昌家只有立嗣者一个人，不言自明）。所谓"五亲商量"和"亲杖众座再三商议"并见证签押，都按习惯请了本族近亲，并且连侄辈、姐妹都请到了，可谓周到之至。

有的时候还做成两份一套的文书，即立嗣人（养父母）立的《过嗣单》，和出嗣人（原父母）立的《出嗣单》，相互配套。明清时期山东地区的这类配套文书的内容为①：

立过嗣单△△△，年残力衰，外不能应友，内不能壮家，务况支为大宗，万不可矸与其抱恨于身后。今经亲族公议，次支一子，不得出嗣，惟△△△之子名分当嗣，身亦愿嗣。过房之后，家财产业，嗣子照理；养老送终，嗣子经营。别支不得差。此系两家情愿，各无退悔。同囊出嗣单存照。

立出嗣单△△△，长支无嗣，亲族公议，二支一子不议当出嗣，以己△△△为长支之嗣，昭穆不紊，伦次攸宜，△氏亦属情愿，议容何辞。自嗣之后，成家立业，仍遵嗣母，养生送死，务敦人伦，于身本支无干。此系情愿，永无后悔。同囊出嗣单存照。

两式文书都要由当事人、亲邻和族人签押，内容一致，相互对应。据文书资料看，多数立嗣过程都不这样复杂，只由立嗣人立一份文书，不需要出嗣人一方再立文书了。洪秀全家的《洪氏宗谱》附录中记载的广东地区通行的《继书式》就是只有一份：

---

① 转引自山曼等《山东民俗》，第231—232页。

立继书人△△，系△村住。思兴灭继绝，成周得天（下）之善政；举善娶贤，圣王得人心之传兹。△房讳△△，身故乏嗣，承香无人，继后欠裔。△△乃念兄弟之情，夫妻酌议，愿将所生第△子，名唤△△，为△公承香继后也。于是爱诹吉日，邀请戚友族老，表告祖宗，禀命于天地。自出继之后，凡△△份下遗落田塘、屋舍、山林、竹木一概家业，付与嗣子△△管理耕种，兄弟叔侄不得异说生端。今欲有凭，立继书字一纸，交与△△收执为据。

族老△△
亲戚△△
代笔△△
立继书人△△

民国△年△月△日

就文书的落款看，这已经是民国初年之物了，与古代的通用方式没有太大的不同。民国时期的《民法》第139条规定："成年男子已婚而无子者，得立宗亲中亲等最近之兄弟之子为嗣。亲等相同，由无子者择定之。"与古代相同，不同的是加进了这样一层规定："若无子者不欲立亲等最近之人，得择立贤能或亲爱者为嗣子。"这主要是为立外甥外孙提供便利，因为"亲爱者"一般不会是毫无血缘关系之人。

附带说一下，笔者存有一件1972年冀南平原乡间的过继文书，是外祖母过继外孙的时候所立，格式与古代相同，照录于此：

立过继单人杜芹英，因为年（老）气衰，嗣后无子，更没有自居自立的能力。因此将外孙赵铁旦过继自己名下，命名邢铁旦。嗣后继承一切财产，并有赡养自己之义务。因为空口无凭，特立字据为证。

监证人　刘同方（指印）
程英俊（指印）
赵福群（指印）
王兰春（指印）
立字人　杜芹英（指印）
继承人　邢铁旦（指印）

代笔人　刘克俭（指印）
新河县城关人民公社三街大队
革命委员会（公章）

一九七二年（公历）三月十二日

这些跨越千年的不同时代的文书格式相似，内容相同，连见证人也实际上相同：古时候邀请族中长者、侄辈姐妹，后来又有亲戚（舅父）；1972 年的这份文书的证人不是本家族人和亲戚，而是乡村干部——特定时代起着与族长相同作用的人物。这些人都是必须请到的，因为按照民间习俗和律令规定，户绝之家的部分财产（1/3 至 1/2）可以"均与近亲"，其他部分没官后出卖或出租，也会优惠近亲；以立嗣的方式全部给了族中某一个子弟，等于剥夺了其他同辈兄弟的潜在的继承权，给了外甥外孙的时候更是如此，所以不经族人认可的立嗣文书是行不通的。勉强立之，立嗣人去世后也会把养子挤对出去，达不到继立门户和继承家产的目的。

买异姓幼儿和收养异姓孤儿当养子，也需要立文书，尤其买异姓幼儿，有时候还需要买卖双方订立配套的文书。元代的一套买卖幼儿作养子的文书格式为：[①]

　　某乡某里姓　某
　　右某，昨娶到阿氏为妻，相事年深，并无子息，诚恐老来无人供赡，遂托得某人为媒，命立某处某人第几男，名某，见年几岁，以为嗣续，继绍祖宗，承替差发。自归家之后，且某如同嫡子看承，不敢嫌弃。幼训以诗书，长教其手艺，所有梯己置到物业，并与男某管佃。向后即无异心别立内外亲房兄弟儿孙及有遗还之理。如违此约，甘罚中统钞若干贯文，入官公用不词。谨书。
　　　　　　　　　　年　月　日　姓某号书
　　　　　　　　　　　　　　　　妻　氏　号
　　　　　　　　　　　　　　　媒人姓　某　号
　　　　　　　　　　　　　　　房长姓　某　号

---

[①]（清）佚名：《新编事文类要启札青钱》外集卷 11《公私必用·人口》。

某乡某里姓　某

　　右某，昨娶阿氏为妻，生下男子几人，每惭累添。今凭得某人为媒，情愿将第几男，名某，年几岁，抱与某处某人为子，继续祖宗，承当差发。自归家后，须索孝于二亲，睦于九族。倘或稽违，仰加教导。至于纳吉之时，甘陪某物若干，以助聘定之用。且△即无退悔之心，向后长成，亦无鼓诱归宗之意。如违此约，甘罚钞若干贯文，入官公用不词。谨书。

　　　　　　　　年　月　日　　父　姓某　号　书
　　　　　　　　　　　　　　　母　阿氏　号
　　　　　　　　　　　　　　　媒人姓某　号
　　　　　　　　　　　　　　　房长姓某　号

前者称为"觅子文书"，后者称为"弃子文书"，都讲了原委，尤其是养子立继之后的义务、权利和地位。这只是一般的领养，原父母并未索要钱财，而且应允这个小孩长大成婚的时候还要送聘娶财物。在洪秀全家的《洪氏宗谱》附录中有一则《卖小儿文书式样》[①]，提到了以"乳哺银"名义收钱：

　　立出继书人△△，系△村住，今有妻△氏生小儿一口，年方△岁，生于△年△月△日△时建生。现今家中贫乏，亦无能力抚养，夫妻酌议，情愿凭媒人问至△村△名接来抚养，出得乳哺银△万元，△名夫妻亲手收足。日后长大成人，承继△宅书香，承受△△份下家业，及一概事务归与承继人△△管理，各房子侄不得争执，异说生端……

尽管是卖儿子做养子，不是做奴仆，也是名副其实的"卖"儿了。该宗谱中只有"卖"小儿文书样式，没有"买"的，在通常情况下，双方共同订立一份文书，由抱养者收存就可以了，没必要订立两份。

---

[①] 陈周棠：《洪氏宗谱》，浙江人民出版社1982年版，第123页。

## 第三节　立嗣与继产

户绝之家的家长立嗣的主要目的，不是为了托付家产，而是防止身后门户灭绝；为了让养子担负起养老送终、继立门户的义务，才给了其继承家产的权利。在立嗣的时候，家产的继承只是一种交换条件。就被立嗣人即养子而言，主要是为了继承财产而来，为了继承本来不该属于自己的财产，才多尽了一份义务。

历代律令都对养子进行监督限制，防止其只享受权利，不尽义务。汉代一个叫秦嘉的人死后无子，"其妻徐淑乞子而养之，淑亡后，子还所生。朝廷通儒移其乡邑，录淑所养子，还继秦氏之祀"[1]，强迫其尽了义务。宋代的吴锡"继吴革之绝，（吴革死后）未及一年，典卖产业，所存无几"，准备卖完即归本宗。结果被官府杖一百，并追回了其所得钱财。[2] 清朝乾隆年间湖北有个叫曾志广的人，为图谋夺继而将叔父砸死，《大清律例》的《户律》为此加了一条新例："因争继酿成人命者，凡争产谋继及扶同争产之房分，均不准其继嗣，应听户族另行公议承立。"即使立了也要取消其资格，对贪财忘义者以示惩戒。

同时，对养子的权利也予以保护。立嗣文约都要讲明，继立之后家长不能随意将养子"遣还"。宋代还专门规定，"诸养同宗昭穆相当子孙，而养祖父母、父母不许非理遣还"，不得随意剥夺养子的家产继承权；只有养子"破荡家产，不能孝养，及有显过，告官验证，审近亲尊长证验得实"[3]，才可以解除关系，剥夺其继承权。

清朝嘉庆年间孔府的一个案例记载，齐孔氏称"氏夫亡后，谨以公父之命，立长房次子承伦为嗣，不料承继之后不能孝顺。曾控诉于百户衙门，公断追回合同，另行立继。氏犹不忍，公同族人亲友，分给承伦坡地八亩，一宅分为两院，省得吵闹。当时氏年近八旬，着床大病四十余日，而承伦夫妇不能侍奉。万出无奈，邀同氏弟及族众邻人，下剩地八亩交与三房次子承信，以为氏养老送终。日后即令承信奉祀，至公无

---

[1] 《通典》卷69《礼》。
[2] 《清明集》卷4《吴盟诉吴锡卖田》。
[3] 《清明集》卷7《出继子不肖勒令归宗》。

私,毫无偏意。今氏现在年老多病,朝不保夕,恐日后争差,不得不据实禀明"衍圣公。① 可见,习俗和律令的约束是双向的:养子必须尽义务方能继承家产,养父母也不得无端随意逐走养子。确实需要改立的,如齐孔氏改立承信,不再用承伦,也必须叫上族众邻人,以及"氏弟"即养子的舅父共同决定,并禀明衍圣公府(或地方官府)批准备案,因为这相当于一场官司了。

养父母方面最容易反悔的,是立嗣之后又有了亲生儿子的时候。按照习俗和规定,可以让养子与亲生儿子一同过活,类同亲兄弟,义务和权利相同,如元朝徽州谢和孙家的《立继子文书》所说,立嗣以后"如和孙倘有亲出,所有户下物业,仍与(养子)佐孙一体均分,不在难易"②。事实上,当事者各方都很难做到公平如一,经常引起矛盾。早在东晋时期,有个叫贺峤的人,过继了侄子以后,自己又生了一个儿子,两个儿子长成后贺峤已经去世,为排列两人的位置,贺妻于氏上书朝廷,从十个方面旁征博引,论证应当将养子与亲生儿子同样对待,《通典》卷69对此作了多达5000字记述,可见时人的重视程度。同时也透露出实际立嗣过程中经常有此类纠缠,是很棘手的事情。

宋代的"陈文卿妻吴氏昨来抱养陈厚为子,继而亲生二子,陈谦、陈寅是也。吴氏妇若贤,则于有子之后,政当调获均一,使三子雍睦无间言可也",但吴氏偏爱两个亲生儿子,"陈谦、陈寅挟母以治其兄",尤其分家产的时候不公允,"吴氏母子违法析产,以与陈厚者,是欲蹙之使贫也",陈厚与吴氏母子争吵,以致诉于官府。③ 所以在这种情况下,多数是让养子归还本宗,作为补偿,也给予其一些财产。官府专门规定,抱养之子"若共居满十年,仍令州县长官量给资产"④,按规定参与析分家产,同居不满十年就没有资格了。

元朝皇庆年间江西有个案例说,周自思自幼给叔叔家过继,后来叔叔自己生了两个儿子,便以"周自思不遵教训,抵触父母"为由,令

---

① 中国社会科学院历史研究所整理编辑:《曲阜孔府档案史料选编》第三编第一册,第460页。所说的"百户衙门"是朝廷批准孔府特设的管理机构,以宗族组织为基础,具有行政司法职能。
② 张传玺主编:《中国历代契约会编考释》,第671—672页。
③ 《清明集》卷8《母在不应以亲生子与抱养子析产》。
④ (清)徐松辑:《宋会要辑稿·食货》61之61。

其"于别所房内另居住";叔叔死后,婶母再次状告周自思不孝,"难以同居";官府查明,实际上是婶母偏向亲生儿子,"因争家产,告称抵触"①。由于周自思已经过房三十多年,不应该归宗,因此判令周自思继续住在叔叔家,与叔叔的两个亲生儿子平分了家产。

有时候同居与否并非唯一的继产资格,尤其是养子有过失而被养父母逐出,等于脱离了继嗣关系,不论同居与否都不能继承养父的家产了。晋朝汾阳"有民与郭氏为义子,自孩提以至成人。因戾不受训,遣之。郭氏夫妇相次俱死,有嫡子已长。时郭氏诸亲与义子相约,云是亲子,欲分其财,助而公之。先后数政不能理,遂成疑狱。(张)希崇览其诉状断云:父在已离,母死不至,虽假称义子,辜二十年抚养之恩;傥曰亲儿,犯三千条悖逆之罪!大为伤害名教,安敢理认田园?其生涯并付亲子"②,并对其以不孝定罪。这位与养父母同居多年的养子便失去了继承家产的资格。

养子由于脱离了其所出生的家庭,并且已经在原宗谱中注明出继(除名),继承了养父母家的家产,所以就不再参与原来父母家的家产析分了。不过,有时候也可以介入,只是比其他兄弟少得一些。清朝初年魏氏第一次分家的时候,兄弟三人中老三世侃过继给了叔父,两个哥哥世仿、世俨跟父亲商议说:"弟虽后仲父,产薄恐不给食,愿割己分以益弟。于是(二人共)以收百石谷之田以畀侃,而仿、俨仍各得百八十有六石之田";第二次兄弟四人(世仿的孙子)分家的时候,"济、瀗、溁各得田百五十石,山城、居室、奴婢各有定分。沆最幼,出抚为季弟子,不得与三子均给,除田百石以畀之"③。这当然是富裕家庭的情形,只有二三十亩地的小农是顾及不到出继的兄弟的,其实,他们中的很多人正是因为家贫地少才让兄弟出继的。只有富裕而且友悌的兄弟才会像魏氏那样做。

在家产继承过程中,立嗣是发生纠纷最多的场合。需要立嗣的家庭情况往往比较复杂,尤其是在战乱灾荒时期,比如南宋到元朝初年的一

---

① 《元典章》卷19《户部五·家财》。
② (五代)和凝:《疑狱集》卷3《希崇断义嫡》。
③ (清)魏初:《魏季子文集》卷7《二子析产序》;(清)魏世仿:《魏昭士文集》卷3《析产序》。转引自傅衣凌《明清社会变迁论》,人民出版社1989年版,第96页。

段时间，立嗣的状况特别混乱，"有养诸弟从孙为子者，有不睦宗亲舍抛族人而取他姓为嗣者。有以之弟侄为子者。又以后妻所携前夫之子为嗣者，又因妻外通以奸夫之子为嗣者，有由妻慕少男养以为子者。甚至有弃其亲子嫡孙，顺从后妻而别立义男者。有妻因夫亡，听人鼓诱买嘱以为子者；有夫妻俱亡，而族人利其货产争愿为义子者"①。不过，越是这种明显不合理的违法行为，出现纠纷的时候越是容易处理，可以按有关法规判决；难办的是那些不同寻常而又不是明显违法的方式，眼看着不对劲又没法干预，从而让势利之人钻了空子。鉴于此，官府逐渐制定了一套较为周密的管理规则，以宋代为例，其要点有三：

其一，把立嗣分成"立继"和"命继"两种。唐代《户令》关于单独立户头的令文中，有"诸子孙继绝，应以户者，非年十八已上不得析；其年十七已下，命继者但于本生籍内注云年十八"的字样②，已经提到了"命继者"。宋代明确规定，所谓"立继者，谓夫亡而妻在，其绝则立也，当从其妻"，当然，丈夫在世的时候夫妇一同做主也属于这一类；所谓"命继者，谓夫妻双亡，则其命也，当惟近亲尊长"。相应地，继承家产的权利也有差别，"立继者，与子承父法同，当尽举其产以与之；命继者……只得家财三分之一"③，以示尊重原家庭主人的意愿，并且这也体现了权利与义务相一致的原则，因为立继的要负责养老送终、继立门户，命继的只剩下承奉祭祀的义务了。

这个规定在发生纠纷的时候是被严格执行的，一个叫江齐戴的人无子嗣，按昭穆相当原则应该选立江瑞为养子，但是江瑞已经过继给了江齐戴的另一个弟弟江齐梦；如果按"宗枝图"排列，可以选立的又不止一个人，会产生争立的问题，更不方便，结果还是选立了江瑞；如果让江瑞一个人承祧三房，江齐戴兄弟三人的家产最后全归他一个人，又担心族中近亲不服气，官府便采取了变通方式，与族人商定"江瑞之立，当以命继论，不当以立继论"，只能继承江齐戴家产的1/3，用以"奉承祭祀"；另外2/3分别拨给家族中的义庄和没入官府。各方同意后，官府"委官一员前去，唤上江宅干人，取索砧基祖簿，集本族尊长

---

① 《元典章》卷17《户部三·承继》。
② （唐）白居易：《白氏六贴事类集》卷22《户口版图》引《户令》。
③ 《清明集》卷8《命继与立继不同》。

从公点对，从条检校，径行均作三分，就县厅同所委官员及房长撿拈开具供申，照限十日。其余浮财什物一并检校均分，毋令偏曲"①。特殊情况比照命继的方式，是因为命继与立继的区别很严格，并且在民间经常使用。

其二，有女儿不招赘婿而立养子的家庭，如果是立继，家产全归养子；如果是命继，女儿和养子都有家产的继承权，最后由养子承担继立门户的责任。女儿与养子一同继承的时候，又按女儿的不同情况作了具体规定：有在室女即未出嫁的女儿，以家产的3/4归女儿，1/4归养子；如果只有出嫁女，则养子和出嫁女各得1/3，余下的1/3入官；如果既有在室女，又有归宗女即丈夫去世或离异后回娘家居住的女儿，养子和归宗女各得1/5，以3/5归在室女；如果只有归宗女，则归宗女得1/5，养子得2/5，余下的2/5入官。② 在这种家庭中，主要是防止养子挤对女儿应得的部分。

有个案例说，郑应辰有两个女儿，又过继侄子为养子，"应辰存日，二女各遗嘱田一百三十亩，库一座与之，殊不为过；应辰死后，养子乃欲掩有"，想占取两个女儿分得的那些家产。判词说的郑应辰遗嘱留给女儿的部分"殊不为过"，可能就是指没有超过规定的比例（两个女儿所得田数还不到总数的1/10）；最后判决将养子"杖一百，钉固；照元（原）遗嘱各拨田一百三十亩"给了两个女儿。③ 前面提到的吴锡一案也说，吴锡在养父吴革死后变卖田产，连原来吴革分给女儿的部分也想卖掉，官府判令"北源一项四百五十把，元（原）系摽拨与吴革之女，吴锡不应盗卖。……对定元（原）拨女分田产"给女儿。都是偏向女儿一方。从感情上讲，父母与女儿要比养子亲近一些，比如宋代阳翟一家姓盖的有个养子"为（养）祖母所遣，以家资属其女"，把家产都给了女儿，养子不服才打起了官司。④ 在通常情况下，立嗣养子的同时给亲生女儿一份家产，养子还是可以接受的。

其三，在招婿入赘又立养子的家庭中，养子的继产权原则上与赘婿

---

① 《清明集》卷8《命继与立继不同》。按，江瑞自己承祧三房，属于特殊的"兼祧"方式，无成例和律令可依，官府才灵活变通，比照"命继"方式处理了。
② 《清明集》卷8《命继与立继不同》。
③ 《清明集》卷8《女合承分》。
④ 《宋史》卷351《张尚英传》。

相同。宋代有个案例说，蔡梓没有儿子又不曾立嗣，只招了赘婿，族人趁赘婿伐木的时候将其殴打。官府为平息争执，与族人商议，决定以远房侄儿蔡烨为蔡梓之后，所有的"家业、田地、山林，仍请本县委官从公均分。庶几断之以天，而无贫富不公之嫌。合以一半与所立之子，以一半与所赘之婿。女乃其所亲出，婿又赘居年深，稽之条令，皆合均分"①，把事情摆平了。但也不尽然，南宋绍兴年间沅州知州李发说，当时所实行的"财产养子与赘婿均给"之法不合适，与有关律令相矛盾，因此朝廷又专门补充规定："如遗产不满一千贯，若后来有养子，合行均给；若千贯以上各给五百；一千五百贯以上给（赘婿）三分之一，至三千贯为止，余数尽给养子"②，养子比较占优势。这是因为，在既有赘婿又有养子的家庭中，最终继立门户的多是养子，并且养子所继承的部分不会流入外姓之手。

实际的立嗣继产纠纷往往很复杂，这三种处理原则并不能完全包揽，有时候还需要多方考虑，灵活处理。宋代一个叫吴琛的人有子早折，四个女儿有两个招了赘婿，同时又立了养子。吴琛死后，赘婿和女儿们便以养子为异姓不合礼法为由，声称"吴氏之产，乃二婿以妻家财物营运增殖"，不肯分给养子。官府判决的时候只得综合考虑法令、礼俗和实际情况，以"均分议嫁"方式处理，留出两个未出嫁女儿的陪嫁奁产，其余部分由两个赘婿与养子作三份均分。③ 在具体案件的审理中，地方官往往无法可依，南宋时期涪州知州赵不琦上疏称："如甲之妻有所出一女，别无儿男。甲妻既亡，甲再娶后妻，抚养甲之女长成，招进舍赘婿"，这已经够乱了；"甲既亡，甲（后）妻立甲之的（嫡）侄为养子"，家产的分配更为复杂。据赵不琦说，当时诸如此类的"词讼繁剧"④。不得已，官府只好简单化处理：如果"其被养本身、所养父母并已没亡，官府不在受理之限"⑤，干脆不管了。

还有一种情况，如果户绝之家先后立了两个养子，比如异姓养子与侄儿"并立"的情况，则不分顺序和亲疏，两个人的继承权相同。敦

---

① 《清明集》卷8《探阄立嗣》。
② （清）徐松辑：《宋会要辑稿·食货》61之61。
③ 《清明集》卷7《立嗣有据不为户绝》。
④ （清）徐松辑：《宋会要辑稿·食货》61之65。
⑤ （清）徐松辑：《宋会要辑稿·刑法》3之18。

煌文书中所记载的胡再成家就是这样,他先立了一个叫永长的养子(可能是异姓),又过继了同母弟之子清朵,作为"腹生子",实际也是养子;文书要求两个养子应该如同"同父儿子"①,地位相同,都相当于亲生儿子,将来分家的时候权利和义务都一样。明末崇祯年间,徽州休宁汪瑞时过继给"汪新志名下为子,承新志宗枝,历载无异",并改名汪正阳;十多年后又有一个叫汪福阳的人过继到汪新志名下,约定将来"所有田产、房屋、家业由正阳、福阳二人领有"②,也是平均继承。

清末光绪年间四川自贡的李紫东年老无子,先抱养了李平川,后来又立李南山为嗣。李紫东死后二人分家,将最大的盐井"作紫东葬费及继母许氏在生养善,没作蒸尝;其余井业、田土、地基概作两股,该平川、南山兄弟均分"③。有时候不能简单地均分,需要根据实际情况灵活处理。曲阜孔家的一个争产案记载④,孔传成先过继孔宪堡为子,宪堡家原来的兄弟死后,孔传成让其归宗,给了其 10 亩地;接着又过继了孔继沫,孔继沫却连孔宪堡的 10 亩地也吞占了。官司打到衍圣公府,衍圣公认为,孔宪堡已经归宗,虽然曾经是孔传成的养子,也不能与孔继沫有同样的继承权,家产应该归孔继沫继承;只是原来给孔宪堡的10 亩地,可以遵从养父的遗嘱,给了孔宪堡。

可以作为参照的是,唐宋时期曾经规定宦官只能收养一个儿子,而且必须身居五品、中年以后才允许收养,养子的年龄应该在 10 岁以下。北宋时期有个宦官收养了四个养子,违制了,因此被"决杖配扫洒班",以示惩罚。⑤ 这也折射出民间立嗣的习俗,一般情况下有一个养子最合适,既可以传继门户,又不至于引起事端。

除了立嗣养子的同时又招赘婿、立嗣养子之后又有亲生儿子,以及同时立两个养子等特殊情况,还有的人在立嗣的同时又用遗嘱方式对家产的处理作出安排,侦继产过程更为复杂。对此,在下一章考察。

---

① 唐耕耦、陆宏基主编:《敦煌社会经济文献真迹释录》第二辑,第 155 页。
② 转引自刘重日等《明清徽州庄仆制研究》,中国社会科学院历史研究所明史研究室编《明史研究论丛》第一辑,江苏人民出版社 1982 年版。
③ 冉光荣主编:《自贡盐业契约档案选辑》,第 998 页。
④ 中国社会科学院历史研究所整理编辑:《曲阜孔府档案史料选编》第三编第一册,第 457 页。
⑤ (宋)王溥:《唐会要》卷 65《内侍省》;《宋史》卷 466《宦官》序及《王仁睿传》。

# 第五章　遗嘱继承

我国古代用遗嘱方式安排后事的记载出现很早，最初称为"先令"或"遗令"，嘱托的内容比较广泛；到两汉魏晋时期，已经有了专门安排家产继承事宜的遗嘱，如前面引述过的沛郡某富人临终"呼族人为遗书"、江苏仪征出土的西汉《先令券书》，还有甘肃临泽出土的西晋《田产争讼爰书》，也提到了"无遗令及讬子婿券书"的问题。至迟到唐代，无论称为"遗嘱""遗书"或继续称为"遗令"，大都是专门用来安排家产的继承了。

西欧和日本的遗嘱继承强调的是家长个人的财产处分权，是与长子继承制相匹配的常用方式；在我国古代，遗嘱继承主要是在没有法定继承人，即"户绝"的情况下使用，只是诸子平均析产的补充方式。

## 第一节　律令的规定

就现存资料来看，最早在律令上对遗嘱继产作出具体规定的是唐代：①

> 身丧户绝者，所有部曲、奴婢、店宅、资财，并令近亲转易货卖，将营葬事及量营功德之外，余财并与女。无女均入已次近亲。无亲戚者，官为检校。若亡人在日，自有遗嘱处分，证验分明者，不用此令。

---

① ［日］仁井田陞辑：《唐令拾遗》卷32《丧葬令》。中华书局2006年版《天一阁藏明抄本天圣令校正》卷29《丧葬令》也有这段内容，有几处字句舛异，其中第357页作"余财并不与女"，整理者已经指出此"不"字为衍文。

这表明，在处置户绝财产的时候首先尊重死者的遗愿，没有遗嘱安排才可以按户绝条令处理，给予女儿或近亲。在处理户绝资产的场合，遗嘱继承有了优于法定继承的效力。

宋人袁采说："父祖有虑子孙争讼者，常预为遗嘱之文"①，似乎已不限于户绝之家；不过，这并不是说家长可以随意分配家产，在这些有子孙的家庭中，继产遗嘱主要是嘱咐子孙不要分家，或者分家的时候要互相谦让等教化内容，不是讲具体的分家产的方式。《宋刑统》卷12《户婚律》沿用了《唐令》中关于遗嘱继产的规定，《宋刑统》编成于北宋初年，后来经常重申其中的内容，如仁宗天圣四年七月和五年四月就连续两次下诏，要求对户绝财产的处理要依照《户绝条贯》的有关规定执行，并且强调"若亡人遗嘱证验分明，并依遗嘱执行"②。遗嘱仍然是在户绝之家使用的。

有时候遗嘱继承方式的使用范围也比较广泛，比如外国客商遗物的处理（详后）。还有恩荫制度，宋代规定，大中大夫以上官员致仕的时候，可以上表请求为子弟封官，封官的秩序也依照长幼，如果"父母、祖（父母）有遗嘱及兄弟能义逊者，不在此限"③。唐代以前似不见有恩荫封官的先后依照遗嘱的规定。

在世俗民间的遗嘱继承方式的影响下，僧尼传继私有财物也开始使用这种方式。本来，按照佛教的空无精神，僧尼是不应该有个人财产的，但僧尼也是人，寺庵毕竟坐落在世俗环境之中，何兹全先生指出，至迟在唐代佛教开始允许僧尼有一定数量的私有财物了。④ 由于僧尼没有儿女，传承私有财物的时候使用遗嘱就比较多。佛家的具体规定是，僧尼对身后私有财物的处理有"嘱"和"授"两种方式，"嘱"是生前立遗嘱，是最主要的方式，遗嘱财物的范围限定为奴婢、田宅、车牛和庄园等；"授"则是用一般方式送给别人，授的范围只能是衣服、绢匹和宝器等物。有时候规定可以"嘱"的财物不能"授"，可以"授"的财物可以"嘱"，实际上是所有的财物都可以用遗嘱方式处理。还具体

---

① （宋）袁采：《袁氏世范》卷1《遗嘱之文宜预为》。
② （清）徐松辑：《宋会要辑稿·食货》61之58。
③ （宋）谢深甫：《庆元条法事类》卷12《职事门·荫补》。
④ 何兹全：《佛教经律关于僧尼私有财产的规定》，《北京师范大学学报》1982年第6期。另承杨倩描先生相告，主要是律宗承认个人财产，禅宗不允许。

规定，如果把同一种财物先后"嘱与众多人，最后人得"，像世俗民间的遗嘱那样，以体现立遗嘱人最终意愿的遗嘱为准。

僧尼的遗嘱能否成立，还要以"善"与"不善"来判定，具体标准是，僧尼的财物遗嘱如果是出自公正的良心和忏悔之心，就属于"善"，可以成立，否则便不能成立。而且僧尼遗嘱财物是身后"舍财"，不能附带有任何附加条件，如造碑记功德之类，附有条件的也算是不善，不能成立。至于遗嘱给僧尼还是原来的家人，都是允许的，据敦煌文献中的唐代僧尼遗嘱来看，大都是给了原来的家人。宋代天台宗名僧、西湖孤山玛瑙院的智圆大师晚年也曾立下遗嘱，① 虽然没有多少财产，所嘱托的也不全是财产传继之事，从中也可以看出遗嘱使用的广泛性。元代宛平灵岳寺主持宗主云庵法师立有一个《遗诫》，刻在石碑上，主要是讲灵岳寺的田产"乃常住恒产"②，由僧侣们自己传继使用，不得外传。

我们接着说民间的遗嘱继承方式。

律令在对遗嘱继承方式予以法律承认和保护的同时，也作出了一些限定，其中最主要的，是限定了遗嘱继承人的选择范围和遗嘱继承方式的适用范围。

从现代法权的角度说，遗嘱继承方式确立的前提，应该是立遗嘱人有选择继承人的充分自由；在我国古代，立遗嘱人并不能完全凭个人的意愿随意选择，只能在规定的条件下和范围内进行选择，用法律术语说，只是具有"相对的遗嘱自由"，不是绝对自由。首要的一个限制，便是"有承分人不合遗嘱"③，即有合法继承人的时候，不能无故剥夺其继承权，将财产遗嘱给别人。这既保证了法定继承人即儿孙的优先继承权，同时也把遗嘱继承方式主要限定在户绝之家了。

如前所说，按照法令规定，在没有儿子的家庭中，主人死后所有的资产由本家近亲变卖，作为营葬之资，余下的钱物给女儿，没有女儿给本家的近亲；如果主人生前有遗嘱，可以打破这个继承顺序，一般情况下，仍然不能超出女儿女婿或本家近亲的范围。近亲指缌麻以上亲，即同宗不出"五服"之人，主要是亲兄弟的儿子辈，目的是不让财产流

---

① 刘琳、曾枣庄主编：《全宋文》卷36《遗嘱》，巴蜀书社1993年版。
② 张传玺主编：《中国历代契约会考释》，第693页。
③ 《清明集》卷5《继母将养老田遗嘱与亲生女》。

出本家族，归属他姓。所以在具体实施过程中，遗嘱继承与户绝立嗣的方式很接近，甚至合二而一；遗嘱继承人的选择范围，也就是上一章所说的被立嗣人的选择范围。按规定，立嗣的时候有比较严格的亲疏远近之序，遗嘱继承的时候相对自由一些，可以打破亲疏先后，甚至"本宗不以有服亲及异姓有服亲，并听遗嘱"①，本宗有服亲指同姓晚辈，异姓有服亲指外甥外孙，可以越过侄辈，遗嘱给外甥外孙。

我国古代遗嘱的使用范围并不完全局限于此，有时候有养子甚至有亲生儿子，也可以把家产遗嘱给别人，主要是赘婿。比如宋代，曾有"遗嘱财产，养子与赘婿均给"的专门规定②，绍兴年间涪州知州赵不琦说的"户绝继养、遗嘱所得财产，虽各有定制，而所在理断，间或偏于一端，是致词讼繁剧"③，就是针对户绝之家先立嗣养子，后来又把部分家产遗嘱给了赘婿等人而言的。有亲生儿子而把家产遗嘱给女婿的情况很少，并且都是出于特殊原因：有的是因为儿子不孝，如许昌某富豪将家产遗嘱给了女婿张孝基，是因为亲生儿子"不肖，斥逐之"④；还有个案例说，王有成不肯赡养父母，迫使年迈的父亲到女婿家养老，父亲便把家产遗嘱给女婿李茂先了⑤；也有的是为了防止自己去世后女儿女婿抢夺家产、幼儿继产出问题而采取的特殊措施（详后）。总之，都属于不太正常的情况。由《唐令》把遗嘱继产的规定放在"户绝资产处置法"中叙述、《宋刑统》将其放在"户绝财产"条目之下可以知道，遗嘱继承方式主要限定在户绝之家，主要适用于户绝之家。明清时期徽州单独的过继文书很少，都是与遗嘱合在一起，称为"遗嘱立继文书"⑥，也是出于这个原因。

## 第二节　遗嘱的方式和手续

遗嘱通常是在年迈或临终前订立，也有人为了稳妥起见而早立，以

---

① （清）徐松辑：《宋会要辑稿·食货》61 之 61。
② （清）徐松辑：《宋会要辑稿·食货》61 之 66。
③ （清）徐松辑：《宋会要辑稿·食货》61 之 65。
④ （宋）方勺：《泊宅编》卷 6。
⑤ 《清明集》卷 4《子不能孝养父母而依栖婿家则财产当归之婿》。
⑥ 阿风：《明清时代妇女的地位与权利——以明清契约文书、诉讼档案为中心》，社会科学文献出版社 2009 年版，第 72 页。

防到时候措手不及，宋人袁采即主张"遗嘱之文宜预为"，不然的话，"风烛不常，因循不决，至于疾病危笃，虽中心尚了然，而口不能言，手不能动，饮恨而死者多矣。况有神识昏乱者乎？"① 可见早立遗嘱的也是有的。并且，由袁采所说的"口不能言，手不能动"，以及有关案例判词说的"其所谓遗言者，口中之言邪，纸上之言邪"来看，② 古代的遗嘱主要有口头和书面两种方式。

口头遗嘱，是在立遗嘱人不识字或因病不能执笔的情况下采用的方式。发生争执的可能性不大的时候，当着当事人的面，口头嘱咐一下身后家产的处置，让当事人（晚辈）遵守即可。涉及财产数量较大的时候，大都要请人代书，因为纯粹的口头嘱咐很容易发生争执；一旦发生争执，官府又难理断。葛建初《析狱奇闻》卷1记载了清代江南如皋县的一个案子：

> 父素富，生二子。临死，以银数万，当次子前交长子曰："待弟成立，分半与之。"及弟娶妇，所有田宅俱均分讫，惟银绝不道及。弟向兄过索银，兄不认，涉讼连年，历任县令俱以无笔据，不直弟。弟闻上元县令袁简斋先生善析狱，越境控告。公当逐出，却暗令人唤至，匿之署中。适有新破积匪案，密谕盗扳其兄，移文拘至，并起出藏银若干。到案讯究，兄供认本父富饶，所有藏金非一己之物，有弟尚未分授。公曰："如是，须唤尔弟对质。"立出其弟曰："尔兄已供认，尚未分授，今为尔等平分。"兄缄口无言。

这便是口头遗嘱造成的麻烦，必须想妙招才能兑现。所以，凡大宗财产的遗嘱一般都要付诸文字，以为凭据。

书面遗嘱是遗嘱的主要方式。口头遗嘱容易出问题，"若曰口中之言，恐汗漫无足据，岂足以塞公议之口"③。为了防止日后发生争执的时候口说无凭，口述的同时也经常请人代书，《文选》载南朝刘宋颜延年《陶征士诔》中有"式尊遗占"之语，唐人吕延济注曰："遗占，遗

---

① （宋）袁采：《袁氏世范》卷1《遗嘱之文欲早为》。
② 《清明集》卷7《立嗣有据不为户绝》。
③ 《清明集》卷7《立嗣有据不为户绝》。

书也;占者,口隐度其事,令人书之也。"由颜延年所说、吕延济所注可知,在南北朝隋唐时期这是常用的方式。唐代的裴晋公"临薨,令子弟执笔,口占状"①;《全唐文》卷302记载的王元宗"临终口授铭"等等,都属于代书方式。

能自己写、身体又允许写的时候,都要自己亲笔书写。西汉颖川太守何并"疾病,召丞、掾,作先令书曰:告子恢,吾生素餐日久,死虽当得法赙,勿受;葬为小椁,檀(但)容下棺"即可②,告诫儿子不要接受追赠的钱物以及薄葬诸事,就是用亲自作"先令书"的方式为之的。两唐书列传记载,姚崇、袁滋、刘弘基等人分家产的时候都有"遗令",都是自书的遗嘱,如《旧唐书》卷96《姚崇传》记载,"崇先分其田园,令诸子侄各守其分,仍为遗令以诫子孙"。遗令的主要内容是:

> 古人云:富贵者,人之怨也。贵则神忌其满,人恶其上;富则鬼瞰其室,虏利其财。自开辟以来,书籍所载,德薄任重而能寿考无咎者,未之有也。故范蠡、疏广之辈,知止足之分,前史多之。况吾才不逮古人,而久窃荣宠,位愈高而益惧,恩弥厚而增忧。往在中书,遘疾虚惫,虽终匪懈,而诸务多阙。荐贤自代,屡有诚祈,人欲天从,竟蒙哀允。优游园沼,放浪形骸,人生一代,斯亦足矣。田巴云:"百年之期,未有能至";王逸少云:"俯仰之间,已为陈迹。"诚哉斯言。
> 
> 比见诸达官身亡以后,子孙既失覆荫,多至贫寒。斗尺之间,参商是竞。岂惟自玷,仍更辱先,无论曲直,俱受嗤毁。庄田水碾,既众有之,递相推倚,或至荒废。陆贾、石苞,皆古之贤达也,所以预为定分,将以绝其后争。吾静思之,深所叹服。
> ……

接着又讲了身后薄葬等事,并且在最后嘱咐子孙们"汝等身没之后,亦教子孙依吾此法。"在《旧唐书》中记载的只是遗嘱的主要内容(原文

---

① (宋)赵璘:《因话录》卷3《商部下》。
② 《汉书》卷77《何并传》。

说是"其略曰",不是全文),遗嘱的整体格式没有体现出来,敦煌发现的公元 10 世纪即唐末五代时期的文书中有几件当时通用的"遗嘱格式",其中比较简要完备的一件内容为①:

遗书一道某　尊甲

身染患疾,已经累旬。种种医疗,未蒙抽咸(减)。今□醒素之时,对兄弟子侄诸亲等遗嘱:房资产业、庄园宅舍,一一各支分数。例(列)名如下:

……

生居杯幻,处在凡流。今复苦疾缠身,晨昏不觉,准能报答。因缘房资贫薄,遗嘱轻微;用表单心,情□(垂)纳受,准前支给。

恐有诤论,盟(冥)路之间,故勒斯契,用为后凭。
△年月日遗书。

这是用于病重但神志清醒的时候的遗嘱格式,可以是自书,也可以由别人代书。同时同地的另一件文书,是尼姑在传继私有财物的时候使用的遗嘱文书原件②,与民间通用的格式和内容应该相同:

尼灵惠唯书

咸通六年十月廿三日,尼灵惠忽染疾病,日日渐加,恐一身无常,遂告诸亲,一一分折(析)。不是昏沉之语,并是醒苏之言。灵惠只有家生婢子一名威娘,留与侄女潘娘。更无房资。灵惠迁变之日,一仰潘娘葬送营办。已后更不许诸亲吝护。

恐后无凭,并对诸亲,遂作唯书,押署为验。
弟金刚
索家小娘子

---

① 唐耕耦、陆宏基主编:《敦煌社会经济文献真迹释录》第二辑,第 180 页。"情□(垂)纳受"原注为"情□(函)纳受",承杨际平先生相示改为"垂"字。

② 唐耕耦、陆宏基主编:《敦煌社会经济文献真迹释录》第二辑,第 153 页。唯书也称为"违书"或"违嘱",即遗嘱。

　　　　　　　　外甥尼灵皈
　　　　　　　　外甥十二娘　十二娘指节
　　计计索甥外　侄男康毛　康毛
　　　　　　　　侄男福晟（押）
　　　　　　　　侄男胜贤　胜贤
　　　　　　　　索郎水官
　　　　　　　　左都督成真

在作为见证人的9个人中，除外甥（女）十二娘不会写名字，按了指印外，其余8个人都是亲笔签名。这份遗嘱比较完整，分为立遗嘱的原因、被遗嘱人、所嘱财产和义务、誓语和见证人，最后呈官府盖印。请到了"诸亲"和当地官员。不知道什么原因，立遗嘱人灵惠和被遗嘱人潘娘没有签名。

　　涉及遗嘱的案例中也经常提到自书方式。宋代曾千钧有两个女儿，过继了一个养子，病重"垂没，亲书遗嘱，摽拨税钱八百文与二女"①；徐二的续弦妻子带来了前夫的儿子，母子二人掌控了徐二的家产，"徐二虑之熟矣，恐身死之后，家业为异姓所攘，乃于淳祐二年手写遗嘱，将屋宇、园池给付亲妹与女，且约将来供应阿冯（按：指其后妻）及了办后事"②；还有一个叫柳璟的人，为了让四个侄儿照料其孀妻幼子，临终的时候遗嘱每人每年给钱10贯，"书之于纸，岁以为常"，几年后发生争执，四个侄儿的理由也是说这份遗嘱"系璟亲手"写成的③；涪州有个赘婿拿着其岳父的"遗嘱与手疏"和养子争家产④；……以及刘夔"前死数日，自作遗表，以颁赐所余分亲族"⑤，都是指的自书遗嘱。到官府备案的当然也是这种方式的遗嘱。

　　就明清时期的有关案例看，遗嘱也大都是书面方式，仅引述一则⑥：

---

①　《清明集》卷7《遗嘱与亲生女》。
②　《清明集》卷9《鼓诱寡妇盗卖夫家业》。
③　《清明集》卷8《诸侄论索遗嘱钱》。
④　（清）徐松辑：《宋会要辑稿·食货》61之65。
⑤　《宋史》卷298《刘夔传》。
⑥　转引自阿风《明清时代妇女的地位与权利——以明清契约文书、诉讼档案为中心》，第78页。

立遗嘱江阿胡，阿夫江志福因子嗣维艰，于康熙年间搬一义男，名唤连生，阿夫抚养，情同亲生。于雍正十二年，夫外经商，不幸死在河口，货本尽折。义男闻信，随即揭借盘费，往外搬柩，回家居丧守制，衰麻执杖，哀痛迫切，如同生父，族内共见。阿夫所遗田园，俱是义男辛勤种作，门户事务，亦是义男竭力支持。至于侍奉供给，内诚外敬，从无违阿之意。

今阿年老，央凭亲族眼同，愿将承祖所阄家产屋宇等业，尽行批与侄长祖、长聚名下。其阿夫新置田业，内取十砠批送芳公会；内又取三十五砠，批与侄长起兄弟；又取三十五砠，与侄长发兄弟，候阿百年之后交侄管业。

除批过，仍存前后三间新屋一所并田园等业，尽行与义男连生管业。日后永无异说。倘有此情，听从义男执墨鸣公理论。今欲有凭，立此遗嘱，永远存照。

……

乾隆十六年正月　日　立　遗嘱　江阿胡（押）
　　　　　　　　　　　　亲叔　江志寿（押）
　　　　　　　　　　　　　　　江志禄（押）
　　　　　　　　　　　　亲　　余继□（押）
　　　　　　　　　　　　　　　余廷书（押）
　　　　　　　　　　　　族众　胡名远（押）
　　　　　　　　　　　　　　（下18人略）
　　　　　　　　　　　　代笔　江翀林（押）

除了以上两种方式外，我国古代的遗嘱还有一种特殊的方式——家训。古代士人常在晚年把自己一生的治家处世的经验教训整理成文字，传给后代，称之为家训或遗训、遗令、遗诫、世范，也有直接称为遗嘱的。家训的内容很广泛，所说的不全是分家问题，大部分家训都包括分家的内容。因此，家训中的身后家产处理内容也可以看作是家产遗嘱的方式之一。事实上，家训也经常与遗嘱合在一起，前引唐代姚崇的家训收录在《全唐文》卷206的时候，题目就改成了《遗令诫子孙文》。姚崇不仅要求自己的儿子照此嘱咐去做，还要求历代子孙遵守，有明显的遗嘱特征。

现存最早的家训是北朝颜之推的《颜氏家训》,唐代以前比较少,宋代开始多了起来,仅两宋时期就有 30 多种,影响比较大的有司马光的《温公家范》、陆游的《放翁家训》、袁采的《袁氏世范》、赵鼎的《家训笔录》、朱熹的《朱子训子贴》、刘清之的《戒子通录》和叶梦得的《石林家训》等。① 有的仍然嘱咐子孙不得分家析产,多数家训则是告诫子孙该分就分,只是不要被财产利害冲散了骨肉亲情。

明清时期的家训也有直接称为遗嘱的,明朝杨继盛的《杨忠愍公传家宝训》又称为《椒山遗嘱》,其中关于家产安排的内容说:应尾、应箕"你两个是一母同胞的兄弟,当和好到老。不可各积私财,致起争端";对堂兄要敬让,"祖产分有未均处,他若是爱便宜,也让他罢。切记休要争竞,自有旁人话短长也"。此外还嘱咐给他一直抚养的杨应民、给在监狱中照顾过他的福寿儿等一些田地。前面引述过的明人李应升嘱咐子孙析产要均,"必不多取一亩一粒",要给庶妹妆奁田百亩,也是李应升在临刑前的《戒子书》中讲的,是家训,也是遗嘱。这个时期的家训与唐代以前相比,讲大道理少了,讲具体实在的事情多了,并且是很认真地讲,很严格地要求后人遵守照办,如杨继盛嘱咐两个儿子,要把《杨忠愍公传家宝训》好好保存,"做一个布袋装盛,放在我的灵前桌上,每月初一、十五,合家大小灵前拜祭了,把这手卷从头至尾念一遍,合家听着。虽有紧事,也休废了"。明清以来很多人把家训收入族谱中,也是表明世代传阅照办的意思。

此外,有子嗣之家打破常规安排家产的时候,也用遗嘱方式,唐朝的刘弘基临终曾留下"遗令,给诸子奴婢各十五,良田五顷。谓所亲曰:若贤,固不籍多财;不贤,守此可以免冻馁。余财悉以散失"②。还有清代杨仁山的一份遗嘱,本来有三个儿子,却把部分房产捐给了刻印佛经的刻经处,"金陵城内延龄巷,父置屋宇一所,围墙东至西二十四丈,西边南至北二一丈,东边北十六丈,与漆匠店毗连,此屋专作刻经处公业,系父亲三十余年经营所成,永远作为流通经典之所,三房均不得认为己产"③。这份遗嘱是杨仁山去世前 10 年亲笔所写,由于处理

---

① 参见《中国丛书综录》第二册《经部·儒学类》家训部分,上海古籍出版社 1986 年版。
② 《旧唐书》卷 58《刘弘基传》。
③ 周武主编:《中国遗书精选》,第 391—392 页。

方式特殊，所以用遗嘱的方式提前做了安排。

订立遗嘱的手续，也有约定的习俗和完整的程序。由遗嘱继产文书格式和案例判词所说"遗嘱经官给据，班班可考；质之房长，并无异词"来看[1]，除立遗嘱人、被遗嘱人和见证人签押外，还有两道必备的手续。

第一道手续是要经过族人同意。在古人的观念中，财产不是个人的，而是家庭的；既然是家庭的，也便是家族的，家族成员有参与决定的权力。在订立遗嘱的时候，族人的态度非常重要，族长（即"房长"）和近支以见证人身份签字，表示同意，遗嘱才可以顺利履行。这也是很早形成的传统做法，汉代沛郡富人临终"呼族人为遗书"，就含有征得族人同意的意思。唐代尼姑灵惠的遗嘱有"遂告诸亲"之语，签押处有侄儿和外甥；《敦煌资料》第一辑中收录的另外两份遗嘱，也称"与汝儿女孙侄家眷等宿缘之会"，趁病中"醒来之时，对兄弟子侄诸亲等遗嘱房资、产业、庄园、舍宅"等物，也都经过了近亲这一关。发生争讼的时候，官府也认为继产遗嘱"必须宗族无间言而后可"[2]，必须在遗嘱"文字内诸子皆有知押"方为有效。[3] 前述宋人曾千钧把家产嘱与女儿时，"千钧之妻、弟千乘、子秀郎并已签知"，表示同意，其中弟弟就是代表家族近亲的。

遗嘱文书通常由被遗嘱人保存，作为继承家产的凭证，前引柳璟案例称其遗嘱是"就其族长（处）索到"，这份由族长保存的遗嘱（可能是为了让族长监督四个侄子履行义务）必定是经过了族长签字的。直到近代，民间仍有这种习俗，民国年间四川自贡罗树轩所立的析产遗嘱非常完整详细，分为绪言、家庭状况和关系、产业数量和分配、结论共四个部分，在开头专门说明"立遗嘱分关文约人罗树轩，今凭族亲世谊等到场，特立遗嘱如下"[4]。不仅族中近亲，连"世谊"即朋友也请到了。当然，朋友只是见证，族亲却是批准式的认同。

尽管立遗嘱的时候要经过族人同意，但不能违背立遗嘱人的意愿，

---

[1] 《清明集》卷7《先立已定不当以孽子易之》。
[2] 《清明集》卷8《继绝子孙只得财产四分之一》。
[3] 《清明集》卷8《后立者不得前立者自置之田》。
[4] 冉光荣主编：《自贡盐业契约档案选辑》，第1016页。

更不能强迫，族人的介入主要是起一种监证作用。立遗嘱的过程与分家相似，通常是先由小家庭的家长决定了要立遗嘱，并且决定了遗嘱的内容之后，才征求族中近亲的意见；只要不违背习俗和律令，没有出格的地方，族人的同意只是一道手续，不能过多地干预。为了体现立遗嘱人的真实意愿，即使不是为人所迫，临终病重、神志不清的时候所立的遗嘱也没有法律效力，前面引述过的唐代的遗嘱都专门说明是"今□醒素之时"立下遗嘱、"不是昏沉之语，并是醒苏之言"，就表明这一层。宋代有个案例说，卢公达先过继卢应申为养子，又收养了续弦夫人带来的儿子陈日宣，卢公达死后，"卢应申、陈日宣各执出公达生前遗嘱"争家产。官府见所出示的两份遗嘱都是真的，内容互相矛盾，认为"皆是公达临终乱命，不可凭信"，不能断定到底哪份遗嘱代表其本意，只好把两份遗嘱都作废；同时又"以大义裁之"，废除了卢应申的继立关系，勒令陈日宣归宗，请卢氏的长辈"从公择本宗昭穆相当人，立为公达之后"[①]，即"命继"一个养子，继承卢公达的家产和门户。

第二道手续是官府盖印，防止日后争讼。灵惠遗嘱的见证人押字处有"索郎水官"和"左都督"二位官员，这两个人应该是兼有证人和官方代表的双重身份。在另一份残断的遗嘱原件上，清楚地写着"将此凭呈官"的字样[②]，以及遗嘱文书上常说的当事人必须遵守，否则罚钱"没官"，都是遗嘱需要呈报官府的反映。宋代明确规定，"诸财产无承分人，愿遗嘱与内外缌麻以上亲者听自陈，官给公凭"[③]。官府盖印意味着法律的承认和保护，所以有"经官投印，可谓合法"之说。[④] 由案例的记载可以知道，符合习俗和律令的规定官府才批准盖印。在无合法继承人的户绝之家，遗嘱给内外缌麻以上亲（本家侄儿或外甥外孙）的时候，官府盖印之前是要严格审核的。

习惯上也认为，遗嘱"若曰纸上之言，则必呈之官府，以直其事矣"，这样才有得以履行的法律保障。[⑤] 前述曾千钧的遗嘱，在亲属签押之后又"经县印押"，后来族人指控该遗嘱是伪造，理由是所盖"县

---

① 《清明集》卷8《出继不肖官勒归宗》。
② 唐耕耦、陆宏基主编：《敦煌社会经济文献真迹释录》第二辑，第162页。
③ 《清明集》卷9《鼓诱寡妇盗卖夫家业》。
④ 《清明集》卷9《鼓诱寡妇盗卖夫家业》。
⑤ 《清明集》卷7《立继有据不为户绝》。

印为私（刻）。"宋代的另一个案例说，汪如旦的遗嘱曾"经官府除附给据，付（被遗嘱人）庆安收执"保存①；寡妇余氏的继产遗嘱发生纠纷的时候，官府认定其不合法的主要依据，就是"设果有遗嘱，便合经官印押，执出为照"，而余氏的遗嘱却没有经过这样的手续②；何烈的遗嘱被判为无效的原因，也是由于"不曾经官印押，岂可用私家之故纸而乱公朝之明法乎？"③并且，官府鉴别遗嘱真伪的时候不仅要求"印同"，还必须"印之年月并同"④，方可凭信。

唐代的《丧葬令》和《宋刑统》都规定，户绝财产用于营葬之外的"余财并与女"，没谈及数量。北宋仁宋天圣四年审刑院制定的《户绝条贯》规定，户绝财产只能给女儿1/3，但是"若亡人遗嘱，证验分明，依遗嘱实行"⑤，有遗嘱原则上不受这个比例的限制，实际上是不限制遗嘱财产的数量，完全由立遗嘱人自行决定。这个规定一直沿用到北宋中期，哲宗的时候就予以限制了。元祐元年左司谏王岩叟说，"遗嘱旧法（按：指此前的《嘉祐遗嘱法》）所以财产无多少之限，皆听其与也，或同宗之戚，或异姓之亲，为其能笃情义于孤老，所以财产无多少之限，皆听其受也，因而有取所不忍焉。然其后献利之臣不原此意，而立为限法，人情莫不伤之。不满三百贯文始容全给，不满一千贯给三百贯，一千贯以上给三分之一而已"。王岩叟认为，这样的规定于国家财政无大补济，对民风却破坏极大，因此恳请哲宗"特令复《嘉祐遗嘱法》"，取消数量限制。虽然哲宗览后曾诏令"从之"⑥，事实上王岩叟的建议并未得到采纳，官府一直限制着遗嘱财产的数量，所以，南宋绍兴年间沅州知州李发又上疏说："若财产满一千五百贯，其得遗产之人，依现行成法止合三分给一，难与养子均给；若养子、赘婿各给七百五十贯，即有碍《遗嘱财产条法》，乞下有司更赐参定"，说明限制遗嘱财产的数量仍然是"现行成法"；户部根据李发的建议又补充规定：

---

① 《清明集》卷8《后立者不得前立者自置之田》。
② 《清明集》卷8《父子俱亡立孙为后》。
③ 《清明集》卷5《僧归俗承分》。
④ 《清明集》卷5《侄假立叔契昏赖田业》。
⑤ （清）徐松辑：《宋会要辑稿·食货》61之85。
⑥ （宋）李焘：《长编》卷383，元祐元年七月丁丑。"嘉祐遗嘱法"与下引李发所说的《遗嘱财产条法》均已佚，所可推知者，前者不限制遗嘱财产的数量，后者规定为总数的1/3。参见魏天安《宋代户绝条贯考》，《中国经济史研究》1988年第3期。

"诸路州县如有似此陈述之人，若当来遗嘱田产过于成法之数，除依条给付得遗嘱人外，其余数目尽给养子；如财产数目不满遗嘱条法之数，合依近降指挥均给。"所说的"近降指挥"具体规定为："遗产不满一千贯，若后来有养子，合行均给；若一千贯以上，各给五百；一千五百贯以上给（赘婿）三分之一。至三千贯为止，余数尽给养子"，或者没入官府。① 尽管有这些数量的规定，实际执行情况仍然很难一致。总的看来，北宋中期以降的规定是，遗产数在 1000 贯以下可以全部遗嘱与人，超过 1000 贯则要限制在 1/3 到 1/2 之间。

限制遗嘱财产数量的目的，不只是为了避免纠纷，也是为了把超过限额的部分没官，并且还要收"遗嘱税"。随着遗嘱继产方式的增多，有的地方官感到这是一个不小的财源，便把遗嘱中的财产转移与市场交易等同视之，规定遗嘱田产必须与典卖一样，要"当官开割，开收税租"②。到南宋时期便有了专门的"遗嘱税"，绍兴年间总领四川财政的王之望说，检括民间隐漏税钱可以增加财政税收，建议扩大税源，"凡嫁赀、遗嘱及民间葬地，隐其值者，视邻田估之。虽产去券存，亦倍收其赋"。据王之望说，他在四川推行此法一年，就"得钱四百六十七万余引"③。官府收田宅交易税的时候，按每价值千文收百文，即 1/10 的税率征收，可能遗嘱税也是这个比例。遗嘱税刚实行的时候曾经遭到一些大臣的反对，终究没能取消，《宋史》卷 174《食货志》记载，到乾道五年遗嘱税已经从四川扩及到江南，"得钱三十余万"。《庆元条法事类》卷 47《赋役门》也规定，"典卖、遗嘱、户绝者，依常税法不见元（原）税额者，取比邻例"酌定，并且要由转运司保明，申户部备案。从语气来看，到南宋宁宗以后收遗嘱税已经成为常制了。

## 第三节　遗嘱的履行

经过当事人和族人签押、官府盖印之后，手续齐全了，遗嘱就是合

---

① （清）徐松辑：《宋会要辑稿·食货》61 之 66。影印本中"如财产数目不满遗嘱条法之数"句衍一"法"字，删。
② 《清明集》卷 6《抵挡不交业》。
③ （宋）李心传：《建炎以来系年要录》卷 194，绍兴三十一年十一月。

法的了，立遗嘱人去世以后大都能顺利履行。但财利面前易生是非，围绕遗嘱继承发生的纠纷在历代史书中屡有记载。虽然有的纠纷可以通过协商或家族的调解来解决，就实际情况来看，家族的调解主要是在拟定遗嘱的过程中起作用，履行过程中的矛盾争执主要靠官府裁决。

唐宋律令规定的户绝财产"若亡人在日，自有遗嘱处分，证验分明"，是官府监护继产遗嘱履行的基本法律依据。同时还有一些具体的条文，如户绝财产一般只能遗嘱与"内外缌麻以上亲"，有合法继承人不适用遗嘱方式，以及守节"寡妇以夫家财产遗嘱者"亦被允许①，发生纠纷的时候"遗嘱满十年而诉者不得受理"②，等等。据有关案例来看，官府监督和保护继产遗嘱顺利履行的方法主要有三种：

一是鉴别遗嘱的真伪，以确认是否有效。伪造遗嘱是巧夺遗产的惯用方法，也是遗嘱争讼中最常见的现象，律令专门强调要将遗嘱"证验分明"，就是针对这种情况讲的。如果官府认为某个"遗嘱非真"，便不予保护，并且可以宣布无效③，然后按律令处理有关财产。同时，还要对本来"无所谓遗嘱，特凿空诬赖，为骗取钱物"而伪造者予以严惩④，处以罚金或笞杖，甚至是徒刑和流刑。

发现遗嘱有伪造嫌疑的时候，审理者通常是"先论其事理之是非，次考其遗嘱之真伪"⑤，把论理和辨伪结合起来。事实上，论事理只能是在发现某种嫌疑的时候凭常识推断，辨真伪才是审断的关键；辨别真伪的主要方法，就是核对笔迹。宋代一个叫钱居茂的人，用遗嘱的方式把山田给了女婿牛大同，钱氏族人告状说遗嘱是牛大同伪造的；官府审理后认为，钱居茂把山田遗嘱给女婿"虽未为当理，却是居茂亲笔书押"，与30年前分家时所立的"分书比对，出于一手，真正自无可疑"，所以承认遗嘱真实有效，"令牛大同凭遗嘱管业"⑥。宋人郑克《晰狱龟鉴》卷6记载，郎简知窦州的时候遇到一个案子，某县吏死的时候儿子尚幼，赘婿"伪为券收其田。后子长，累诉不得直，因诉于朝"。朝廷令

---

① 《清明集》卷5《继母将养老田遗嘱与亲生女》。
② 《清明集》卷5《侄与出继叔争业》。
③ 《清明集》卷8《先立一子俟将来本宗有昭穆相当人双立》。
④ 《清明集》卷8《假伪遗嘱以伐丧》。
⑤ 《清明集》卷6《争山》。
⑥ 《清明集》卷6《争山》。

郎简审理。郎简"以书按示之曰：此尔妇翁书耶？曰：然。又取伪券视之，弗类也"，笔迹不一样，女婿便无话可说了。接着又记述说，李行简为彭州军事推官的时候，有"富民陈子美者，继母诈为父遗（遗）书逐出之，累诉不得直。转运使檄行简劾正其事"，李行简识破其遗书是伪造的。《长编》卷58和《宋史》卷299、卷301都记载了这件事，都没有说李行简辨伪的具体方式；郑克用前面记述的郎简之法对比推论说，李行简"劾正继母诈为父遗书者，亦必有以核之，惜乎史辞太简，故失其传耳"，认为可能与郎简核对笔迹的办法相同。郑克《晰狱龟鉴》一书是专门记述断案方法的，作出这样的推理合乎逻辑，有着当时的经验和事实背景。

不仅遗嘱需要靠其他文书来核对笔迹以辨别真伪，遗嘱也是鉴定其他文书的重要依据。宋代有个寡妇周八娘，状告林榕伪造其亡夫莫君实所立的地契，妄图侵夺她家的产业。官府审理的时候当堂验示林榕所出示的地契，"周八娘又执出君实临死遗嘱之文，乞与辨验君实押字笔迹。寻与点对，则契上君实押字与遗嘱笔迹不同"，断定林榕所拿的地契是伪造的。① 值得注意的是，周八娘自己主动拿出遗嘱来请求验证笔迹，连一个普通寡妇都懂得用这种方法验证契约的真伪，说明用同样的方法来验证遗嘱的真伪也已经是一种常识了。

二是对有悖常理的遗嘱改判履行方式或予以销毁。改判履行方式必须有充分的理由，在古时候，这类理由大都是依靠审理者的识见和常理推断的。前面多次提到的西汉沛郡富人把家产遗嘱给女儿，只给幼子一剑之事，原来只记载到"但遗一剑与儿"为止，西晋时期的和凝在《疑狱集》卷2《何武断遗剑》中对此事的后果作了推演：

……唤族人为遗书，令悉以财嘱女，但遗一剑，云儿年十五以此付之。其后（女儿）又不肯与儿，儿诣郡自言其剑。时太守司空何武得其辞，因录女及婿，省其手书，顾谓掾吏曰："女性强梁，婿复贪鄙，畏贼害其儿；又计小儿得此财，不能全护。姑且俾与女，内实寄之耳。夫剑者，亦所以决断。限年十五者，智力足以自居。度此女、婿不复还其剑，当时州县，或能明证，得以伸理。此

---

① 《清明集》卷6《伪冒交易》。

凡庸何能用虑宏远如是哉！"悉夺取财物以与儿，曰："敝女恶婿温饱十岁，亦已幸矣！"于是论者服。

据《宋史》卷293《张詠传》记载，张詠知于杭州时也遇到一个姐弟争家产的遗嘱案：

> 有民家子与姊婿讼家财。婿言妻父临终，此子裁三岁，故见命掌赀产；且遗书，令异日以十之三与子，余七与婿。詠览之，索酒酹地，曰："汝妻父，智人也，以子幼故托汝。苟以七与子，则子死汝手矣。"亟命以七给其子，余三给婿。人皆服其明断。

魏息园《不用刑审判书》卷1记载，清代也有一个类似的儿子与女婿的遗嘱争产案：

> 富民张老者，妻生一女，无子，赘某甲于家。久之，妾生子，名一飞，四岁而张老卒。张病时谓婿曰"妾子不足任吾财，当畀尔夫妇耳；但养彼母子不死沟壑，即汝阴德矣"，于是出券书之"张一非吾子也家财尽与吾婿外人不得争夺。"婿乃据有张业不疑。后妾子壮，告官求分，婿以券呈，官遂置不问。他日，奉使者至，妾子复诉，婿仍呈券为证。使者因更其句，说曰"张一非，吾子也，家财尽与；吾婿外人，不得争夺。"曰："尔尚敢有其业耶？诡书'飞'为'非'者，虑彼幼为尔害耳。"于是断给妾子，人称快焉。

这是三个相隔两千年、情节极为相似的欺负孤幼小儿的案例[①]，审理者都没宣布遗嘱不合法，只是用巧妙方式判断出遗嘱的真实含义，改动了一下分配方式。实际说来，用这种方法断案，很难说是否真的符合了立遗嘱者的原意，人们之所以赞同这样的改动，主要是因为这种判决惩治

---

① 儿子尤其是庶生子年幼的情况属于"孤幼继承"，官府有相应的规定。参见王菱菱、王文书《论宋政府对遗孤财产的检校与放贷》，《中国经济史研究》2008年第4期；罗彤华：《宋代的孤幼检校政策及其执行——兼论南宋的"女合得男之半"》，《中华文史论丛》2011年第4期。

了贪财之人。并且，三个案例惩罚的全是类似于赘婿的女婿，迎合了人们歧视赘婿的传统心理，更为这种断案方法的可信性打了折扣。

对已经难以厘清或难以履行的继产遗嘱，官府便宣布作废并予以销毁，然后依据有关律令判令析分。前面引述过的《建昌县刘氏诉立嗣事》也牵涉到遗嘱问题，建昌县丞及其长子世光死后，县丞的弟弟以世光遗嘱立其子为嗣为理由，占据了家产，引起诉讼。刘克庄审理此案的时候，认为县丞的弟弟贪心太大而不悔悟，并且所持遗嘱为"不由族众，不经官司之遗嘱"，因此判定"此遗嘱二纸，止令付之一抹"，予以废除，然后依法处理了县丞和世光的财产。前述柳璟遗嘱四个侄儿每年各得钱十千一事，后来诸侄与柳璟之妻发生争执，范西堂审理的时候认定诸侄只知道索要钱财、不照顾柳璟的孀妻弱子，已经违背了立遗嘱人的意愿，下令"元（原）约毁抹"，不再按遗嘱支钱。另一个案例记载，贾勉仲在世的时候将田产遗嘱与其妾严氏，后来严氏改适勉仲之弟性甫，贾勉仲的儿子文虎拿着其父给严氏田产的遗嘱，申诉于官，以"严氏，吾母也，得以与我"为由，争夺严氏和性甫所占据的家产。官府见遗嘱的确是贾勉仲所书，但觉得"严氏既归性甫，则身随之业合归性甫。……夫何遗嘱印于文虎之手？"① 与常理不合。在诸当事人关系杂乱难辨，又没有人证物证可查的情况下，宣布销毁贾勉仲的遗嘱，按律令仍将产业判归严氏名下。

三是对合理合法的遗嘱保证其按原意履行。这主要是针对无理取闹、妄图改变遗嘱内容的情况而言的。在继产遗嘱争讼案中，伪造的、被改判的或被销毁的是少数，多数都是合理合法应当按原意履行的，即使有人干扰，也不能改变初衷。这方面的记载很多，仅举《清明集》所记南宋时期的几个例子：

——卷5《继母将养老田遗嘱与亲生女》记载，蒋汝霖的父亲死后，继母叶氏掌管家产，叶氏晚年立下遗嘱，"割其田业为三：汝霖得谷一百七十硕，叶氏亲生女归娘得谷三十一硕随嫁，叶氏自收谷五十七硕养老。"蒋汝霖告状，想争回另外两份。官府以寡母有权安排亡夫遗产为据，判决叶氏的养老田可以留用，但是"私自

---

① 《清明集》卷5《侄假立叔契昏赖田产》。

典卖固不可，随嫁亦不可，遗嘱与女亦不可"，意思是叶氏去世后这部分田也要由蒋汝霖继承；已经遗嘱给归娘的部分则"自合还归娘随身，汝霖不得干预。"维护了叶氏遗嘱的原意。

——卷5《侄与出继叔争业》记载，一位姓杨的训武郎的儿子杨天常过继给了伯父，不应当再继承生父的家产了，但是后来杨天常的侄子告状说，杨天常占了生父的1300硕谷田。官府审理的时候"索到干照，得见提举训武妻夏氏立为关约，称训武在日，借天常金银钱会五千余贯，训武临终遗言，拨此田归还。"官府也很难搞清楚借钱、拨田、遗嘱诸事的真伪；按法令规定"遗嘱满十年而诉者不得受理"，此时杨天常占有这些田地已经23年，结果只能承认"杨天常得业正与未正，未暇论；其历年已深，管佃已久矣，委是难以追理"，让杨天常照旧占用田产，侄子也不要争了。实际上等于承认这位训武郎的遗嘱有效了。

——卷7《不可以一人而为两家之后别行选立》记载，吴季八年迈无子，族人吴烈以祖母朱氏有遗嘱为借口，不让为吴季八立嗣，想日后独占其家产。官府查明其"祖母遗嘱，已知身后不得所托，但摽拨产业，自为殡葬之资，未尝有不与季八立嗣之说"，因此判定"除照朱氏遗嘱摽拨外，余一分产业，别行命继。"既维护了祖母遗嘱的原意，又剔除了吴烈所谎加的内容。

——卷8《女合承分》记载，郑应辰只有两个女儿，过继了族侄郑孝先为养子。家中共有田3000亩，郑应辰临终遗嘱给两个女儿各130亩。后来郑孝先却以"假使父母无遗嘱，亦当自得"为理由，起诉养父遗嘱不合理。官府认为，郑孝先所说的"无非刻薄之论。……今只人与田百三十亩，犹且固执，可谓不义之甚。"对这种情况，官府认为不能只是"较遗嘱之是非，义利之去就，却不思身为养子，承受田亩三千，而所拨不过二百六十，遗嘱之是非何必辩也！"判令依照"元（原）遗嘱各拨田（与两个女儿）一百三十亩，日下管业"，并将郑孝先杖一百，以示惩戒。

——卷9《鼓诱寡妇盗卖夫家业》记载，徐二没有儿子，续弦夫人冯氏带来了前夫之子陈百四，母子二人阻挠徐二立嗣，徐二不愿让陈百四继产承户，便立下遗嘱，"将屋宇、园池给付亲妹与女，且约将来供应阿冯及了办后事。"但是冯氏不肯按遗嘱去做，与儿子一起盗卖家产，徐二的妹妹和女儿告诉了官府。官府认为"徐二虽为家业虑，亦未尝不为阿冯虑也，其遗嘱可谓曲尽"，应当履行。判令将冯氏卖掉的田地追回，归还徐二的妹妹和女儿"同共管佃，别给断由，与之照应"；同时又责成徐二之女"照遗嘱供奉阿冯终身，不得背弃。"完整地维护了徐二遗嘱的原意。

这方面的事例很多，不再胪列。宋代以降，随着遗嘱继产方式的增多，家族和习俗规范于前，官府和法律监护于后，逐渐形成了一套履行继产遗嘱的保障体系。

## 第四节　遗嘱继承的实质

体现财产的私有制原则是遗嘱继产的共同性质，不同时期和地区的遗嘱又各有其不同的特性。最早见于记载的古罗马《十二铜表法》中的遗嘱继承制度，主要是从对死者的崇拜中产生的；近代欧洲各国的遗嘱继承制度，是为了维护财产的绝对私有权而发展和完善起来的。但也并非都是如此，据说德意志人的继产遗嘱最初所体现的只是一种宗教信仰，清教徒甚至信奉"人类不过是受托保管因上帝的恩典而降幅于他的财富"[①]，认为拥有过多的个人财富不能进天堂，所以会在临终的时候用遗嘱方式捐赠财产，让自己的灵魂得到拯救。我国古代的遗嘱继承方式尽管也与财产私有观念有关，同时更与传统的家庭观念密切相关。前一层意思比较明显，这里只简要分析一下遗嘱继产方式与传统家庭观念的关系。

与长子继承制相比，诸子平均析产方式限制了家长凭个人意愿处理家产的权力，要求家长的个人意愿服从家庭的利益，不论愿意与否，身后的家产必须按习惯由诸子均分；只有在没有亲生儿子的特殊情况下，才可以用遗嘱方式安排家产的归属。尽管有的时候有亲生儿子也用遗嘱，如前面所说，都属于特殊情况，总的看来，遗嘱只是传统继产方式中的辅助办法，并且仍然受到家族和习俗的规范制约。形成这种习惯和

---

① [德] 马克斯·韦伯：《新教伦理与资本主义精神》，马奇炎等译，北京大学出版社2012年版，第171页。

制度的原因在于，家产的继承只是手段，借此来保证家庭门户的传延才是目的，与西欧和日本的遗嘱继承是不同的。

西方长子继承制下家产由一个人继承，需要立遗嘱的家庭并不一定是没有子嗣，而是为了从中选择一个中意的儿子来继承[1]，以保证家产（企业）的长盛不衰，其着眼点是家产（企业）而不是家人和家庭。有学者指出，与中国人的家庭以直系血缘关系为核心的特点不同，日本人的家庭是以"家业"为核心的，血缘关系居次要地位；在日本人的观念上，家庭的延续主要不是血缘关系的延续而是家业的传承。[2] 日本人的家业包括田地和房产，也包括生产生活和生存的技能，甚至是企业，只要能把家业传下去，后代是不是自己的直系子孙无关紧要，养子、女婿（包括赘婿）和儿子谁有能力传承家业就用谁，着眼点是家产而不是家人和家庭。

我国实行家产由诸子均分的方式，使每个儿子都获得了支撑门户的物质基础，着眼点是家人的生存，特别是家庭门户的传继；所谓"家产"，不是某个个人的财产，而是家庭的财产。这样，家产的继承已经不是父亲和儿子之间的个人行为，而是父家庭和诸子家庭之间的家庭行为；已经不单是一种家产的继承和转移方式，而是维系血缘关系和家庭延续的手段了。对于有亲生儿子的家庭来说，在门户传延的同时也完成了家产的传继，也就不需要用遗嘱之类的方式来处置家产了。这便使得遗嘱继产方式主要在户绝之家使用，并且经常与立嗣继绝合为一体。

遗嘱继产与立嗣继绝合为一体，集中体现出我国古代遗嘱继产的目的：主要不是为了家产的传继，而是门户的传延。如果户绝之家的家长立遗嘱的时候所想的仅仅是家产的归属，那么，随意给了"内外缌麻以上亲"中的任何一个人，甚至没有血缘关系的人就行了，不应该有附加（交换）条件；事实上，在我国古代，不仅不能随意选择被遗嘱人，而且不带附加条件的遗嘱几乎是没有的，都是名义上给予被遗嘱人继承家产的权利，其实是让其承担责任和义务，目的是保证门户的传继。所以，立遗嘱人即户绝之家的家长所考虑的首先是如何免于门户灭绝，而

---

[1] ［英］亨利·梅因称之为"指定一个长子"，《古代法》，沈景一译，第138页。
[2] 李卓：《生命的传承与家业的传承——中日家的比较》，张国刚主编《中国社会历史评论》第一卷，天津古籍出版社1999年版。

不是家产的归属；甚至可以说，与立嗣的时候一样，家产的继承只是一种交换条件。宋人王岩叟主张取消遗嘱继产数量限制的目的，是为了使被遗嘱人"能笃情义于孤老"，因为靠亲生儿子养老送终可以凭借血缘亲情，依靠其他人的时候则要靠利益的驱动了，所以应该把自己的所有家产都给了对方，以诚意换真心。

在有女无子的家庭中，按规定可以把部分或全部家产遗嘱给女儿。如果立遗嘱人只是为了家产的归属或女儿的生活，直接让女儿继承家产就可以了。事实上大都要招赘婿上门。赘婿要为岳父岳母养老送终，还要承担起继立门户的责任——传宗接代，即前面提到赘婿受歧视问题时所说的"布袋（补代）"之意。按照古代习俗，入赘女婿经族中近亲认可之后，便有资格协助其妻子继立门户；不少户绝之家的家长在招赘婿之后又立下遗嘱，让女儿女婿继承家产，是为了防止族人的干预，因为赘婿是受歧视的，一旦被排挤出去，让女儿继立门户的愿望便落空了。

附带说一下，当人们突然遇到某种意外，意识到自己马上就要告别人世的时候，首先想到的不是自己的财产和地位，而是自己对家庭的责任。这种中国式的"终极关怀"，也是遗嘱继产精神实质的重要佐证。这方面的例子很多，譬如唐朝的韩愈，"尝登华山，攀缘极峻而不能下，发狂大哭，投书与家人别"[①]；还有宋人苏轼，上疏斥责奸臣之后"与妻诀别，留书与弟辙处置后事"[②]；刘安世被流放到岭南，途中有朝廷使者追来，他以为是赐死的诏令到了，"取笔书数纸，从容对曰：闻朝廷赐我死即死，依此数纸行之。……（所书）皆经纪其家之事"[③]……这些人突遇危难时的行为来不及，也没必要掩饰伪装，最能反映其真实的内心情感，他们都不约而同地放心不下家人和家事，正是传统的家庭观念和家庭责任感的真实反映，与遗嘱继产的精神实质是相同的。

这样解释问题，并不是否认财产私有权及其观念对遗嘱继产方式的影响，而是说还应该注意到，在我国古代的遗嘱继承过程中，"家产"与"门户"是合一的，家产的继承只是手段，借此来传宗接代、继立门户才是立遗嘱人的真正目的，与西欧、日本遗嘱继产的目的和性质不

---

① （宋）魏泰：《东轩笔录》卷15。李肇《唐国史补》卷中记此事曰"乃作遗书"。
② （宋）李焘：《长编》卷458，哲宗元祐六年五月丁丑。
③ （宋）邵伯温：《邵氏闻见录》卷13。

完全一致。

　　认识我国古代遗嘱继产的实质,还应当注意到具体的历史背景。战国以后,尽管家族组织仍然存在,尽管族长有管教族众的权力,实际上真正的生产生活生育单位是小家庭,最直接最经常的起管理作用的已经是小家庭的家长。小家庭家长的权力比族长更具体,责任也更全面更重要,不仅对家庭成员有管教的权利、保护的义务和供养的责任,更重要的是要保证小家庭的延续,不能在自己的身后绝了门户。所谓传宗接代,主要是传延自己这一支的直系血缘关系、自己的小家庭,而不是通常所说的"宗祧继承"传延家族;即使亲兄弟们都人丁兴旺,也弥补不了自己这一支的缺陷,自己的小家庭没有儿子的时候,仍然需要设法补救。这就是户绝之家的家长立嗣或招婿入赘的原因,也是遗嘱继产方式与立嗣合一、主要存在于户绝之家的原因。说清了这层道理,再看我国古代的遗嘱继产问题,就不能只注意财产私有权一个方面的原因,还应该看到与传统的家庭观念的密切关系;这样,才能准确把握我国古代遗嘱继产方式的特有性质——户绝之家传延家庭门户的补救办法。

# 结　　语

　　以诸子平均析产为主干，辅之以妇女继产和立嗣、遗嘱等方式，我国古代的家产继承方式形成了一个完整的体系。在对这个方式体系作了框架式勾勒之后，简要分析一下其影响，以为结语。有关论著已经注意到了传统家产继承方式对我国社会历史进程的制约，这里引申补充一下，谈谈对我国财产所有制形式和观念的影响。

　　首先是对我国传统的财产所有制形式的影响。

　　20世纪五六十年代关于"中国封建土地所有制形式问题"的讨论[①]，主要是从自由买卖一个方面考察的，忽略了家产继承方式也应该是判定所有权的重要标志[②]；加上照搬当时的理论模式，只从社会化的角度着眼，如同考察西欧近代工业化社会那样，忽略了我国古代自然经济条件下的生产生活单位是个体小家庭，没有从家庭的角度考虑问题，所以无论国家（或皇帝）所有制说还是私人所有制说，都没有抓住我国古代所有制形式的基本特征——家庭所有制。

　　诸子平均析产方式与长子继承制的前提不一样，不是家长所有，是诸子"共有"。所谓"家产"是家庭的财产，不是家长个人的财产；家长只是家产的管理者，分家的时候必须给所有的儿子平分；家长不能偏袒哪个儿子，也不能无辜剥夺哪个儿子的继承权。家庭中所有的同辈男子都是家产的继承人和所有者，又都不是完全的唯一的继承人和所有者[③]，

---

　　① 南开大学历史系中国古代史教研组编：《中国封建土地所有制形式问题讨论集》，读书·生活·新知三联书后1962年版。

　　② 邢铁：《从家产继承方式说我国古代的所有制形式》，《中国经济史研究》2007年第3期。

　　③ 家庭所有制形式下的每个个人都不是完全的财产所有者，同时也不是完全的无产者，正如马克斯·韦伯说的"无产者作为一个阶级在西方之外的地方也不可能存在"。见《新教伦理与资本主义精神》，第13页。

所以不能把家产全部给了哪一个儿子，只能有两种选择，除了同居共财不分家，就是这种诸子平均析产方式。

这种家庭所有制下的诸子"共有"与西方物权理论说的"共同共有"不一样。西方近代物权理论起源于古罗马法和日耳曼法，古罗马物权法以商品经济为基础，"共同共有"团体成员是同行业的业缘关系，不是家庭血缘关系，不宜与我国比较。日耳曼人的"共同共有"之间有血缘或姻缘产生的权利和义务，是亲属团体成员"共同共有"，与我国的诸子"共有"很相似；但是，日耳曼人的亲属"共同共有"不是平均的，每个成员都不清楚自己应该享有的份额，无法拿走也不允许拿走自己的那一份，脱开团体而独立生存。① 在我国的诸子平均析产方式下，亲兄弟中的每个人都可以根据平均原则推算出自己的份额（比例），随时可以分财异居，另立户头。

家庭所有制下的诸子"共有"与家族所有、大家庭所有也不一样，是直系血缘关系的小家庭成员的"共有"，家产的所有权可以通过分家的方式分解到家庭中的每个同辈男子身上；家族财产则是"公有"，是以家族为单位的所有制，一代代整体性传继，家族成员只能共同享用族产的利益，没有机会参与族产的析分；同居共财大家庭实际上是近亲家族，已经剥夺了儿孙们潜在的继承权，其财产与家族财产一样整体性传继使用，在大家庭解体之前，不会出现家庭成员的平均析分过程。

在诸子平均析产方式之下，只有家庭的财产，没有个人的财产（或者说个人没有完整的财产所有权）；由此形成了我国古代独特的财产所有制形式——不是所谓的国家（或皇帝）所有制，也不是近代西欧式的个人所有制，而是一种以家庭为所有权单位、以诸子"共有"为实质内容的财产所有制形式。这是研究我国古代经济史乃至我国历史的基础性前提。

再就是对我国传统的"立公灭私"观念的影响。

所谓"立公灭私"是后人的归纳概括，最早的表达是《尚书·周官》中的"以公灭私"和《管子·正》中的"废私立公"。刘泽华先生试图从财产所有制的角度考察"立公灭私"观念的产生渊源，认为我国古代是"一种混合的多级所有制形式"，所以"公利"与"私利"

---

① 李宜琛：《日耳曼法概说》，中国政法大学出版社2003年版，第75—76页。

同时存在，因此产生了相应的观念和主张。① 虽然没有展开论述，却是很有见地的提示。通过家产继承方式问题的考察可以看到，我国古代"立公灭私"观念产生的社会基础，就是财产的家庭所有制形式。

家庭所有制具有双重特性，站在家庭内部，从每个家庭成员（个人）的角度看，家庭是一个团体，家庭所有是家庭成员的公有、共有；站在家庭之外看，把每个家庭都作为一个整体（个体），家庭所有也可以说是家庭为所有权单位的私有。我国古代的公私观念就是以此为基础形成的，在民间日常生活中，"公"指家庭利益，"私"指的是个人私利私欲。② 譬如《诗经·大田》说的"雨我公田，遂及我私"；《七月》说的"言私其豵，献豣于公"；还有《周礼·夏官》说的"大兽公之，小兽私之"……这里的"公"与"私"就是这样划分的。

分家析产是"私"对"公"的冲击，与伦理说教是背离的。由于分家习俗已经无法改变，只能用血缘亲情来感化和抵消私欲，所以，分家文书不像通常的交易文书那样直奔主题，在讲实质性问题之前都有一段"序言"，先讲一通祖辈创业艰难、父子兄弟亲情友爱的大道理，教育子孙要分家不分心，不要让财产利害冲淡了骨肉之情。最后签字画押的时候也要掩盖父子兄弟之间的不信任，说是"恐后无凭"，是为了防止后代子孙出问题。出现家产纠纷的时候先由家族内部调节解决，即使打官司，官府也不像审理别的案子那样直接绳之以法，也是晓之以理，动之以情，尽量调节抹平。这些劝导方式与伦理说教一样，很难消除私欲造就高尚，只能让人们管住私欲记住高尚。"立公灭私"是高山仰止的理想，人的私欲是与生俱来的普遍存在，取法其上得乎中，实际生活中的人们只能在"应该"和"能够"之间做出选择。具体到分家析产的场合，不能要求大公无私，只能做到不多拿多占，譬如明朝李应升在家训《碧血集》中告诫子孙"不多取一亩一粒"，该要的还得要。如果都能达到这个基本要求，守住道德底线，每个人每个家庭的行为升华为整个社会的文化自觉，也算是落实了"立公灭私"的理想了。

---

① 刘泽华：《春秋战国的"立公灭私"观念与社会整合》，《南开学报》2003 年第 4—5 期。
② 邢铁：《从家产继承方式说我国古代的"灭私"观念》，《河北师范大学学报》2017 年第 1 期。

## 结　语

　　用这样的分析作为本书的结语，似乎有些浅显和简单；按我的认识能力，也只能讲到这个程度。在家产继承方式的考察中我有一种直观的感觉，我国古代社会和文化的所有基本特征，几乎都可以追溯到诸子平均析产方式上去；把诸子平均析产方式与长子继承制比较思考的时候，这个感觉更加明确。就认识问题的规律来说，也应该从具体的继承方式的探讨进入文化哲学层面的思考。但我不善于研究这类"形而上"的问题，只能点到为止了。

# 主要参考文献

## 一 文献

正史典志、文集笔记、家训、方志：略

《名公书判清明集》，中国社会科学院宋辽金元史研究室点校，中华书局 2002 年修订版。

唐耕耦、陆宏基主编：《敦煌社会经济文献真迹释录》第二辑，全国图书馆文献缩微复制中心 1990 年版。

王钰欣、周绍泉主编：《徽州千年契约文书》，花山文艺出版社 1991 年版。

张传玺主编：《中国历代契约会编考释》，北京大学出版社 1995 年版。

中国科学院历史研究所资料室编：《敦煌资料》第一辑，中华书局 1962 年版。

周绍良、赵超主编：《唐代墓志汇编续集》，上海古籍出版社 2001 年版。

周绍良主编：《唐代墓志汇编》，上海古籍出版社 1992 年版。

## 二 专著

阿风：《明清时代妇女的地位与权利——以明清契约文书、诉讼档案为中心》，社会科学文献出版社 2009 年版。

费孝通：《生育制度》，天津人民出版社 1981 年版。

费孝通：《乡土中国》，生活·读书·新知三联书店 1985 年版。

李淑媛：《争财竞产——唐宋的家产与法律》，北京大学出版社 2007 年版。

李卓：《中日家族制度比较研究》，人民出版社 2004 年版。

柳立言：《宋代的家庭与法律》，上海古籍出版社 2008 年版。

王玉波：《中国家长制家庭制度史》，天津社会科学院出版社 1989

年版。

徐扬杰：《中国家族制度史》，人民出版社1992年版。

杨际平等：《五——十世纪敦煌的家庭与家族关系》，岳麓书社1997年版。

叶孝信主编：《中国民法史》，上海人民出版社1993年版。

张道胜：《明清徽州宗族文书研究》，安徽人民出版社2008年版。

张国刚主编：《中国家庭史》，广东人民出版社2007年版。

郑振满：《明清福建家族组织与社会变迁》，湖南教育出版社1992年版。

［美］白凯：《中国的妇女与财产：960—1949》，上海书店出版社2007年版。

［日］仁井田陞：《唐宋法律文书の研究》，东京大学出版社1983年版。

［日］仁井田陞：《中国法制史研究（家族村落法）》，东京大学出版会1962年版。

［日］滋贺秀三：《中国家族法原理》，张建国等译，法律出版社2003年版。

［英］亨利·梅因：《古代法》，沈景一译，商务印书馆1984年版。

## 三　论文

陈鹏：《唐宋继承法研究》，《法律评论》第15卷3、4期，1947年。

何兹全：《佛教经律关于僧尼私有财产的规定》，《北京师范大学学报》1982年第6期。

栾成显：《中国封建社会诸子均分制述论》，《中国史学》第8卷，1998年。

麻国庆：《分家：分中有继也有合》，《中国社会科学》1999年第1期。

马新、齐涛：《略论中国古代的家产继承制度》，《人文杂志》1987年第5期。

齐陈骏：《有关遗产继承的几件敦煌遗书》，《敦煌学辑刊》1994年第2期。

屈超立：《宋律对家长财产处分权的维护与限制》，《北京大学研究生学刊》1990年第1期。

唐长孺：《读〈颜氏家训·后娶篇〉论南北嫡庶身份的差异》，《历史研究》1994年第1期。

唐力行:《明清徽州的家庭与宗族结构》,《历史研究》1991年第1期。
王彦辉:《论汉代的分户析产》,《中国史研究》2006年第4期。
魏道明:《中国古代遗嘱继承制度质疑》,《历史研究》2000年第6期。
俞江:《继承领域内冲突格局的形成——近代中国的分家习惯与继承法移植》,《中国社会科学》2005年第5期。
袁俐:《宋代女性财产权述论》,《宋史研究集刊》第二集(《探索》1988年增刊)。
周玡:《中国立嗣制度研究》,《新生命》第3卷第1号,1930年。

# 附录　一路走来四十年

从 1978 年秋天开始，除去在云南大学读研究生的三年，我一直在河北师范学院历史系（今河北师范大学历史文化学院）读书教书，对学校的改革发展历程有着切身的感触，觉得有些东西应该写下来，为我们这个时代的大学，也为我们这些人留下一些记录。恰逢纪念恢复高考 40 周年，河北省政协文史委员会约我写了这篇回忆文章，刊登在《文史精华》2017 年第 2 期。文章写的只是我们学校历史（主要是中国古代史）专业的情况，只写了老师们工作生活的三个侧面。我们学校是地方师范院校，历史专业也不是热门显学，我写的这些不一定有典型意义，但都是真实的。

## 一　四代老师的坚守

我国高校教师的退休制度在 20 世纪 80 年代末才逐渐确立，此前似乎没有严格的规定或没有执行，加上"文化大革命"结束以后高校教师队伍青黄不接，一些知名教授七八十岁才开始带研究生，甚至终身担任教职。所以，我在这里读书教书的 40 年间，我们历史专业的老师可以分为四代：清末民初出生、中华人民共和国成立前读大学的是第一代；二三十年代出生、中华人民共和国成立初读大学的是第二代；"文化大革命"前读大学、"文化大革命"后读研究生的是第三代；我们"七七、七八级"可以算作第四代。至于"文化大革命"期间毕业留校的"工农兵学员"老师，年龄与第三、第四代交叉，后来多数调离教学岗位，算不上单独的一代。

我们学校的源头可以追溯到 1902 年北京的"顺天府学堂"，1952 年学校在天津期间建立历史系，后来到北京参与组建了"河北北京师范学院"，再后来才搬到宣化和石家庄。我们历史专业有十几年的时间在天津和北京，学术起点比较高，当年国内史学界对我们有一种似誉非誉的评价，说我们是三流大学、二流专业有一流教授。就老师们的学术水平来看，这个说法是符合实际的。我们这里把大学教职作为谋生职业的相对多一些，不可能像一流大学那样潇洒超逸、群贤毕至，我们的每一代老师中都能有一两位知名学者已经很不容易。四代老师经历的时代不同，学问和风格也不一样，却有着相同的执着和忠诚，一代代地讲授历史专业，坚守教育事业，也传承了学术精神。

我们读书的时候，第一代老先生已经过了古稀之年。他们大都有家学渊源，有很好的国学功底，都曾师从名家，治思想史的张恒寿先生是抗战前清华国学院的研究生，刘文典先生的学生；研究文献学的王树民先生是顾颉刚先生的学生，从禹贡学会时代就从事学术活动。他们年事已高，住在北京和平里的留守处，很少来宣化，我们读书期间张先生只做过两次报告，王先生做过一个讲座。他们曾经被称为"从旧社会过来的知识分子"，我们称他们"老先生"或尊称"老"，不只是年长，是因为他们有传统的三人精神，属于被传统文化所"化"之人，在时代风云变幻中坚守着传统的价值观念，可以说是"中国最后的知识分子"。他们不是大师，是追随过大师、传承了大师精神的一代。

老先生们经历了清朝、民国和共和国，经历过中华人民共和国成立前的战乱和中华人民共和国成立后的政治运动，所以不像民国年间的大学教授那样张扬放肆，也不像后来影视剧描写的那样猥琐。张恒寿老先生属于光风霁月的清醇儒者，荒村野岭素心人，有同学说，看到张老清癯瘦小的身影，就会想起拄着拐杖定时散步的康德。张老在哲学史论著中不时流露出对浅人乃至常人、常识的蔑视看不起，内心清高孤傲，平常又很谦和，学问和生活分得很清楚，说话做事很得体很有涵养。在20世纪五六十年代的政治运动中，张老与很多老先生一样也力求跟进，真诚地接受思想改造，参与了对胡适、傅斯年的批判，说过一些违心的话，内心深处的价值观念不曾动摇过，表达分寸也把握得比较好。"文化大革命"结束后张老担任过省政协常委，1988年教师节河北电视台采访他，他没有说现在多好多满意，只是说现在可以说真话，不用说假话了。弄的年轻的主持人很为难，接不下去。其实，这正是张老那一代知识分子的价值观，他们看重的不是生活待遇，也不是当家做主，是精神的独立和自由。

第二代老师当时四五十岁，给我们"七七、七八级"上课的主要是这个年龄段的老师。胡如雷老师和苑书义老师在"文化大革命"以前已经小有名气，"文化大革命"结束后很快提升为副教授和教授，学术上很活跃。不过，这个年龄段的老师中有名气的就他们两位，其他人的专业水平都很一般。1958年大学搞"史学革命"，拔白旗插红旗，用出身好的年轻教师取代旧知识分子，他们正好赶上了，一大批人，有的甚至是三年制的专科生，被留下来当老师了。他们读书期间和毕业以后的20世纪五六十年代，反右、"大跃进"、"四清"，运动不断，接着是十年"文化大革命"，该出成果的时候光搞革命了，没有时间读书。还有，冒犯地说，这些老师当初被选中留下来，并不是因为专业好，主要是出身好，他们中的很多人实际上不适合搞专业。后来强调业务的时候他们很吃力很受罪，很多人到退休还是副教授。

　　这一代老师最初是以批判的方式介入历史专业的，他们最注重的是阶级立场，他们的专业论文往往也带着学习心得或批判文章的痕迹，传统的士人精神在他们身上整体退化，甚至没有出现过。只有胡如雷老师是个例外，他是坚定的马克思主义史学家，真懂《资本论》；又有着传统士人"狂"的一面，我行我素，形神颇似梁启超。他是阎锡山的堂外甥，中华人民共和国成立前夕正在大学读书，阎锡山撤离大陆的时候劝他一同去台湾或出国留学，他说读过毛泽东的《新民主主义论》，觉得共产党不错，愿意跟着共产党干；阎锡山说你不懂，共产党对你们是先甜后苦。没能说服他，他还是留了下来。中华人民共和国成立后的历次运动胡老师都挨整，"文化大革命"结束后成为统战对象，受到重视，做过省人大常委、全国政协常委，有段时间省委宣传部部长跟他"交朋友"，每年教师节、春节都去家里看望他，他每次都问部长叫什么名字、做什么工作，然后就提意见，弄的大家都很尴尬。无论挨整还是走红，胡老师的个性一如既往，有话就直说，也特别敢说，当年曾经有个说法，"河北两杆枪，漆侠胡如雷"，说他与河北大学宋史专家漆侠先生一样学问大，脾气也大。

　　与现在京师高校是大腕教授唯一产地的情况不同，那些年地方院校也藏龙卧虎，有很多知名教授，尤其是"古"字头的"遗老"专业如中国古代史、中国古文字学、中国古代文学史。我们学校除了历史系，还有中文系的萧望卿先生，清华大学毕业，是闻一多先生和朱自清先生的最后一位研究生,研究陶渊明的权威;朱泽吉老师在辅仁大学毕业,是余嘉锡先生的研究生,研究明清文学的大家。他们的存在就是一种象征,营造出了地方师范院校少有的学术氛围,奠定了我们学校文史专业的层次和走向,也使我们一开始接触专业就有了高山仰止的机会和追求。尽管难以风景再现,也由此得以薪尽火传。

第三代老师在"文化大革命"前夕上的大学,毕业后在工厂农村劳动锻炼了十多年,"文化大革命"结束后考取研究生,毕业的时候已经40岁左右,错过了做专业研究的最佳年龄,已经不是引进师资的最佳选择。当时苑书义老师是我们的系主任,有远见有魄力,他知道我们系这个年龄段的老师大都顶不上去,就排除阻力引进了9位刚毕业的研究生。别的专业也有引进,比我们力度差多了,我们是整体"换血"。最初那两届研究生中有很多"同等学历"考取的,就是没有读过大学直接考研,类似逆袭的"民间科学家";我们引进的这些老师都有历史本科学历,专业基础扎实,治学路子也纯正。更为重要的是,他们大都是北京大学、北京师范大学等学校毕业的,大都师从名家,赓续道统,自然续接上了第一代老先生的学术精神。

这一代老师经历了"文化大革命"的全过程,当过红卫兵造过反,有过狂热的冲动,也有过痛苦的反思,独特的人生体验对于认识中国历史问题是得天独厚的优势。不过,他们耽误了太多的时间,入职的时候已经人到中年,没有了书生意气,往往带着一些底层社会的生活痕迹和习性,有的散漫乖戾不思上进,有的沉溺杂务不愿自拔,过早地放弃了学术追求。他们当中也有的人天分很高,教学能力和科研能力都很强,在前面两代老师退下来以后,为我们的历史专业支撑了很多年,避免了青黄不接的断层问题。最有成就的是北京师范大学毕业的沈长云老师,赵光贤老先生的学生,是先秦史领域的学术权威,2005年我们成功申报中国古代史博士点,他是至关重要的第一学术带头人。

第四代就是我们"七七、七八级"这些人。恢复高考的第一年考试推迟到年底,所以"七七级"入学和毕业跟我们"七八级"都在同一年,都比我们早半年,后来被合称为"七七、七八级"。我们大都是20世纪50年代出生,"文化大革命"期间读的小学、中学,没有学到多少东西,考上大学才有了读书的机会。当时第一代老先生还健在,读研究生跟的也是这一代老先生,我在云南大学读的研究生,导师李埏先生是抗战时期西南联大的学生，我入学那年李先生已经 68 岁。我越来越感到，可能是对我们这代人学业荒殖的补偿，能见一见这一代老先生，亲炙他们的教诲，零距离感受一下民国范儿的学问风貌，真的很幸运。老先生教给我们专业知识的同时，也给我们传授了大学精神，给了我们内在的定力，这些年不论外界怎么变化，不管有过多少彷徨与无奈，我们的价值观念没有改变，对传统学问有着一如既往的敬畏。

不过，由于"文化大革命"的影响，我们这代人的知识结构和人文素养都有缺陷，写一般的东西还可以，做真学问做到一定程度就深入不下去了。我们对老一代的学问和精神只是知道，没有能力真正学到，达不到老先生那样的精神境界，也很难有老先生那样的学术成就。这一点已经有人看出来了，认为我国人文社科界的第一第二代退下来以后，第三代人数过于稀少，第四代人多拉不开距离，群体素质比较平均；说白了，就是与前面三代相比，我们这代人都很努力，但水平差不多都不行，没有真正的学术大家。

至于士人精神，在我们这代人身上已经很难看到了。我们读小学中学的时候，甚至刚读大学的时候，传统的士人精神都是作为"封建糟粕"批判的，我们没有受过这方面的教育，这是我们先天性的缺陷。随着我们这代人资历的增长，这个缺陷的消极影响越来越明显，就像《围城》里说的猴子的烂红臀，蹲在地上的时候看不见，爬到树上就供大家瞻仰了。对我们做专业的人来说这个缺陷只是局限，做不出大的成就；对从政掌权的人来说则是没有底线，容易出大问题，就全国来看，这几年被双规的高官大都是"七七、七八级"出身，就有这方面的原因。

第一代老先生在 20 世纪 90 年代初已经退休，现在大都不在了；第二代老师在世纪之交退休，健在的也不多了；第三代老师在进入 21 世纪的头几年退休，已经卸去了教学任务，身体好的还可以做自己的学问。进入 21 世纪以后，我们"七七、七八级"成了教学和科研的主力，已经支撑了十几年的时间，现在也陆续退休了。现在看来，我们学校的历史专业连续四代有这样的师资力量，得益于当年学校在北京时期的人脉和积累，也得益于计划经济时代的人事管理体制，大家一辈子被束缚在这个地方了。对张老、胡老师和沈老师来说，这个平台确实小了些，他们的学术影响本来应该更大；至于我自己，中等偏上的智商，土生土长的草根，栖身于此也算不上浪费。我有一种感觉，觉得这 40 年是一个完整的时期,随着我们"七七、七八级"的陆续退出,已经到了翻篇的时候;往大处说,静下心来做传统学问的时代已经过去了。

## 二 用"文"之地的拓展

恢复高考的第二年春天,1978年3月召开了全国科学大会,邓小平同志宣布推翻"文化大革命"期间的"两个估计",重申了知识分子是工人阶级的一部分,科学技术是第一生产力,迎来了科学的春天。文件和报纸把"科技"和"教育"并列,简称为"科教",教育重新受到重视,高校的各种制度也陆续恢复了。尤其是改革开放之初的十多年,拨乱反正,风清气爽,老师们心情舒畅,觉得有希望有奔头。

首先是职称晋升的制度化。

20世纪五六十年代仿照中华人民共和国成立前的做法并参考苏联的制度,对高校教师的职称做过评定,不规范也不连贯,有时候间隔很多年,到"文化大革命"期间职称评定就完全停顿了。第一代老先生的职称大都停留在讲师和副教授,教授很少;第二代老师中只有少数人是讲师,多数还是助教,有的还没有评过职称。1978年开始,老一代的张恒寿老先生被评为教授,第二代的胡如雷老师和苑书义老师被评为副教授,其他老师陆续被评为讲师。在当时人们的心目中,高校教师的职称是很神圣的,讲师就很有学问,副教授已经不得了。那几年一些影视剧中搞对象最理想的女主角往往是"副教授的女儿",因为大家觉得教授很少很难当,他们早就应该是姥爷姥姥了。从那以后,职称的评审虽然不断改革调整,但评审没有中断过,先是两三年一评,后来改为一年一评,已经制度化了。

我是1987年开始参评职称的。由于多年积压,有我们"七七、七八级",有"文化大革命"后期毕业的"工农兵学员",还有几位第三代年龄比较大的老师,三拨人挤在了一起。讲师指标少,我们几个年龄小、有研究生学历的被放在科研系列,评为"助理研究员",也相当于讲师。到我们评副教授和教授的时候开始强调科研成果,成果多的年轻教师可以破格,不占指标,我和我们年级的董丛林可以走破格,才不跟大家挤了。现在回想起来够幸运的,我1996年破格评教授的时候只提交了四篇论文,没有专著,也没有课题;学校评委会的几位老先生看了论文,说够教授水平了,就定了。按后来的量化标准要求，我连报名的资格都不够。历史专业一直是我们学校文科院系学术力量最强的，教授和副教授的比例一直高于 35% 平均线。在 2009 年教授定级评审中，我们历史专业的二级教授（院士为一级，文科没院士，二级最高）第一轮就评上了 5 位，远远超过了文件规定的占教授总数 10% 的平均标准。

教授和副教授的年龄也在逐年降低，第一代老先生大都是到古稀前后才晋升教授，第二代老师 50 多岁，第三代就到了 40 多岁。我 39 岁评的教授，学校领导座谈的时候曾经说我们可以"当一辈子教授"。现在我们历史专业教授的评聘年龄已经降到 35 岁左右，有了 30 岁以下的副教授，而且还有继续年轻化的趋势。不过，我们读书的时候最尊重的是老先生，觉得老先生是大学文化的象征；如今最为乐道的是有多少年轻教授、有多年轻的教授，甚至是"美女教授"，跟社会上的追星风气一样。确实像有人说的，现在的大学校园里到处是意气风发的年轻教授，白发飘逸的老先生越来越少，让人感觉少了些大气和积淀，有些单薄和寂寞。

其次是老师们学历层次的提升。

第一代、第二代老师有研究生学历的很少，只有张恒寿先生和苑书义老师等两三个人；别的老师大都是本科学历，甚至有专科学历的。第三代的主体是"文化大革命"以后的研究生，再加上我们"七七、七八级"读研究生的陆续毕业，到 20 世纪 80 年代中期，我们历史专业有硕士学位的教师达到 1/3 以上，在我们学校各个专业中遥遥领先，放在当时的全国其他大学，比例也是高的。到 90 年代中期开始重视博士，我们引进了几位新毕业的博士研究生，同时又让我们 40 岁上下的教师去外校在职读博士学位，到我们读完毕业，我们历史专业有博士学位的老师达到半数以上。最近几年随着第三代老师退休，新来的年轻老师都是清一色的博士，目前我们历史专业的老师 90% 以上都有博士学位。

当年到外校在职读博士学位的主要是我们"七七、七八级"这一代。第三代研究生毕业的老师和"文化大革命"后期毕业的"工农兵学员"年龄大了，不要求再读；我们这一代处在不大不小的年龄，按当时的规定，我们这个年龄段没有博士学位不能当博导，待遇也受影响，不读不行了。我在 20 世纪 80 年代末跟河北大学漆侠先生进修过博士课程，没有学位不算数，2000 年只好去南开大学在职读博。当时我已经做了四年教授，带了硕士研究生，儿子是我读博的第二年考上大学的。我们这代人读大学、读硕士是真读，读博士却是混学位，因为我们早就过了读书的年龄，已经不适合也不需要当学生了。那几年各个地方院校的中年教师在职读博成风，大都是原来的"七七、七八级"，也有一些行政官员，他们晋升也需要博士学位，同门的一位师弟后来做到河南焦作的一把手，可惜现在已经被双规进去了。

我们在职读博的那几年政策很优惠，教学工作量减免但待遇不变，学校承担全部学费路费，还有生活补贴，拿到学位后还有专项科研基金。但我们读的并不轻松，主要是心理压力大。我的导师张国刚教授长我一岁，原来我们一直互称师兄，他的导师杨志玖先生和我的导师李埏先生是西南联大的同学，我们属于同一个学缘辈分，他给我发邮件一直称"邢铁兄"，我却必须改口叫张老师了。我面相苍老，有一次张老师请我们同学吃饭，我坐张老师旁边，服务员上菜的时候把我当成了长者，总是把菜盘转到我的面前，我屡屡示意往张老师面前转。同一届的李晓敏小师妹小我18岁，她爱人是军官，第一次见面她介绍说这是邢老师，军官啪一个立正，敬了个标准的军礼，搞得我很不好意思，赶紧解释自己的身份。

我们一起去的6个人情况都差不多，秦进才和董丛林比我年龄还大，当年读大学的时候我们就是同学。秦进才是七七级，我俩在南开住一个屋，从此我尊称他为"室兄"，毕业的时候他已经50岁了。上英语口语课的时候，年轻的外教很懂礼貌，每次进教室后都是先向班上最年长的董丛林问好，然后才开始讲课。不吹嘘也不谦虚地说，我们几位的专业水平都可以，到了南开却有自取其辱的感觉，一直到现在，除非一些"必须的"场合，我都不愿提南开读博这码事。我们读博要过两道关，首先是外语，我们这代人尤其是在县里读中学的外语都不行，我1997年第一次考博就是被英语卡住了，第二次才勉强考上。毕业的时候要求过英语六级，我只考了42分，在我们那些人中还算高的，学校只好给我们单独办辅导班，单独组织考试，让我们过了这一关。其次是毕业答辩，不是不会，是心里难受，答辩委员中有同龄人，遇上一两位居高临下的，会让我们很尴尬。好在我们答辩的2003年初夏正闹"非典"，不能请外地专家，由天津市的几位先生领着走了个过场。算是上天的眷顾。

再就是本、硕、博教学层次的逐步完备。

现在的河北师范大学是 1996 年由原来的河北师大、河北师院等四所师范院校合并的。合校之前我们历史专业属于河北师院历史系，从 20 世纪 50 年代开始就是四年制本科学历教育（原河北师大历史系是专科，合校以后才成为本科），"文化大革命"后期遵照毛主席"学制要缩短"的指示，招收过二三年制的"工农兵学员"，从我们"七七、七八级"开始又恢复四年制了。

历史学属于传统专业，在计划经济时代发展比较顺畅，在市场经济的大环境中就困难了，甚至面临生存的问题，教育行政部门安排招生计划要考虑市场需求，参考往年的就业率，南方有几所重点大学的历史专业曾经压缩规模或隔年招生。好在我们的历史专业没有遭遇这种严峻情况，一直都在正常招生。刚恢复高考那几年每年招 40—80 人，后来维持在 100—120 人，在校全日制本科生有四五百人。

有人说毕业生对母校认同感最强的是本科生，不是研究生；我觉得我们地方师范院校尤其是我们历史专业还可以加上一条，我们的毕业生中发展最好的也是本科生，不是研究生。这与我们重视本科教学有关。我们学校的定位是培养中学教师，老师们的主要任务是教学，教授和副教授一直给本科生讲课。我上大学后的第一节课，是年逾古稀的潘炳皋老先生讲的中国历史文选，大一的中国古代史唐五代部分是胡如雷老师讲的，都是专业基础课。不论水平高低，老师们备课讲课都特别认真。合校以后我做过几年学校的教学委员会副主任，知道各个学院尤其是传统学科都是这样。

我给本科生讲得最多的一门课是中国古代史的唐宋部分，后来又讲过古代社会经济史选修课，还客串过历史文选、货币史。我刚毕业的时候先给夜大讲专业课，作为教学实习；第一次正式给本科生讲课是 1986 年下半年，在西区东院（原河北师院）政史楼二楼东头阶梯教室，给历史系 85 级讲的，学校刚从宣化搬来不久，基本建设还在进行，从宿舍到教学楼要路过图书馆工地和一座没来得及拆除的旧砖窑，教室外面不到两米就是高粱地。从那年开始，我已经记不清楚讲了多少次，只记得年年讲反复讲，一届届的学生总是那样年轻，自己一年年老去，不知不觉中已经有了老年人的特征——眼前的事情记不住，越远的记得越清晰，我记的名字和相貌最多的，是最早教过的五届（1985—1989 级）

学生，他们中最小的也快到知天命之年了。现在有的学生一入学就知道我，他们并没有读过我的书，是我以前的学生、他们的中学历史老师介绍的；他们叫我"邢爷爷"，不只是年龄，也是因为我是他们的老师的老师——师爷。这些年我带着硕士和博士研究生，也给本科生讲课，包括专业基础课。去年入学的2016级本科生的中国古代史，第一学期由63岁的秦进才教授讲前半段，这学期（2017年上半年）我接着讲后半段，可以在本科生的课堂上度过60岁生日。

说到课堂教学，想到了板书问题。原来黑板和粉笔一直是基本的教学工具，学生对老师的第一印象就是板书（粉笔字）。我们这代人小学中学的功课学得不好，字写得都还可以。我的钢笔字十三四岁就成型了，就给老师誊写稿子，那时候没有稿纸，用十六开的白纸抄写，字距行距、天地边距全靠眼和手的把控。我上大学以前做刻写员，自学过书法绘画，能在蜡纸上刻写各种字体；大街上贴标语不用提前写，都是糊上彩纸用板刷直接写，墙上的美术字、宣传画可以直接用墨汁或油漆勾画，现在我们县的旧建筑上还有我当年的字。读历史专业以后把这些手艺丢弃了，只有讲课写板书的时候还能找到一点"书法"的感觉。这些年要求使用多媒体，我的课件也只是个讲授提纲和关键词，讲课的时候还是离不开黑板，习惯拿着粉笔边写边画边讲。我总觉得打上去的字太单调，不如粉笔字有灵性。

说远了，继续说教学层次。

研究生招生是1978年恢复的。说来难以相信，我刚上大学的时候还不知道研究生是怎么回事，在宿舍里跟同学争论过研究生和研究员的关系。开始那几年招研究生的学校很少，都是重点大学，每年全国招生一万人左右。

我们学校历史专业的硕士研究生教育是1982年开始的，是全校招收研究生最早的专业。第一年只有张恒寿先生的中国古代思想史和胡如雷老师的隋唐史两个方向，黄德禄先生的美国史与北京师院（今首都师大）联合培养，第二年苑书义老师开始招中国近代史方向的研究生。最初每位导师三年招一届，每届两三人，在校研究生只有七八个。从20世纪90年代后期开始，随着本科生的扩招，我们的研究生教育也迅速发展，覆盖了中国史、世界史、历史文献和考古学各个专业方向，所有的教授、副教授和新来的有博士学位的老师都可以指导研究生，而且连年招生，我们学院在校的全日制硕士研究生已经达到二三百人。

合校以后整体办学力量强了，有了申报博士点的条件，我们从1997年开始申报，到2003年获得中国近现代史博士学位授予权，2005年中国古代史也获批准，后来又有了博士后流动站。所谓申报，并不只是填表准备材料，还要到各地找专家评委，戏称"跑点"。我们感叹说，仓颉老祖造的汉字真形象，"跑点"的"跑"就是拿着提包、撒开脚丫子到处窜。我们当然知道这样做是不合适的，也知道结果会是一种"剧场效应"，又不能不去跑，因为竞争很激烈，大家都在到处跑。

前两次申报博士点我就带着材料去过好几所学校，找评委专家介绍我们的情况，请求支持，没有成功。2002年年底准备再次申报的时候，我刚做院长，到了奋力一搏的关口，我们学院的书记张士欢坐镇指挥，我带人在南北各地陆续奔波了两个多月。有天晚上我住在宾馆里，还要与各地沟通情况，为了节省手机话费，开通了房间的长途。第二天结账竟然用了200多元的长途话费，服务员还以为弄错了。我内向木讷，不善交往，身在此位也就顾不了那么多了。评委都是大专家，都有性格，求见很难，交流也很累，往往是越小心越出意外。去中山大学历史系拜访一位老先生的时候，老先生对我的一句话发生误会，当即大怒，不听解释，拍着桌子把我训斥一顿。我们一起去的老师忍不住想发作，我一再示意不要说话。后来见了他们学校的领导，才知道老先生已经生病，思维有障碍，情绪经常失控。好在很快澄清了误会，老先生还是支持了我们。

有一年我在全校博士学位授予仪式上代表导师讲话，我说大家的专业虽然不同，博士学位代表着同样的大学文化和精神境界，大家要珍惜这个得来不易的精神高度。讲完话以后，我看着台下整齐的博士帽，想起了自己"跑点"时候的尴尬狼狈状，想起了张老和胡老师没能带上博士的遗憾，也想起了我们学院的家丑糗事——有的在评审的关键时刻写匿名信搅局，搞得我们寝食难安；有的在同一时间为兼职的学校"跑点"，跟我们竞争拆台……想着想着我忽然有些迷惘，不知道这是走到哪了，也不知道这一路走来是对还是错。

屈指算来，我指导了50名硕士，7名博士。有人开玩笑说我们是"桃李满天下，一个也长不大"，这种现象在我们地方师范院校确实存在，主要不是我们水平差，是我们的毕业生就业太难，做专业的机会太少。自20世纪90年代后期高校教育体制改革以来，也就是扩招收费、自主择业以来，毕业生包括研究生的就业压力越来越大了。原来报考我们历史专业博士研究生的人多，名额少，需要协调排队；现在生源越来越少越不理想，因为用人单位包括刚升本的地方院校只要211、985和双一流学校毕业的，我们培养的博士往往连投档的资格都没有，该读的也不想读了。我指导的硕士生中有两个山西才女，颇有文采，且精于诗词书画，是难得的好苗子，我希望她们留下来读博深造，却被她们婉拒了。面对这种状况我有心无力，我只能给学生说，我知道你们学习热情不高，也知道你们以后会放弃专业，我还是要按照科班的要求教你们，将来你们中间万一有人做专业，就会知道邢老师没有糊弄你们。

### 三　生活待遇的变化

高校教师的政治地位提高、工作环境改善以后，生活待遇并没有随之跟进。尤其是20世纪80年代后期，经济体制改革由农村推向城市，计划经济与市场经济并存，价格双轨制下工资的增加滞后于物价的增长，高校教师包括一些科研院所的科技人员的实际收入降低，社会上一度出现了"搞导弹不如卖茶叶蛋"的说法，也就是"脑体倒挂"问题。好在这种情况存在的时间不长，进入90年代以后市场经济渐趋成熟，中央也逐步提升了知识分子的待遇，高校教师的工资收入和住房条件都得到了提高和改善。

在20世纪五六十年代，高校教师特别是教授、副教授属于高薪阶层，张恒寿老先生做副教授的时候工资206元，这已经是很高的工资了，因为当时物价特别低，普通工人的工资30元，张老的工资相当于六七个工人；讲师七八十元，也相当于两三个工人的工资。高校教师被视为"资产阶级知识分子"和改造对象的时期包括"文化大革命"时期，工资也没有降低。大学毕业生也是这样，我在老家一所县直中学读的高中，很多老师都是大学毕业，工资50多元，年轻的县委书记工资才40多元，破旧的县城大街上戴手表、骑新自行车的，除了县医院的医生就是中学的老师，他们曾经是我考大学的动力和追求目标。现在回头看当年所谓的"脑体倒挂"问题，有些夸张，在我的印象中，我们学校多数老师并不太在意这些事情，讲这话的主要是那些把高校教职作为谋生职业、不怎么做学问的老师；他们也不是工资不够用，主要是心理失衡，其他行业特别是个体户的收入上来了，加上"官倒"和暴发户的出现，高校教师的工资增长慢，差别缩小，高知高薪的优越感少了。其实，与普通干部职工相比，高校教师的待遇一直是高的。

我 1985 年硕士研究生毕业后，工资按国家统一标准定为 82 元，在我们双方家庭中是最高的。那几年工资增长慢，额度也小，工龄工资一年才增加 0.5 元。有一次教研室开会，听说我们有硕士学位的工资有希望突破 100 元，我们都很兴奋。进入 20 世纪 90 年代以后高校教师的工资增幅加大，调资的频率也加快了。更重要的是出台了一系列政策，高校教师增加工资主要不再靠年限普调，而是职称的晋升，距离也拉开了。毕业后的 11 年间，我陆续被评为助理研究员（讲师）、副教授和教授，每次工资都增加一大块。后来学校评选"学术带头人"和"岗位教授"，国家统一评定教授级别，都跟工资挂钩。2018 年开始我们学校部分教授将要实行年薪制协议工资，一级教授（院士）50 万，二级教授 35 万，三级教授 28 万，只看成果，不按资历，刚毕业的博士、副教授和四级教授也可以申请三级甚至二级教授的年薪。对比一下工薪阶层的其他行业，这些待遇是应该知足的。

历史专业不是实用学科，老师们的其他收入很少，做专业研究写论文专著很难见到直接的经济效益。20 世纪八九十年代我们刚开始做专业研究的时候，没有能力出书，发表论文也很难，发表一篇论文就可以得一笔稿费，顶两三个月的工资。我给我爱人第一次买礼物，220 元的英格小坤表，就是用的《中国史研究》1985 年第 3 期一篇论文的稿费。后来不行了，倒了过来，不只是没有稿费了，刊发论著还需要自己贴钱。我毕竟有了些资历，发表论文可以不交钱，出书还是要拿"出版补贴"，也就是出版费。好在从 90 年代后期开始，各种名目的课题费多了起来，学校的、厅局级的、省部级的、国家级的都有，现在我们历史专业所有的老师都有十几万甚至几十万的课题费，可以用来出书，还可以买书、买电脑之类的教学设备。曾经有人说我们的课题费是变相的生活补贴，虽然尖酸，也有一定道理，因为省下了自己的工资，等于增加了收入，也可以说是补贴了生活。最近有关部门出台了新政策，国家课题可以提取 30% 的间接费用作为绩效开支，归个人支配，用部分课题费补贴生活可以名正言顺了。

我们学校教工住房紧张的问题主要出现在搬迁到石家庄以后。原来在宣化的时候学校占地面积很大，住房比较宽松，有家眷的老师像附近的农民一样，在家属村住单门独户的平房小院，单身老师住办公区附近的单间，年龄大的老先生在北京和平里留守处有单元房。1981年学校刚搬到石家庄西郊的时候，宿舍楼少，中老年教师才能分到两间的小单元，年轻老师只能住教学楼或办公楼的单间，有家属的住在临建的平房里。1984年盖了两栋四层的高知楼，100平方米的四室和80多平方米的三室各24套，在当时的石家庄属于高级别的"豪宅"，主要是给第一代老先生和学校领导盖的，第二代老师住进去的只有几个人。

  那时候还是计划经济下的福利分房，家属院的单元房按资历分，我们"七七、七八级"中除了年龄大的"老三届"，多数人轮不上。第三代研究生毕业的老师入职的时候已经40岁，带家属的，只能到附近郊区租房住，学校给补贴。我刚毕业的时候只分到一间14平方米的"筒子楼"，这本来是做单身宿舍或办公用的单间，楼道两边门对门，说话听得很清楚。一层一个厕所兼水房的卫生间，在楼道里做饭，煤气罐加蜂窝煤炉，一个门口一摊，油盐酱醋可以混用，锅碗或菜刀经常被外面的农民工给拿走。我们习惯晚上看书，需要等孩子们都睡了，没有电视声音了，才能静下心来做自己的事情。那些年各个大学的住房情况都差不多，我们也不觉得多么苦。

  我们学校家属院（现在的西区东院）有空地，没有经费盖不起来，闲置了好几年。20世纪90年代初省里来了一位思想比较超前的领导，搞了"三点式"集资方式，省厅、学校和个人各出1/3，把宿舍楼盖了起来，住房情况就缓和了。我们"七七、七八级"先是分到了两间的小单元，不久都住进了高知楼。房改的时候，学校的宿舍楼需要买断，我们囿于计划经济时代的思维，有些不理解不情愿。现在回头看，当年的所谓买房等于白送，扣除工龄、学历和职称的补贴，我们100平方米的高知楼连同地下室总共不到5万元，仍然属于福利分房。最近我们家属院拆迁重建，又置换成了160多平方米。

  原来老师们都住在学校的家属院，工作生活都在一起；后来有的在外面买了房，分散住在全市的各个小区，老师们不坐班，上课来下课走，见面少了，跟学生的接触也少了。为了改变这种状况，搬到新校区以后，在校园里面盖了五栋教师公寓楼，分为高知、中知和辅导员三种户型，很方便也很优惠。拿房号的时候打分排队，明显照顾专业教师，学历学位、职称级别、硕导博导的分值很高，我竟然荣居全校第三名。去年装修公寓楼的时候，我接触了一些包工头和农民工，听他们讲了很多不知道也想不到的农村的情况，虽有覆盆之下的托词，阴影也太大了些。相比之下，我切实感到大学是个适合自己生存的地方，在"保护型体制"内的我们还算是生活在当今社会的上层。

……

写这篇回忆文章期间，学校让我填写《高级专家延长退休年龄审批表》，我已经是60岁的老人，到了发挥余热的年龄了。记得1975年春天，我18岁，刚中学毕业，当临时工修桥，工地上有位管伙食的老杜师傅，"土改"时期做过村支书，阅历很丰富，说我"不该干这个，应该干点儿文差事"。我知道老杜师傅说的对，我拘谨懦弱，了解我的老同学也说我"不敢爱不敢恨"。幸运的是，从上大学开始我真的干了一辈子"文差事"——毕生以史为业，读书教书写书，也算是适得其所，扬长避短了。前些年《乡音》杂志介绍我，用的题目是"执着教育终不悔"，说的对也不对，我确实没有后悔过所选择的教师职业，但怀疑过所从事的历史专业，总觉得自己一辈子认认真真做了一件没有价值的事情。不过，怀疑归怀疑，在这40年的漫长岁月里我没有懈怠过，能做的都尽力做了。